新编

现代物业服务规范化管理
必备制度与表格

张 浩 郑 健◎编著

中国文史出版社

图书在版编目（ＣＩＰ）数据

新编现代物业服务规范化管理必备制度与表格 / 张浩, 郑健编著. -- 北京：中国文史出版社, 2020.1

ISBN 978-7-5205-1243-5

Ⅰ. ①新… Ⅱ. ①张… ②郑… Ⅲ. ①物业管理－商业服务 Ⅳ. ①F293.33

中国版本图书馆 CIP 数据核字(2019)第 185945 号

责任编辑：詹红旗　戴小璇

出版发行：中国文史出版社
社　　址：北京市海淀区西八里庄 69 号院　　邮编：100142
电　　话：010-81136606　　81136602　　81136603(发行部)
传　　真：010-81136655
印　　装：廊坊市海涛印刷有限公司
经　　销：全国新华书店
开　　本：1/16
印　　张：24.75
字　　数：467 千字
版　　次：2020 年 1 月北京第 1 版
印　　次：2020 年 1 月第 1 次印刷
定　　价：59.00 元

目　录

第一章 现代物业综合管理制度与表格

第一节 现代物业综合管理制度

▲行政办公管理规定

行政办公管理规定

第一条 凡本公司员工，上班要戴胸卡。

第二条 坚守工作岗位，不要串岗。

第三条 上班时间不要做与工作无关的事情。

第四条 办公桌上应保持整洁，并注意办公室的安静。

第五条 上班时穿职业装，不能穿超短裙与无袖上衣及休闲装，不要在办公室内化妆。

第六条 接待来访和业务洽谈应在会议室进行。

第七条 不要因私事长期占用电话。

第八条 不要因私事拨打公司长途电话。

第九条 不要在公司电脑上发送私人邮件或上网聊天。

第十条 未经批准不得随意上网。

第十一条 未经允许，不要使用物业办公室的电脑。

第十二条 所有电子邮件的发出，必须经部门经理批准，以公司名义发出的邮件须经总经理批准。

第十三条 未经总经理批准，不要索取、打印、复印其他部门的资料。

第十四条 不要迟到早退，否则每分钟扣发工资 1 元。

第十五条 请假须经部门经理批准，到办公室备案；假条未在办公室即时备案，公司以旷工论处，扣减工资。

第十六条 平时加班必须告知部门经理批准，由其到办公室备案，事后备案公司不发加班费。

第十七条　不论任何原因，不得代他人刷卡，否则将被公司开除。

第十八条　因工作原因未及时打卡，须及时请部门经理签字后于次日报办公室补签，否则作旷工处理。

第十九条　带薪休假必须预先由部门经理批准后再向办公室申报，凡事后申报的，办公室将不予认可。

第二十条　一早因公外出不能到公司打卡的员工，请部门第一负责人在当日8时30分以前写出名单，由办公室经办人代为打卡。

第二十一条　凡出远勤1天以上者，须先填报经单位领导批准的出差证明单。

第二十二条　因故临时外出，必须请示部门经理；各部门全体外出，必须事先告知总经理办公室打招呼。

第二十三条　无工作需要不要擅自进入总经理办公室、计算机房、客户服务中心、档案室、打字室、财务部，以及会议室、接待室。

▲行政办公规范管理制度

行政办公规范管理制度

第一条　为使公司办公管理及文化建设提升到一个新层次，特制定本规定。

第二条　卡座区规范。

（1）办公桌：桌面除电脑、口杯、电话、文具外，不允许放其他物品。

（2）辅桌：放文件盒、少量工具书。

（3）座椅：靠背、座椅一律不能放任何物品，人离开时椅子调正。

（4）电脑：置办公桌左前角。

（5）卡座屏风：内外侧不允许有任何张贴。

（6）垃圾篓：罩塑料袋，置办公桌下右前角。

第三条　办公室规范。

（1）办公桌：桌面除公司购置案头用品及电脑外，不准放其他物品。

（2）辅桌：桌面置文件盒、笔筒、书籍外，不准放其他物品。

（3）电脑：桌面呈45°贴墙放置，横式主机置显示器下，竖式主机置桌面下。

（4）拖柜：置办公桌下左角或辅桌后部，面朝办公椅。

（5）垃圾篓：置辅桌后。

（6）饮水机：放指定地点，不得随意移动。

（7）报刊：必须上报架，或阅完后放入办公桌内。

（8）外衣、手袋：请置挂于衣帽间或柜子内，严禁随意放在办公桌椅上。

第四条　行为规范。

（1）坚守工作岗位，不要串岗。

（2）上班时间不要看报纸、玩游戏或做与工作无关的事情。

（3）办公桌上应保持整洁并注意办公室的安静。

（4）上班时间，不要在办公室化妆。

（5）接待来访和业务洽谈，请在接待室或会议室进行，私客不得在卡座区停留。

（6）使用接待室和会议室，要事先到办公室登记，一般内部事务不得随意使用。

（7）不要因私事打公司长途电话，凡因私事打电话，发现一次罚款30元。

（8）不要在公司电脑上发私人邮件或上网聊天，发现一次，罚款50元。

（9）不要随意使用办公室的电脑；私客未经总经理批准，不准使用公司电脑。

（10）所有电子邮件的发出，须经部门经理批准，以公司名义发出的邮件须经总经理批准。

（11）未经总经理批准和部门经理同意，不要索取、打印、复印其他部门的资料。

（12）严格遵守考勤制度，迟到、早退每分钟扣工资1元。

（13）因公事由一早外出，不能来公司刷卡，由部门负责人写出名单，之后由办公室人员代为刷卡。除此之外，不论任何原因，均不得代人刷卡。

（14）吸烟请到吸烟室，否则罚款50元。

（15）请病假如无假条，一律认同为事假。

（16）凡出远勤一天以上者，应先填报经领导批准的出差证明单。

（17）因故临时外出，必须请示部门经理，各部门全体外出，必须与总经理办公室打招呼。

（18）无工作需要，不要擅自进入档案室、打字室、财务部、会议室、接待室。

（19）不要将公司的烟缸、茶杯、文具等一切公物，带回家私用。

本规范从×××年×月×日开始执行，望物业公司全体员工自觉遵守。总经理办公室即日起将实施监督与检查。

▲办公管理制度

办公管理制度

一、办公环境管理

1. 公共环境

（1）禁止随地吐痰、乱扔杂物和废纸等，自觉维护公司良好的公共环境卫生。

（2）进入办公区前将鞋底污迹处理干净。

（3）如要在公共场所、通道等处挂放指示牌、广告牌，需征得办公室人员同意。

2. 办公环境

（1）不得随意搬动办公室内的办公桌位、挂图、固定设施等。

（2）办公桌及办公区域保持整洁，办公用品的摆放要统一、规范，办公桌旁的区域隔断上不得粘贴表格、字画、电话一览表、月历等。

（3）不得在办公区大声喧哗，办公时间不得越位闲聊。

（4）不得在办公室内从事打牌、下棋等活动。

（5）最后离开办公区者应检查电灯、电源及门窗的关闭情况，确保安全。

二、会议制度

（1）会议召开之前应做好准备工作，确定议题内容，准备好有关的会议资料、文件。

（2）各种会议一般应与办公室联系，对出席对象提前一天以上发出通知，以备会议出席者能安排好工作。

（3）会议出席者应准时到会，如果无法参加会议，应事先向会议组织者请假，未请假或未经允许请假而缺席、迟到，按有关出勤考核办法处理。缺席者应事后及时主动补阅会议记录，了解会议精神。

（4）会议应坚持讲效率、开短会原则，发言者既要言简意赅，又要畅所欲言（但不能讲题外话），要使各种会议都能起到应有的作用。

（5）出席会议人员于会议前安排好工作，会议期间其他人如无特殊情况不得进入会议室找人、谈事。如有来访客人或来访电话，安排适当人员做好接待记录，待会后再通知当事人处理。如遇急事必须当事人亲自接待时，应先得到会议召集者的允许，由其通知有关人员离开会场，并尽量不影响会议进程与发言，维护会议正常进行。

（6）有关部门和人员应严格执行会议纪要、决议、决定的相关内容，于规定完成日期后的首次会议上作出完成情况的扼要汇报。

（7）应妥善保管会议纪要及所形成的决议、决定文稿，无关人员未经批准不得借阅。

（8）与会者需遵守会议纪律，尊重他人发言，充分阐明自己的观点。

▲办公设备使用管理

办公设备使用管理

1．电话

办公设备专为保障公司各项业务工作得以顺利进行而配备，必须严格按规定使用，无故损坏应赔偿：

（1）公司电话是联系业务及沟通各项工作的工具，应注意爱护使用，通话要简洁、明了，避免长时间占用线路。

（2）公司各部门办公区域及宿舍区域，因公事要求申请安装电话，须由部门或个人提出申请，办公室统一办理，报物业经理审批后，交水电处实施。

（3）公司职员在职工公寓内要求安装电话的，须按市电话局规定缴纳初装费，电话费自理。

（4）公司各部门办公用电话，除总经理办公室电话外，其余均不具有国际、国内长途功能，确因公需拨打长途的，应填写长途申请单，经办公室审批后指定拨发。

（5）不准用公司电话聊天及处理私人事务。

2．复印机、电脑、打字机

（1）复印、打字是公司文书机要岗位，工作人员应严守岗位，非指定人员不得使用复印机、打字机。

（2）公司复印机保证每天应按时开机、关机。

（3）员工应遵守公司复印机、电脑、打字机操作规程，并注意爱护这些设备。

▲办公室布置规定

办公室布置规定

第一条　各部门办公室布置以大办公室集中办公为原则。

第二条　总经理室设置在大办公室的一端,与所属单位以玻璃间隔。

第三条　各部门所属单位座位应采用同一方向,后排为各室主任,中排为各组组长,前排为一般员工。

第四条　接洽外客频繁的员工,应将其座位排在前台边。

第五条　办公桌以单独排列为原则,如因场地或实际情况需要,可以两桌并排。

第六条　接洽外客的地点应安排在经理室客厅。

第七条　因工作性质需独立设置的小型办公室,其室内布置应按照大办公室布置的原则办理。

第八条　办公室内办公桌椅、保密箱、书橱颜色暂定为灰色,墙壁、天花板颜色暂定为白色,柜台、窗框及木质隔间暂定为乳黄色。

第九条　各部门钉挂衔牌方式规定如下:

(1) 大办公室及独立设置的小型办公室衔牌钉挂在入口处的适当位置。

(2) 大办公室内的各部门衔牌钉挂在各部门经理座位上方的适当位置。

(3) 衔牌颜色为绿底白字,其规格定为宽度是高度的二倍。

第十条　如场地允许,办公室内可划出一角为更衣室。

第十一条　箱橱顶上及柜台上不得堆置文件。

▲办公用品管理制度

办公用品管理制度

第一条　行政管理部负责公司办公用品、办公设备、低值易耗品、通信设备的采购、保管与发放。电脑及附属设备的购置与管理,由信息管理部设专人负责。

第二条　公司各部门将所需办公用品提前半个月报至行政管理部,行政管理部根据实际用量和库存情况制订购置计划,经总经理批准后购置。

第三条　特需办公用品、低值易耗品和通信设备,须经部门经理批准,由行政管理部负责购置,然后记入备品保管账目。

第四条　备用品采取定期发放制度，每月的 1 日和 15 日办理，其他时间不予办理。

第五条　备品用仓库设专人负责。备用品入库需根据《入库单》严格检查品种、数量、质量、规格、单价是否与进货相符，按手续验收入库，登记上账。未办入库手续，财务一律不予报销。

第六条　备用品保管实行"三清、两齐、三一致"，即材料清、账目清、数量清，摆放整齐，账、卡、物一致，做到日清月结。

第七条　做好出库管理。在日清月结的条件下，月末必须对所有单据按部门统计，及时转到财务部结算。

第八条　各部门设立耐用办公用品档案卡，由行政管理部定期检查使用情况，如非正常损坏或丢失，由当事人赔偿。

第九条　行政管理部负责收回公司调离人员的办公用品和物品。

第十条　行政管理部建立公司固定资产总账，对每件物品要进行编号，每年进行一次普查。

▲办公消耗品管理制度

办公消耗品管理制度

第一条　为加强本公司对办公消耗品的管理，特制定本规定。

第二条　办公消耗品是指文具、纸张、账本及其他印刷物品。

第三条　办公消耗品一年的消耗限额为×万元，各部门及有关人员必须节约使用，避免浪费。

第四条　办公消耗品的购买与管理，由综合办公室负责，下设保管员处理领用事务。

第五条　综合办公室必须把握消耗品在正常情况下每月的平均消耗量，以及各种消耗品的市场价格、消耗品的最佳采购日期。在此基础上，确定采购量与采购时间，以最小的采购量满足日常事务运营对消耗品的基本需求。

第六条　对于特殊场合所用的特殊办公用品，使用部门必须先提出书面申请，综合办公室据此进行必要的调查后决定是否准予采购。如果一次采购价格总额超过×万元时，须经该部门主管同意，必要时请示总经理。

第七条　在定制各种账票时，如果需要改动原格式或者重新设计新格式，使用部门的主管必须起草正式文件或方案，若有相关部门，则需要一式多份，然后将这些材料送至综合办公室，并附上委托定制或订购申请单。之后，综合办公室在其责权范围内审核新格式、订购数量是否合适，以及新格式的适用性与时效性等。通过审核后，还必须就是否由本公司自行复制或复印，还是委托外部机构进行印刷等问题，与申请部门作进一步协商。

第八条　向综合办公室领取办公消耗品时，必须填写申请书，写明申请时间，使用场所（部门名称）以及物品名称与数量。同时，申请者以及其部门主管必须加盖印章或签字。另外，特殊办公消耗品的申请，必须填写用途。

第九条　使用特殊用途的账簿传票，统一由综合办公室调控与管理。使用部门或申请者必须按特殊的程序提出申请。

第十条　综合办公室必须在填写办公消耗品购进登记簿的基础上，对照各申请采购传票，在每月末进行统计，向总经理作出报告。

▲文具用品管理制度

文具用品管理制度

第一条　为使办公文具用品管理规范化，特制定本制度。

第二条　本制度所称办公文具分为消耗品、管理消耗品及管理品三种。

（1）消耗品：铅笔、刀片、胶水、胶带、大头针、图钉、笔记本、复写纸、卷宗、标签、便条纸、信纸、橡皮擦、夹子等；

（2）管理消耗品：签字笔、荧光笔、修正液、电池、直线纸等；

（3）管理品：剪刀、美工刀、订书机、打孔机、钢笔、打码机、姓名章、日期章、日期戳、计算器、印泥等。

第三条　文具用品分为个人领用与部门领用两种。个人领用指个人使用保管的用品，如圆珠笔、橡皮擦、直尺等。部门领用指本部门共同使用的用品，如打孔机、订书机、打码机等。

第四条　消耗品可依据历史记录（如以过去半年耗用平均数）、经验法则（估计消耗时间）设定领用管理基准（如圆珠笔每月每人发放一支），并可随部门或人员的工作状况调整发放时间。

第五条　消耗品应限定人员使用，自第三次发放起，必须以旧品替换新品，但纯消耗品不在此限。

第六条　管理品移交时如有故障或损坏，应以旧换新，如遗失应由个人或部门赔偿、自购。

第七条　文具的申请应于每月25日由各部门填写"文具用品申请单"，交管理部门统一采购，并于次月1日发放，但管理性文具的申请不受上述时间限制。

第八条　各部门设立"文具用品领用记录卡"，由管理部门统一保管，在文具领用时做登记使用，并控制文具领用状况。

第九条　严禁将文具带回家私用。

第十条　文具用品一般由管理部门向文具批发商采购，其中必需品、采购不易或耗用量大的物品，应酌量库存，管理部门无法采购的特殊文具，可以经管理部门同意并授权各部门自行采购。

第十一条　新进人员入职时由各部门填写"文具申请单"向管理部门领取文具，并将领取情况记入"文具用品领用卡"中，人员离职时，应将剩余文具一并交管理部门。

▲保密制度

保密制度

第一条　本制度是为处理涉及公司机密文件及其机要事项而制定。公司职员必须根据自己的职务遵守处理机要文件及机要事项的纪律。

第二条　本规定的修改与废止，由办公室提议，公司总经理批准后实施。

第三条　本规定中所称机要是指不得泄露其内容的文件及事项，凡符合下列条款之一者均属于此。

（1）关于公司的重要政策或计划。

（2）关于人事问题。

（3）关于重要会议的讨论事项。

（4）关于业主或租户的档案资料。

（5）契约、协定或根据协商而决定的事项。

（6）规定、命令中特别指定的事项。

第四条　机要文件的级别及其保密规定。

（1）秘密文件，不能向公司以外公开。

（2）机密文件，不能向部门经理、主管以及业务上相关人员以外者公开。

（3）绝密文件，不能向最小范围内的相关工作人员以及承办人员以外者公开。

第五条　机要文件、机要事项及其种类的认定，原则上由所管部门的经理负责，但公司总经理可以命其变更。

第六条　机要文件或机要事项由该业务部经理负责印制和传达。

第七条　机要文件由其制发部门制成正本、副本两份，一份由制发部门分门别类加以保管，另一份由办公室专人保管。机要文件应加盖相应的红色标记，其处理和保管由收件人自行处理。

第八条　机要文件的制发部门应备有发文簿，文件发送至有关部门时，必须请收件人签字盖章。

第九条　在传送或邮寄各公司的文件时，应采用亲启信函方式，必要时应采用挂号信函方式。

第十条　公司内机要文件的传递，除责任者自行携带方式外，必须加封后传递。不能以文件方式传递的秘密事项必须由直接关系者亲自传达。

第十一条　机要文件须经制发部门的经理同意后方可复制。机要文件复制时，制发部门应将复制件数量在原件或副本上详细记录，并在发文簿上记载复制件的去向。

第十二条　机要文件涉及秘密事项由制发部门的经理负责，请专人进行分发和传送时，必须履行上述第八条、第九条规定的手续。

第十三条　机要文件及其相关草案、其他无用物品的销毁，应确定一定的时间，由所管经理负责销毁。

第十四条　凡违反本规定者，由总经理办公会议讨论处理。

▲员工保密纪律规定

员工保密纪律规定

第一条　保密工作是指对可能发生的泄密和窃取活动采取的系列防范措施。

第二条　保密工作原则：积极防范，突出重点，严肃纪律。

第三条　全体员工应做到：不该看的不看、不该问的不问、不该说的不说。

第四条　文件和资料的保密流程。

（1）拟稿。文稿的拟定者应准确定出文稿的密级。

（2）印制。文件统一由行政管理部门印制。

（3）复印。复印秘密文件和资料，由主管经理批准。

（4）递送。携带秘密文件外出，由两人同行，并包装密封。

（5）保管。秘密文件由行政管理部门统一保管，个人不得保存。如需借阅，由主管经理批准，并于当天收回。

（6）归档。没解密的文件和资料存档时要在扉页注明原定密级。

（7）销毁。按档案管理的有关规定执行。

第五条　对外披露信息，按公司规定执行。

第六条　保密内容按以下三级划分。

（1）绝密级：①领导者的电邮、书信；②非公开的规章制度、计划、报表及重要文件；③领导者个人情况；④正在研究的经营计划与具体方案。

（2）机密级：①电邮、合同；②生产工艺及指导生产的技术性文件和资料；③员工档案；④组织状况，人员编制、任免。

（3）秘密级：公司的经营数据、策划方案及有损于集团利益的其他事项。

▲管理人员文明服务准则

管理人员文明服务准则

第一条　热爱本职工作，努力学习管理技术，提高管理水平，树立"住户至上，服务第一"的宗旨和全心全意为住户服务的思想。

第二条　在工作中坚持原则，秉公办事，不徇私情。自觉抵制不正之风，严守法纪，不以权谋私。

第三条　上班时间穿戴整洁，佩戴工作卡，保持仪表端庄，精神饱满，不得在上班时间穿拖鞋、短裤或赤身赤脚，以及做不雅观的举止。

第四条　认真热情地处理住户来信、来访，积极为他们排忧解难。对住户的投诉、批评、建议要及时进行调查处理或向上汇报。做到事事有着落、件件有回音。不能推诿、扯皮、推卸责任，更不允许有打击报复行为发生。

第五条　主动向来访客人问好，待人彬彬有礼，笑容可掬，举止文雅，讲话清楚，用词准确，不含糊其辞，不用不雅之词。

第六条　当住户有无理言行时，应尽量容忍，耐心说服，晓之以理，动之以情，不以恶言相待，更不允许与住户发生打骂行为。

第七条　维修房屋时应按计划进行，保证按时施工，急他人之所急，急他人之所需，热情周到，不吃请、不怠工、不刁难住户。

第八条　遵守各项管理规章制度和岗位责任制度，精简办事程序，明确分工，各司其职，团结协作，互相配合，互相监督，按质按量完成本职工作。

第九条　热情、周到、主动、高效服务住户，依靠法规严格妥善管理，绝不可粗暴、冷漠。

▲物业公司员工行为规范

××物业管理公司员工行为规范

第一条　树立团体的精神，把维护公司的声誉和利益作为全体员工行为的基本准则，牢固地树立"我是公司的一员"的观念。

第二条　每个员工都明确自己的工作职责，有强烈的责任感和质量意识。

第三条　要注重个性与共性相结合，共同营造公司形象，共同经营好公司信誉这一无形资产。

第四条　每个员工的工作要做得更细致、更周全,体现出物业管理公司"为业主服务"的宗旨,把"让业主更高兴"作为服务的指南。

第五条　认清本公司与其他公司的区别所在,以公司为荣。

▲员工办公制度

员工办公制度

第一条　出勤:一月内迟到或早退两次扣一天工资。

第二条　请假:必须要有请假条,写明事由,由部门经理批准,三天以上要报公司总经理批准。擅自不出勤者,按旷工处理。

(1)请事假扣发当天工资。

(2)请病假必须要有医生证明,不扣发工资。

(3)旷工者除扣当天工资外,年终奖扣发一天工资。

(4)请假一天以上者必须提前请示。

(5)上班时间内,必须坚守自己的工作岗位,如检查不在岗位范围内,则按未上班处理,扣半天工资。

第三条　坚守工作岗位,必须按质、按量达到工作要求,完成各自职责,不能胜任工作,住户反映较大意见者,公司有权作出辞退处理。

第四条　如损坏公司及住户财产,视损坏程度扣奖金或照价赔偿。

第五条　公司的工具、机器、设备未经相关部门负责人同意,不准外借。

第六条　上班时间不得看报、闲聊,不得用通信设备聊天;有多余时间应努力学习业务知识。

第七条　不得在工作时间内在小区从事本职工作以外的有偿劳务。

第八条　严禁向业主、住户索取财物,以及吃、拿等不良现象的发生。

▲印章管理制度

印章管理制度

第一条　本制度就公司内使用印章的制度作出规定。

第二条　本规定中所指的印章是在公司印制或管理的文件、凭证文书等与公司权利义务有关的文件上,因需以公司名称或有关部门名义证明其权威作用而使用的印章。

第三条　公司印章的制定、改刻与废止的方案由总经理办公室主任提出，总经理批准。

第四条　总经理办公室主任必须在提出的议案中对新旧公司印章的种类、名称、形式、使用范围及管理权限作出说明。

第五条　公司印章的刻制由总经理办公室主任负责，更换或废止的印章应由规定的各管理人迅速交还总经理办公室主任。

第六条　除特别需要，由总经理办公室主任将废止印章保存3年。

第七条　公司印章散失、损毁、被盗时，各管理者应迅速向公司递交说明原因的报告书，总经理办公室主任则应根据情况依本章各条规定的手续处理。

第八条　总经理办公室主任应将每个印章登入印章登记台账内，并将此台账永久保存。

第九条　印章在公司以外区域登记或申报时，应由管理者将印章名称、申报年月日以及申报者姓名汇总后报总经理办公室主任。

第十条　公司印章的使用依照以下手续进行。

（1）使用公司或高级职员名章时应当填写"公司印章申请单"（以下简称申请单），写明申请事项，征得部门领导签字同意后，连同需盖章文件一并交印章管理人。

（2）使用部门印章和分公司印章，需在申请单上填写用印理由，然后送交所属部门经理，获认可后，连同需要用印文件一并交印章管理人。

第十一条　公司印章的使用原则上由印章管理人掌握。印章管理人必须严格控制用印范围并仔细检查申请单上是否有批准人的印章。

第十二条　代理实施用印的人要在事后将用印依据和申请单交印章管理人审查。同时，用印依据及用印申请单上应有代理人印章。

第十三条　公司印章原则上不准带出公司，如确因工作需要，须经总经理批准，并由申请用印人写出借据并标明借用时间。

第十四条　常规用印或需要再次用印的文件，如事先与印章主管人取得联系或有文字证明者，可省去填写申请单的手续。印章主管人应将文件名称及制发文件人姓名记入一览表以备查考。

第十五条　公司印章的用印依照以下原则进行：公司、部门名章及分公司名章，分别用于以各自名义行文时使用；职务名称印章在分别以职务名义行文时使用。

第十六条　用印方法。

（1）公司印章应盖在文件正面。

（2）盖印文件必要时应盖骑缝印。

（3）除特殊规定外，盖公司章时一律应用朱红印泥。

第十七条　本规定从发布之日起实行。

▲公章使用办法

公章使用办法

第一条　公司可以对外使用公章的种类。

公司章、公司业务专用章（办公室章、人事部章、计划财务部章、国际合作部章、合同专用章）。

第二条　公司章使用范围。

（1）以公司名义上报总公司的报告和其他文件。

（2）以公司名义向上级国家机关，各省市、自治区党政机关发出的重要公函和文件。

（3）以公司名义与有关同级单位的业务往来、公函文件和联合发文等。

第三条　公司业务专用章使用范围。

（1）办公室章：以办公室名义向公司外发出的公函和其他文件、联系工作介绍信、刻制印章证明。

（2）人事部章：就有关人事、劳资等方面业务代表公司用章。

（3）计划财务部章：就有关计划、财务等方面业务代表公司用章。

（4）国际合作部章：就有关国际交往、业务联系、接待计划、组织国际性会议等方面业务代表公司用章。

（5）合同专用章：以公司名义签订的协议、合同和有关会议纪要等。

第四条　公司印章使用手续

（1）公司章、计划财务章、合同专用章必须经总经理、副总经理或总经理助理批准方可使用。

（2）办公室章、国际合作部章，由办公室主任批准后使用。

（3）使用公章必须事先履行登记手续。

▲凭证管理规定

凭证管理规定

第一条　未盖公章或专用章的空白凭证，应严格保管好，不得丢失外流。

第二条　加盖公章并已具有效力的凭证，应严格保管和使用。

第三条　对于凭证的管理，要做到以下几点。

（1）严格履行验收手续。

（2）建立凭证文书登记。

（3）选择保密的地点和坚固的箱柜，有条不紊地入库保存。

（4）定期进行检查，若发现异常情况，随时提出处理意见。

（5）严格出库登记。对于有价证券和其他主要凭证，应参照国家规定的金库管理办法进行管理。

第四条　一切有关凭证的正件、抄件、存根、复写件，以及文稿、草图、签发、资料，都应该及时整理，妥善保存，并按立卷归档的规定，随时分类入卷，定期整理归档，不得随意丢失，更不准自行销毁。

▲电话管理办法

电话管理办法

第一条　为使电话发挥最大效力并节省话费，特制定本办法。

第二条　电话由管理部统一负责管理，各部门主管负责监督与控制使用。

第三条　电话使用规范。

（1）每次通话时间以三分钟为限。通话时应简洁扼要，以免耗时占线、浪费资金。

（2）使用前应对通话内容稍加构思或拟出提纲。

（3）注重礼貌，体现公司员工良好的文化素养和精神风貌。

第四条　长途电话使用规范。

（1）各种外线电话须配置专用长途电话记录表（具体表格略），并逐次记录使用人、受话人、起止时间、联络事项及交涉结果，该表每月转管理部主管审阅。

（2）长途电话限主管以上人员使用。

（3）其他人员使用长途电话须先经主管批准。

（4）禁止因私拨打长途电话。

第五条　违反电话使用管理办法，将视情节轻重给以批评或处分。

▲复印机使用规定

复印机使用规定

第一条　复印文件资料要办理登记审批手续，详细填写复印时间、保密等级、份数，经公司办公室主任批准签字后送打字室复印。

第二条　为确保公司复印机的安全运转，每天下午5时关机，过时送来的文件将延至次日复印；急件经办公室主任批准后，方可临时开机。

第三条　不得擅自使用公司复印机复印绝密文件和个人材料。复印机密文件须经公司领导批准。

第四条　复印机由专人保管使用，其他人员非经允许不得自行开机。

第五条　本规定适用于各部门所属复印机的管理。

▲备品供应与保管规则

备品供应与保管规则

第一条　为使公司备品供应及保管工作富有成效，特制定本规则。

第二条　本规则所指备品，包括价值在×千元以上，耐用年限在一年以上的固定资产，以及价值在×百元以上，耐用年限一年以上的事务用品。

第三条　备用品的种类。

1. 低值固定资产

（1）事务用备品。

（2）作业用备品。

（3）事务用计量器具。

（4）作业用计量器具。

2. 易耗品

（1）事务用备品。

（2）作业用备品。

（3）事务用计量器具。

（4）作业用计量器具。

第四条　在公司内，由主管部主管备品。具体管理原则作如下规定。

（1）主管部应该就备品管理上的必要事项作出指示，并提供备品管理的方法、实施方案以及相应的资料。

（2）主管部应该保证备品的供应，对备品进行有效保管、供应、出借、整修与报废处理，等等。

第五条　主管部经理有权任命专职人员，负责科内备品的出纳保管事务。

第六条　主管部负责以下工作：

（1）申报采购预算。

（2）制订备品供应新方式。

（3）掌握现存备品的名称、数量、磨损或完好程度。

（4）申请备品的更新改造，以及改变备品的用途。

（5）备品供应或借出通知。

（6）申报备品的修理、破损与丢失情况。

（7）申报备品闲置与废弃情况。

（8）报告库存盘点结果。

第七条　主管部必须确立备品台账，并记录以下内容。

（1）备品名称。

（2）型号、尺寸与规格。

（3）购入价格。

（4）购入时间。

（5）用途（分类）。

（6）保管（使用）科名称。

（7）分类编号。

（8）登记编号。

（9）如果是计量器具，则予以注明，并表示其功能与作用。

（10）如果是固定资产，则注明是否进入固定资产管理账户。

（11）其他必要事项。

第八条　主管部按照上述台账内容，制作相应的"备品保管传票"。

第九条　对购进的备品，主管部要进行登记，并填写"备品保管传票"，然后，对备品进行分类，贴上标签，写上分类编号与登记编号。

第十条　在向其他部门供应或转移备品时，"备品保管传票"必须交回主管部，主管部在台账及保管传票上填写使用部门名称、日期以及必要的事项后，把保管传票移交给使用部门。

第十一条　备品可以出借方式使用。借用者必须出具借用证，借用证由主管科负责填写，记录下列内容：

（1）借用者住址与姓名。

（2）备品名称，以及分类编号与登记编号。

（3）数量。

（4）借出日期。

（5）借出期限与出借条件。

第十二条　主管部回收闲置的物品时，应将保管传票存档。

第十三条　如备品已无法使用，可在保管传票上注明理由与意见，上报公司领导。

公司领导经过调查，决定报废后，主管部在台账上做好记录，销毁报废备品的保管传票。如果属于固定资产账目中的备品，其报废处理必须按相关的财务程序办理。

第十四条　修理后的备品，必须由主管部在台账上做好记录，写明修理日期、修理项目内容等。如果一次修理费预算超过×百元，必须由上级主管批准。

第十五条　主管部必须按期核对所保管备品的账物，出现异常情况，应立即向公司领导报告。

第十六条　凡属于故意或者因重大过失造成物品损坏或丢失者，必须追究个人责任，并作出部分或全部赔偿。

▲办公人员工作服配发规定

办公人员工作服配发规定

第一条　本规定确定的是公司工作服配发、穿用及换发等有关事项。

第二条　为使本规定顺利执行，总务部对每一套工作服配制管理表。管理表的项目包括以下内容。

（1）规格与编号。

（2）购入日。

（3）购入价格。

（4）配发日。

（5）配发对象。

（6）上交日。

（7）换发日。

（8）换发负责人。

第三条　各分部为加强工作服管理，应制定工作服管理表。管理表项目同第二条。

第四条　向每一职工颁发工作服使用证，以记载工作服的规格、编号、领用日、交换日等内容。

第五条　工作服的规格与编号

（1）工作服分小、中、大和特大四种规格，分别以 S、M、L 和 XL 表示。

（2）工作服编号方法为：百位数为制作年度最后一位数，十位数及个位数分别为同一种类工作服在同一年度的配发顺序。

第六条　工作服编号应写在 10 厘米 ×4 厘米白布上，并缝制在指定处（有扣工作服缝在第二与第三个扣子内侧，裤子缝在第一个与第二个扣子的内侧。无扣工作服的编号应缝在不易磨损的内侧。帽子直接在内侧填写编号）。

第七条　管理人员各套工作服的穿用期间分别为：12 月 1 日至 3 月 31 日，4 月 1 日至 5 月 31 日，10 月 1 日至 11 月 30 日。其他人员为：10 月 1 日至 5 月 31 日，6 月 1 日至 9 月 30 日。

第八条　办公人员必须严格按照不同的穿用期间穿用不同的工作服。

第九条　除清洗、修补外，工作服不得带出工作地。

第十条　工作服应保持清洁，有损坏时，应及时修补。

第十一条　员工不得任意改动工作服的样式和穿着方法。

第十二条　物业办公室应准确把握库存工作服数量，在正式换用新工作服 2 个月前，统计各类及各种型号工作服的需要数量，提交给总务部。

第十三条　工作服到货后，由物业办公室负责验收。

第十四条　物业办公室负责对全体员工的身高、胸围、腰围及头部进行测量，并登记造表。

第十五条　配发工作。

（1）物业办公室根据员工体位记录，自各类工作服穿用期间开始日前 2 天，开始配发工作服。分部的工作服配发也应如此。

（2）配发工作服时，物业办公室应填制工作服管理表，填发工作服使用证，后者随工作服一起交员工或分部。

（3）配发新工作时，物业办公室还应收回旧工作服，并在工作服管理表和工作服使用证上填写有关项目。

（4）在配发工作结束后，物业办公室应及时向因故未领工作服、未交旧工作服或未办理换领手续的员工发出通知，督促其补办。

第十六条　物业办公室对由各分部上交的工作服，应作下列项目的检查，在填写下列记录后，入库保管。

（1）实物与管理表记载项目是否一致。

（2）实交数量。

（3）是否成套。

（4）清洗状况。

（5）修补状况。

（6）有无污损。

（7）布料磨损程度。

（8）褪色或变色程度。

如经检查，上交工作服无法穿用时，应将有关情况报告主管上级，由其作出处置决定。

第十七条　对于员工丢失工作服、不按要求穿着工作服、严重污损工作服等违纪行为，物业办公室应将详细情况报告物业总经理室，并提出详细处理意见。

第十八条　本规定自×××年×月×日起实施。在此以前的规定同时作废。

▲别墅小区员工的行为规范

别墅小区员工的行为规范

第一条　敬业精神。

（1）要树立为业主竭诚服务的职业志向，热爱本职工作，讲究工作效率，把自己从事的工作与国家的建设和为国为民的理想联系起来，在物业管理的岗位上积极地做出应有的贡献。

（2）刻苦学习管理工作的知识和技能，努力提高自身素质和业务水平，使自己成为既有崇高的职业道德，又有过硬的服务本领的新型管理人才。

（3）认真学习物业管理理论，不断研究物业管理工作新的课题，努力探索物业管理新思路，提高服务质量。

第二条　廉洁奉公。

管理人员要克己奉公，严格要求自己，在工作中一心一意为业主服务，上岗时不做任何与本职工作无关的私事。自觉遵守国家法纪和公司规章制度，对一切可以引致欺诈伪冒或贪污的情况要提高警惕，要做到廉洁律己，洁身自爱，为本企业建立良好信誉而勤奋工作。

第三条　文明管理。

（1）仪表端庄。衣着打扮要整洁端庄，给业主以美的感受，使人感到亲切和蔼。

（2）语言谦逊。在接待宾客过程中，语言力求文雅、谦恭、准确，务必要做到不讲庸俗低级的口头语，不讲脏话，不讲讽刺挖苦的话，不讲与工作无关的闲话，同时做到不冷淡人、不取笑人、不训斥人、不刁难人、不报复人。

（3）主动热情。在接待业主的过程中，要主动热情，认真听取业主对管理工作提出的意见、建议和要求，在一定时限内给予答复或解决。

（4）优质服务。事事处处为业主着想，对业主委托的事情要认真做好，不能做到的，要说明缘由，对业主的后顾之忧要积极想办法解决，使业主能身心愉快地安居在小区。

（5）文明管理。就是依据国家法规、物业管理的规章制度，依法管理，其根本目的是完善服务机制，提高服务水准。

第四条　诚信为本。

诚信为本是物业管理人员职业道德的一个重要内容，就是说，管理人员要忠诚老实，实事求是，言而有信，严守信用。

第五条　注重效益。

对经济效益和社会效益要两手抓。提高经济效益就是要强化管理，开源节流，多渠道开展服务项目，增加收益，同时要讲究社会效益，开展社会主义精神文明建设，维护业主权益，搞好环境建设，扩大市场信誉，塑造企业形象。

▲财产管理办法

财产管理办法

第一条　本公司的财产管理依照此办法执行。

第二条　本公司财产主要为：

（1）办公事务用品：桌椅、公文箱、电话机、打字机、复印机、计算机、交通车辆等。

（2）办公楼、厂房宿舍等建筑物。

（3）机器设备：压造设备、涂装设备、检验仪器、焊接设备、维修设备、输送设备等（本类另案讨论）。

（4）原料及成品（本类另案讨论）。

第三条　各部根据需要提出请购单或请购计划，报上级核准后，交由总务部办理采购。

第四条　采购品经验收合格后，即由采购单位填写财产卡交由总务处建档管理，财产实物由使用单位领回使用并负责保管。

第五条　总务处每年需依折旧年限规定，摊提折旧额送会计部门列账。

第六条　总务处每年12月底前需对公司财产盘点一次，核对财产数量，并由会计单位依盘亏、盘盈状况调整财产金额。

第七条　对无法继续使用的财产按规定办理报废，或以登报公开招标方式出售，并作相应的会计处理。

第八条　各项财产的使用说明书、质量保证书等资料统一由总务处保管，使用单位可使用复印件。

第九条   各部门对所使用的财产负有保管、保养的责任。财产发生损害时，应查明原因、分清责任，出具调查报告和处理意见，视情节轻重进行处分。

▲物品管理规定

物品管理规定

第一条   对所有入库物品都要妥善保管，防止损坏、变质、丢失。对食品及清洁用品定期检查保质期或有效期，防止过期失效。

第二条   对常用物品要测定每月正常消耗量，保证正常储备量，及时提出补充计划，在保证合理需求的前提下，减少库存量，加速资金周转，防止物资积压。

第三条   库存物品要定期盘点，每月 25 日对在用物品做一次清点，期初数加本期增加数减本期消耗等于期末盘点数。检查消耗量是否合理，期末办理退库手续，以正确核算成本。

第四条   对库存物品每月抽查（不少 10%），每季度进行一次全面盘点，要求做到账物相符，账账一致。在清查中发现临近保质期或有效期的物品要及时提出处理意见。

第五条   工具、器具低值易耗品、针棉织品要以旧换新。

第六条   物品丢失要让责任者按质赔偿后方可补发。特殊情况由部门经理说明原因，总会计师审批后方能补领。单项价值超过 500 元的物品要经总经理批准。

第七条   纪念品、礼品等作交际应酬用的物品，领用时要经总经理或总经理授权人批准。

第八条   物资保管员要严格遵守规章制度和工作程序，认真做好物品收货、保管、发放工作。对超计划领用、不符合报批手续的有权拒绝发货，并及时向部门经理汇报。

第九条   工程及维修所用材料，考虑其品种多、需急用等特点，采购物资办完验收手续后，实物由工程部设专人保管，并建立实物账。物资三级账在财务部设置，进行统计核算。

第十条   每月末工程部库房管理人员要对所管物资与财务部三级明细账逐一核对，保证账物相符。工程部实物账与财务部三级账要做到账账一致。财务部有责任对工程部库房进行不定期抽查。每季度抽查物品品种不能少于 30%，每半年进行一次大清点，年终进行全面盘点。

第十一条   工程项目及大、中修使用的材料、备件、设备等按工程预算及修理计划做好储备及供应。

第十二条   积压物资的管理。

　　各类物资一年内无人领用，经使用部门确认一年内仍不需用的，除专用的市场短缺物资，均可视为积压物资。财务部按上述条件每半年提供一次积压物资明细表，并说明造成积压的原因。凡因为个人原因造成物资积压，要由责任者承担部分经济损失（视情节不同分别确定赔偿比例）。积压物资经总会计师审批后交有关部门统一处理。

▲物品申领规定

物品申领规定

　　第一条　各部门日常所需物品、维修及工程专用材料等，在本部门用款计划之内申请领用时，应填写物资申领单，经部门经理同意和财务部经理审核后，从物资库领用。

　　第二条　如果超计划领用物品是由于销售量增加所致，可按成本率控制，视为计划内用料。由部门经理同意，财务部经理审核，总会计师批准后方可申领。单项金额小于 5000 元、大于 1000 元要经主管副总批准，超过 5000 元的要报总经理批准。

　　第三条　其他超支计划领用物品要由总经理批准。

　　第四条　特殊急用物品可由使用部门暂由内部用款计划调剂，事后按程序补办手续以调整本部门用款计划，若内部无力调剂，必须详述理由，并经主管副总审批同意，总会计师批准方可领用。

▲物品采购规定

物品采购规定

　　第一条　各部门所需物品库存不足或库内无货时，应及时填写采购申领单。报财务部审核后转采购部采购（按用款程序审批）。

　　第二条　国外进口物品一般应于上年度提出采购计划，最迟要提前 3 个月提出申领（国外有现货的物品）；一般物品应提前 3 天提交采购申请或提前预订。

　　第三条　水产、肉类和蔬菜、水果提前 2 天申请采购。

　　第四条　临时接待会议可按需要应急采购。

　　第五条　计划外物品采购要由使用部门填写申请报告，并详细说明购置理由及效益预测。

第六条　成本性投资要分析成本费用率和毛利率，资本性投资要分析投资回收期和利润率，申请报告经主管副总同意，财务部经理审核后报总会计师，待总经理批准后采购。

▲个人保管、使用物品管理规定

个人保管、使用物品管理规定

第一条　个人保管物品的范围。

个人物品主要包括因工作需要购买或领用的计算器、工具、仪器、仪表、对讲机、充电器、照相器材等单位价值在 100 元以上，使用年限 1 年以上，由个人保管和使用的物品。

第二条　个人保管使用物品的采购和领用。

（1）所在岗位工作必须配备的计算器、小型工具等，由本部门经理同意，在本部门当期费用中列支，经财务部统一审核后即可办理领用手续。

（2）大型工器具、仪器、仪表、对讲机等经主管副总批准后方可领用。

（3）充电器、照相器材及摄、录像器材等大型工具或专用物品，必须经总经理批准后方能配备给个人保管和使用，并建立个人保管物品档案。

第三条　个人保管使用物品的管理。

（1）个人保管使用的物品属单位资产，保管者有责任和义务妥善保管合理使用，不得丢失或损坏，也不能随意转交他人。

（2）由于工作变动不再需要原个人保管的物品，可办理退库手续；新调入人员因工作需要应按规定办理领用手续。

第四条　个人保管的物品丢失与报废。

因为使用者使用不当造成物品损坏，由责任者按物品的购置价格和使用时间、新旧程度折价赔偿。

凡属正常磨损或工作中发生意外情况造成个人保管物品损坏，由保管者填报废申请单，说明原因和理由，经部门经理审批后交财务部审核。单位价值在 200 元以下的由财务部经理签批，200 元以上的由总经理审批后办理报废手续，进行有关账务处理，并办理补充新品的领用手续。

第五条　个人保管物品的检查与监督。

各部门经理，对其使用和保管进行检查和监督，应严格控制个人保管物品的领用，保证企业国有资产的完整和合理使用。

第六条　所有出外人员，必须先到财务部办理个人管理物品退库手续，或按规定程序办理物品移交有关手续。否则财务部不予签字，人事部有权拒绝办理出库手续。对不办手续擅自出外的员工，财务部将个人管理物品清单交保安部，由保安部负责据此追回企业资产，交财务部办理退库手续。

凡拖延不交回者，由保安部按《治安管理条例》提交法律机关依法处理。

▲值班管理制度

值班管理制度

第一条　为加强对公司值班工作的管理，特制定本制度。

第二条　本公司员工值班，其时间规定如下。

（1）自星期一至星期六每日下午下班时起至次日上午上班时间止。

（2）例假日：日班上午8时起至下午5时止（可随办公时间的变更而变更）。夜班下午5时半起至次日上午8时止。

第三条　员工值班安排表由各部门编排，于上月底公布并通知值班人员按时值班，并应置值日牌，写明值班员工的姓名，悬挂于明显的地方。

第四条　值班员工应按照规定时间在指定场所连续执行任务，不得中途停歇或随意外出，并须在本公司所指定的地方食宿。

第五条　值班员工遇有事情发生，可先行处理，事后报告。如遇其职权不能处理的，应立即通报并请示主管领导办理。

第六条　值班员工收到电文后，应分别依下列方式处理。

（1）属于职权范围内的可即时处理。

（2）非职权所及，视其性质应立即联系有关部门负责人处理。

（3）密件或限时信件应立即原封保管，于上班时呈送有关领导。

第七条　值班员工应将值班时所处理的事项填写报告表，于交班后送主管领导专门检查，报告表另定。

第八条　值班员工如遇紧急事件处理得当，使公司减少损失者，公司视其情节给予嘉奖。

第九条　值班员工在值班时间内，擅离职守应给予记大过处分，因情节严重造成损失者，从重论处。

第十条　值班员因病和其他原因不能值班的，应先行请假或请其他员工代理。出差时亦同，代理者应负一切责任。

第十一条　值班员工领取值班津贴，其标准另定。

第二节　现代物业综合管理表格

▲年度重要工作与发展计划表

年度重要工作与发展计划表

部门（岗位）：　　　　　　制订时间：　　　年　月　日

项目类型	计划项目		进度目标	完成时间	责任人	变更记录	实际完成时间	完成情况说明	评　　分
工作事项	1								
	2								
	3								
	4								
	5								
	6								
改进和发展事项	1								
	2								
	3								
	4								
	5								
	6								

编制人：　　　　　直接上级：　　　　上级领导：

上级确认完成情况：

得分：

注：请用蓝黑或碳黑水笔工整填写。

▲值班记录表

值班记录表

时　　间	内容	来电（访）人员姓名	电话地址	要求答复（解决）时间	值班人员	处理结果
备　注						

▲内务管理情况检查记录表

内务管理情况检查记录表

受检部门：　　　　　　　　　　　　检查时间：　　年　月　日

受检项目	检　查　情　况	
员工宿舍		
办公环境		
检查人（签字）		受检部门经理或主管确认	
复查情况		
复查人（签名）		受检部门确认	

▲印章台账登记单

印章台账登记单

印章登记台账 年 月 日				主任		秘书室	呈报者
登记年月日					名 称		
印模 管理人：		种类： □公司名章 □职员 □其他			形状： □方□圆□其他		
		用途：					
经手人：		制成日期： 年 月 日	印章材质： 金属、水晶、牛角、 其他			制印人：	
		废止： 年 月 日	废止理由：				
		备注：					

▲公章使用登记簿

公章使用登记簿

盖章时间	文件名称 及发文号	公章类别	盖章次数	批准单位	批准人	公章管理人 及代行人印	备注

▲长途电话使用登记簿

长途电话使用登记簿

拨出方	使用电话	发话时间				接听方	对方电话	通话时间	通话内容简注
		月	日	时	分				

▲拨打长途电话申请单

拨打长途电话申请单

	单　位	职　称	姓　名	时　间
拨出方				
通话事由				
	单　位	姓　名	地　点	电话号码	管理员签章
接听方					

▲长途电话使用通知单

长途电话使用通知单

	单 位	职 称	姓 名	时 间
拨出方				

	单位名称及姓名	地 点	电话号码	事 由
接听方				

总务部门签章:

第二章 现代物业人力资源管理制度与表格

第一节 现代物业人力资源管理制度

▲员工考勤管理制度

员工考勤管理制度

第一条 公司员工正常工作时间视部门工作需要而确定，因季节变化需调整工作时间由总经理办公室另行通知。

第二条 公司员工一律实行上下班打卡登记制度。

第三条 所有员工上下班均须亲自打卡，任何人不得代替他人或由他人代替打卡，违反者代理人和被代理人均给予记过处分。

第四条 公司每天安排人员监督员工上下班打卡，并负责将员工出勤情况报告值班经理，由值班经理报至物业人事部，人事部据此核发全勤奖金及填报员工考核表。

第五条 所有员工须先到公司打卡报到后，方能外出办理各项业务。特殊情况须经主管经理签卡批准，不办理批准手续者，按迟到或旷工处理。

第六条 上班时间开始后5分钟至30分钟内到班者，按迟到处理；超过30分钟以上者，按旷工半日处理；提前30分钟以内下班者按早退处理，超过30分钟者按旷工半天处理。

第七条 员工外出办理业务前须向部门经理说明外出原因及返回时间，否则按外出办私事处理。

第八条 员工1个月内迟到、早退累计达3次者扣发全勤奖50%，达5次者扣发100%全勤奖，并给予1次警告处分。

第九条 员工无故旷工半天者，扣发当月全勤奖，并给予警告处分，每月累计3天旷工者，扣除当月工资，并给予记过处分，无故旷工达一个星期以上者，作除名处理。

第十条　员工因公出差，须事先填写出差登记表，由部门经理批准；各部门经理出差由总经理批准。工作紧急无法请假时，须在办公室备案，到达出差地点应及时与公司取得联系。出差人员应于出差前先办理出差登记手续并交至人事部备案。凡过期或未填写出差登记表者不再补发全勤奖，不予报销出差费用，特殊情况须物业总经理审批。

第十一条　当月全勤者，可获得全勤奖金。

▲劳动考勤制度

劳动考勤制度

严格考勤制度是强化管理、提高工时利用率、考核劳动效果的重要措施，是计发员工工资、奖金等的重要依据。

第一条　考勤工作组织与程序。

（1）考勤管理由人事部负责，各部门要选派认真负责、公正无私的人员担任考勤员，并将名单报人事部备案。

（2）考勤员负责逐日如实记录本班组员工到岗、离岗时间和休假时间。月底填写考勤汇总表（各种假条核准附后，并附本月班次情况），经部门经理审核签署后送人事部。

（3）员工加班必须由部门经理提前向人事部备案，月底考勤员应填写加班表，连同考勤一起上报人事部。质检办根据部门上报。

（4）人事部负责员工考勤、汇总工作，并有权随时对各部门确认考勤情况进行检查。

（5）考勤员工作应认真负责，一丝不苟，凡漏报、谎报、错报，一经查出，扣减考勤员当月工资的20%，部门经理扣减30%。

第二条　劳动时间和公休假。

（1）公司实行每周40小时、每天8小时劳工工作制。

（2）上、下班时间以钟卡为准，特别情况以部门签到考勤为准。

（3）下列节日期间依法定规定安排休假：①元旦；②春节；③国际劳动节；④国庆节。

第三条　员工打卡制度。

（1）打卡机由人事部全权管理、监督、检查。

（2）打卡机按要求固定位置，任何人无权擅自挪动或拆卸。

（3）每日员工上、下班时均须打卡。

（4）考勤人员认真检查、监督，发现作弊行为，托人打卡或代人打卡，一律严肃处理。

（5）因公外出不能回岗，由部门经理盖章证明。

（6）不管何种原因丢失工卡，须立即补领新卡。

▲员工考评制度

员工考评制度

第一条　考评的原则。

（1）公司各部门应把考评工作作为一项常规工作来抓，每个季度进行一次，并协同人事部做好对员工的考评，使之制度化、程序化、合理化。

（2）在考评前应认真做好准备，对员工的工作表现要有充分的了解，搜集其自上次考评以来的工作表现记录，包括出勤情况、奖惩记录、直属主管的日常反映等，确保考评结果的准确性。

（3）常用的考评方式是考评者与被考评员工直接面谈交换意见。面谈应选择一个不受外界干扰的安静环境，使考评双方能在宽松而宁静的气氛中坦诚交谈，以提高考评效果。

（4）在客观公正的考评基础上，根据每一员工的业绩与表现，将其考评的结果与对员工的合理使用和相应的报酬待遇结合起来，以提高工作效率，调动员工的积极性。

（5）考评者工作要认真、仔细，实事求是，确保考评工作的公平性和客观性。

第二条　考评的内容。

（1）态度。主要指员工的事业心与工作态度，包括其纪律出勤情况、工作的主动性与积极性等。

（2）素质。包括员工是否有上进心，是否忠于本职工作及其可信赖程度，还包括纪律性、职业道德、个人卫生与仪容仪表等。

（3）能力。根据员工的不同职别层次，对其业务能力、管理能力、工作能力作分类考评。

（4）绩效。主要考评员工对公司的贡献与完成工作任务的数量及质量方面的情况。

第三条　考评的方法。

（1）上、下级面谈。上级领导通过直接面谈方式对其属下员工进行考评。

（2）对象比较。由被考评员工的直属上司执行，对被考评的一组员工，按照工作要求的标准，相互比较，然后采用评分或评语方式，对被考评员工工作表现进行评价。

（3）班组评议。由所在部门的同事有组织、有准备地讨论评议。班组评议由班组长或领班负责召集并汇录评议结论。考评标准或提纲由人事部和员工所在部门制定。班组评议结论须经本人阅读并签字后方可生效。

（4）个人鉴定。由被考评员工对本人的工作表现，参照公司人事部门和所在业务部门所规定的工作标准，以书面形式作自我总结。

▲员工奖励办法

员工奖励办法

第一章　总　　则

第一条　目的。

凡本公司员工长期努力于业务，或从事有益本公司之发明及改进，或具有特殊功绩者，均依照本办法授予奖励。

第二条　种类。

本办法规定的奖励，分服务年资奖、创造奖、功绩奖、全勤奖4种。

第三条　服务年资奖。

员工服务年资满10年、20年及30年，且其服务成绩及操行均属优良者，分别授予服务10年奖、服务20年奖及服务30年奖。

第四条　创造奖。

员工符合下列各项条件之一者，须经审查合格后授予创造奖。

（1）开拓新业务，对本公司有特殊贡献者。

（2）从事有益业务的发明或改进，对节省经费、提高效率或对经营合理化之其他方面具有贡献者。

（3）在独创性方面虽未达发明之程度，但对生产技术等业务上确有特殊之努力，因而对本公司具有重大贡献者。

（4）前列各款至少应观察6个月以上之实绩，经判断确具有效果者，方属有效。

第五条　功绩奖。

员工符合下列各项之一者，须经审查后授予功绩奖。

（1）从事对本公司有显著贡献之特殊行为者。

（2）对提高本公司的声誉具有特殊功绩者。

（3）对本公司之损害能防患于未然者。

（4）遇非常事变，如灾害事故等能随机应变、措施得当、具有功绩者。

（5）冒险救难、救护公司财产及人员于危难者。

（6）其他具有足为本公司楷模、有益于公司及员工之善行者。

第六条　全勤奖。

员工连续 3 年未请病、事假或迟到早退者，须经审查后授予全勤奖。其奖励方式系于公司成立纪念日时，颁发奖品。

第二章　奖励方式

第七条　方式。

奖励方式分奖金、奖状及奖品 3 种。

第八条　奖金及奖状。

对创造奖及功绩奖，按下列等级授予奖金及奖状。

（1）创造奖

一等	10000 元	二等	7000 元	三等	5000 元
四等	3000 元	五等	1000 元		

（2）功绩奖

一等	3000 元	二等	2000 元	三等	1000 元

第九条　奖品。

对服务年资奖授予奖品及奖状，奖品内容另订。

第十条　由 2 人以上共同获得奖金的情形。

奖励事项如为 2 人以上共同合作而完成者，其奖金按参加人数平均分配。

第三章　颁　　奖

第十一条　审查手续。

应奖励事项，由部门经理依据有关文件向总经理申请。

第十二条　员工奖励审查委员会。

奖励种类及等级之评定，由员工奖励审查委员会负责办理。审查委员会由总经理担任主任委员，企划经理、总务经理、业务经理、财务副理、事务经理担任委员。以总务部为主办单位。

第十三条　奖励的核定及颁发。

由总经理室决定奖励的核定及颁发。

第十四条　颁奖日期。

原则上每年 1 次，于本公司成立纪念日颁发。

第四章　附　　则

第十五条　本办法经董事会通过后公告实施，修改时亦同。

▲员工处罚制度

员工处罚制度

本公司对员工违章违纪行为的处罚分为轻度过失、警告、记小过、记大过、撤职和降级、辞退和除名。

第一条　轻度过失。

有下列行为之一者，人事部及员工所在部门经理有权给予扣除 10%～50% 浮动工资的处罚。

（1）迟到或早退超过 5 分钟，每月达 2 次。

（2）上班时间看书、阅报、吃食物、喝饮料、打瞌睡。

（3）随地吐痰，乱丢纸屑、杂物。

（4）不按规定时间到员工餐厅就餐，不遵守员工餐厅就餐规定。

（5）私自搭乘非员工使用的电梯。

（6）不走员工通道，穿行大堂，着便装进入工作岗位。

（7）在考勤卡上乱涂乱画，无故缺打考勤卡 1 月 2 次以内。

（8）进出员工通道口拒绝警员查验拎包。

（9）不按规定时间洗澡，违反倒班宿舍各项规章制度。

（10）在规定的禁烟区吸烟。

（11）当班时间听音乐、看电视。

（12）上班时间打私人电话或用电话聊天。

（13）上班时间私自外出购物、吃早点、着工装下班。

（14）工作时间擅离岗位、串岗或扎堆聊天。

（15）下班后无故在单位内逗留。

（16）不经请示擅自带单位外人员进入公司。

（17）更衣柜内存放不应存放的物品。

（18）对上级分派的工作迟缓、拖延。

（19）被业主投诉一次情节较轻者。

（20）工作责任心不强，粗心大意，造成工作差错。

（21）在工作场所剔牙、挖耳、抓痒、抠鼻孔、照镜子、化妆、打响指、吹口哨、手插口袋、双手叉腰等有失职业风度的举动。

（22）在办公室和公众场所仪容不整，不按规定着装，不佩戴工牌等。

（23）服务不主动、不热情，不用敬语和礼貌用语，不积极解决业主提出的力所能及的要求，引起业主不愉快。

（24）员工有违章违纪行为，在场的管理人员不纠正、不制止，不履行管理责任，情节较轻者。

（25）违反有关规章制度和部门规定，情节尚不足警告者。

第二条 警告。

有下列行为之一者，部门经理有权提出并经公司领导批准给予警告处分并扣罚当月全部浮动工资。

（1）1个月之内有2次轻度过失者。

（2）没有完成领导交给的工作任务，或有意怠工。

（3）服务效果差，被业主投诉2次。

（4）言语粗俗，对业主不礼貌，与业主争辩，不经同意擅自闯入总经理办公室。

（5）当班时间睡觉。

（6）代人打卡或托人打卡，弄虚作假，虚报考勤。1月内无故缺打考勤卡2次以上，迟到或早退2次以上。

（7）工作中搬弄是非，诽谤他人，散布不利于团结的言论；工作上缺乏协调合作精神，致使工作受到影响。

（8）违反部门制定的安全守则、工作程序、操作规范和各项规章制度。

（9）旷工1天以内。

（10）不履行相关工作责任，发现问题不制止、不汇报。

（11）对下属不管理，发现违纪不制止、不批评、不按规章处罚。

（12）由于工作责任心不强造成经济损失500元以下（除按原价赔偿外）。

（13）员工更衣柜内被查获违禁品或危险品，情节较轻者。

（14）私自使用公司设施。

（15）所犯错误比轻微过失稍重者。

（16）所犯错误尚不足记小过者。

第三条 记小过。

有下列行为之一者，公司领导有权给予记小过处分，并连续扣除3个月全部浮动工资。

（1）两个月之内受到2次警告处分。

（2）一个月之内连续2次受到业主投诉。

（3）上班时饮酒或带有醉态。

（4）私自接受业主小费或物品。

（5）工作时间高声喧哗或干扰业主休息。

（6）由于个人工作失误及责任而影响业主工作。

（7）违反各部、室所制定的工作程序和规章制度以致造成隐患。

（8）由于工作责任心不强，单位造成经济损失 500 元以上至 2000 元以下（除按原价赔偿外）。

（9）用不适当手段干扰他人工作。

（10）未经批准私自使用单位的设备，如：车辆、餐厅、餐具、洗衣房设备等。

（11）明知财物受损失或丢失，而不管不问不汇报。

（12）提供不真实的报告、材料。

（13）泄露机密，遗失单位钥匙、单据等重要物品。

（14）旷工 1 天以上，2 天以下。

（15）所犯错误不足记大过者。

第四条　记大过。

违反下列规定者，部门经理有权提请人事部并报主管领导批准，给予记大过处分，连续扣除 6 个月全部浮动工资。

（1）半年内受到 2 次记小过处分。

（2）两个月之内 3 次受宾客投诉。

（3）工作时擅离岗位或玩忽职守，造成一定恶劣影响。

（4）旷工 2 天，不足 3 天。

（5）无故不接受领导分配的工作。

（6）造成停电、停水、停机等重大事故的责任者。

（7）责任损失在 2000 元以上。

（8）违反外事纪律。

（9）违反规章，不足辞退和除名。

第五条　撤职或降级。

凡有下列行为者，人事部按任免权限或提请总经理，给予撤职或降级处分。

（1）所辖部门工作长期无起色。

（2）有严重渎职行为。

（3）所犯错误丧失领导资格。

（4）犯有严重错误。

第六条　辞退、除名或开除。

有下列行为之一者，根据部门经理提议，人事部提请总经理批准，解除劳动合同，给予辞退、除名，错误严重者作开除处理。

（1）试用不符合录用条件。

（2）严重失职、营私舞弊，造成重大损失。

（3）被公安部门依法追究刑事责任。

（4）不能胜任工作，经过培训或者调整岗位仍不能胜任工作。

（5）患病或非因工负伤，医疗期满后不能从事原工作也不能从事另行安排的工作。

（6）连续旷工 3 天或累计旷工 15 天以上。

（7）2 个月之内 4 次受到业主投诉。

（8）盗窃或私拿单位物品。

（9）侮辱、诽谤、殴打、恐吓、威胁、危害同事和上级或打架斗殴。

（10）酗酒、赌博。

（11）发生违反法律或治安条例的行为。

（12）不服从上级指挥，拒绝上级指派的工作，经教育无效。

（13）故意损坏公物。

（14）贪污、挪用公款。

（15）利用职务和工作之便，接受贿赂，或利用不正当手段中饱私囊。

（16）擅自对外界发表有关公司的诬蔑性言论，发表有损公司声誉的言论。

（17）书写匿名诬告信。

（18）严重损坏单位形象。

（19）记一次大过或两次小过、4 次警告处分后仍无明显悔改表现。

（20）其他严重违纪违章行为。

第七条　取消处分。

受警告以上处分一律填过失单装入档案。受处分后，如果本人认真吸取教训，积极努力工作，作出显著成绩，可以撤销处分。一旦撤销处分，即可从档案撤出处分卡片。撤销处分按处分权限执行。撤销处分的最早时间：警告处分不少于 1 个月，记小过处分不少于 3 个月，记大过处分不少于 6 个月。有特别突出表现者，经总经理批准撤销处分的时间可以提前。

第八条　处分作用期限。

凡受过警告以上处分者，当年奖金不能全额享受。凡上半年受一次警告处分者，半年奖金享受 30%，受记小过以上处分者，半年奖金全免。年内受一次警告处分者，年终奖金享受 70%，受记小过处分者，年终奖金享受 30%，受记大过处分者，年终奖金全免。凡因改正错误表现突出而被撤销处分者，从撤销之日起的奖金发放不受影响。

第九条　员工申诉权。

员工有申诉的权利。凡对奖励或处分有异议者，可自宣布之日起 3 日内向本部门或人事部提出申诉，由人事部同有关部门进行调查，并自申诉之日起 30 日内作出最后决定。人事部对申诉事件未作最后决定之前仍按原决定执行。如果人事部超过 30 日未作答复，申诉者可直接向总经理申诉。主管部门对申诉者应以实事求是的态度慎重处理。

▲出差管理制度

出差管理制度（1）

第一条　公司出差人员出差前应填写"出差申请单"。

第二条　出差人凭"出差申请单"向公司财务部暂支相当数额的差旅费，返回后一周内填具"出差旅费报告单"，并结清暂支款。

第三条　国内出差六日内由部门经理核准，十日内由副总经理核准，部门经理以上人员出差一律由公司总经理核准。

第四条　国外出差一律由总经理核准。

第五条　出差不得报支加班费，但假日出差可按加班酌情予以计算。

第六条　出差途中除因病或遇意外灾害，或因工作实际需要，电话联系请示批准延时外，不得因私事或借故延长出差时间，否则除不予报销由此增加的旅差费外，并依情节轻重进行处罚。

第七条　交通费、住宿费、膳食费、通信费和交际费按规定标准凭据报销，超标自付，欠标不补。

出差管理制度（2）

第一条　为培养员工廉洁、勤勉、守纪、高效的精神，特制定员工出差管理办法。

第二条　公司员工出差按如下程序办理。

（1）出差前填写"出差申请单"，期限由派遣主管按需予以核定，并按程序审核。

（2）凭"出差申请单"向财务部预支一定数额的差旅费。返回后一周内填具"出差旅费报告单"并结清暂付款，在一周以外报销者，财务部应于当月薪金中先予扣回，待报销时一并核付。

（3）差旅费中"实报"部分不得超出合理数额，对特殊情况应由出差人出具证明，否则财会人员有权拒绝受理。

第三条　出差审批程序和权限。

（1）国内出差：1 日以内由经理核准，超过十日由总经理核准。部门经理

（含副总经理和相同级别的技术人员）以上人员一律由总经理核准。

（2）国外出差：一律需由总经理核准。

第四条　出差行程中除特殊情况外一般不得报销加班费，假日出差可酌情加薪。

第五条　除因公务、疾病或意外灾害须经主管允许延时外，不得借故延长出差期限，否则不予报销由此增加的差旅费，并依情节轻重给予纪律处分。

第六条　国内出差。

（1）出差旅费分为交通费、住宿费、伙食费、杂费和特别费（包括邮电、交际等费用）。

①交通费需依票根或发票（如出租车）认定，车票丢失者应说明丢失原因，使用公司交通工具者不支付交通费。

②住宿费依凭证报销，本公司备有住宿场所时不支付住宿费。

③伙食费依凭证报销，但由公司设在出差地的分支机构供应餐食的不再支付。

④杂费依有关规定支付。

⑤特别费依凭证核报。

（2）出差返回超过午夜12时者，可在标准外增发交通费和餐费30元。

（3）杂费及伙食费计算标准。

①出差杂费按离开公司所在地实际天数计，超过10小时不足一天者按一天计，不足10小时者不计。

②上午7时前出差者，可报销早餐费，于下午1时后返还者报销午餐，于晚上7时以后返还者报销晚餐费用。

③出差一日者不受以上标准限制。

（4）随同公司高级人员出行的员工，伙食费、住宿费可按高级人员出差旅费标准支付。

（5）因时间急迫或合理成本考虑而需搭乘飞机时，须经总经理核准。

（6）因时间急迫或交通不便根据业务需要必须乘坐出租车时，须经经理同意。

第七条　国外出差。

（1）国外出差旅费分交通费、生活费及特别费，支付标准如下。

①出国人员如夜间恰在旅途中，不得报销住宿费。

②报销旅费凭车船机票，住宿费凭发票。

③特别费报销方法同国内出差。

④接受招待或报销交际者，核减相应的餐费。

（2）员工派赴国外受训考察等，其食宿由其他公司安排者，每日支付生活费120元。

（3）出国人员因公所花的交际费、应酬费，除由总经理核准由公司开支的部分外，多余部分概由个人负担。

（4）出国人员计划外的行程，交通费须由总经理核批，方可报销。

（5）出国人员出国前应提出出国申请计划书，并于回国后十日内提出出国人员工作计划检查报告。

▲国内出差管理规定

国内出差管理规定

第一条　本公司所属员工因公在国内出差，均按本规定预支和决算差旅费。

第二条　本公司员工乘坐火车、飞机、轮船时按下列情况报销交通费。

（1）乘坐轮船火车及长途汽车时凭相应的票根报账。

（2）逢紧急公务必须搭乘飞机时，应事先报告主管领导批准后方可成行。事后凭飞机票报销。

（3）搭乘公司交通工具者，不予报销交通费。

第三条　出差员工的伙食费、住宿费、杂费按总经理批准核发。

第四条　出差期间因公支出下列费用，如能提出书面理由并报请主管上司批准，可准予按实报销，并按下列规定办理。

（1）乘坐出租车应取得汽车公司开具的统一发票，并据此报销。

（2）电报、电话费凭电信局正式收据报销。

（3）邮费凭邮局证明报销。

（4）因公宴客费用，凭饭店正式发票报销。

（5）因公携带的文件资料和行李托运费，凭公交部门正式托运费收据报销。

第五条　员工出差，由人事部填写通知单一式两份，送请总经理核准后，一份送秘书处登记，一份由出差人员保存。

第六条　员工出差返回后三日内填具出差旅费报销单，送请总经理核批后，送秘书处审签，出纳人员方得予以报销。

第七条　员工出差前，凭核准的派遣出差通知单预借差旅费，于出差完毕报销差旅费时扣还结清。

第八条　市内及短程（一日内）出差人员，除按实报销车费外，可报销合理次数的误餐费。

第九条　奉令调遣人员，可依照以上有关条文报销交通费、伙食费及行李托运费，但在公司用餐者不得报销误餐费。

▲出差手续及差旅费支付制度

出差手续及差旅费支付制度

第一章　总　　则

第一条　本制度旨在确定公司管理人员和员工因公司业务出差的手续及差旅费支付标准。由于出差目的、性质、时间及费用支出千差万别，难作统一规定，故本制度仅作一般性规定。

第二条　本制度未涉及事项，均按有关细则处理。对海外出差，将另行规定。

第三条　出差分为"近距离外出"、"当日出差"（当日回来）和"住宿出差"三类。

第四条　近距离外出是指利用交通工具，以公司总部为中心，半径为×千米范围的外出。外出范围由总务部主管与总经理协商决定。在必要时，近距离外出可变更为当日出差，或作住宿出差处理。

第五条　当日出差是指从公司出发后，当日可返回的出差。当日出差的地域范围由总务部主管与总经理协商决定，但不得与前条所述地域重复。地理偏僻或交通不便地区，可按住宿出差处理。

第六条　住宿出差是指出差到较远的地方，通常需要住宿的出差。因出差内容和需要时间的差别，有些住宿出差也可以作为近距离外出或当日出差处理。

第七条　出差路线一般应选择最短的且最方便的线路，应尽量减少出差所用时间。出差途中如遇天灾人祸等不可抗拒因素，需改变路线时，应得到总务部主管同意，按实际旅费支付。

第八条　员工私人旅行兼公务出差时，公司可向其支付用于公务出差部分的差旅费。

第九条　出差费在区分"近距离外出"、"当日出差"和"住宿出差"前提下分别支付。

第十条　出差费及报销

（1）出差费包括以下内容。

①铁路、船舶、飞机票费。

②交通费。

③出差补贴。

④住宿费。

⑤通信费。

⑥其他伴随出差发生的正当费用。

（2）铁路、船舶、飞机票费依种类和等级实报实销。

（3）交通费指短距离乘坐公共汽车、地铁等的费用，据个人申报，按实际费用支付。原则上不得乘坐出租车。

（4）出差补贴用于出差者的饮食和杂费支出，按出差回报定额支付。上午出差按全额支付，下午出差按半额支付，晚上8时以后不支付。

（5）住宿费按定额住宿天数支付，在火车上过夜的按半额支付。

（6）出差中的电话、信函、汇款等通信费依据报销凭证实费支付。

第十一条　出差费原则上应在一周前通过《出差计划表》提出预算，经总经理批复后支付。

第十二条　当交易客户、相关公司人员或公司管理人员随行，或因不得已而导致出差费超出规定时，经随行管理人员或总经理批准后，按实际费用报销。

第十三条　驾驶或搭乘公司车辆出差时，不支付交通费。

第十四条　出差过程中，利用出租车仅限于有交易客户同行、紧急情况、有可能耽误出发时间或携带物品过重、雨雪天访问客户等情况。这时按实额支付出租车费。但必须在出差费报销单中说明理由，并经随行管理人员或公司财务主管批准后方能报销。

第十五条　出差过程中，如遇出差人公休日，出差人应以公务为重，继续执行出差任务。但是，如遇出差单位公休日，无法开展工作时，可安排休息。为避免这种情况发生，出差前应事先与有关单位联系。出差归来后，可补足休息日。

第十六条　出差过程中，因生病、交通中断或其他意外情况超过预定期限停留时，在查清事实基础上，可按长期滞留费标准支付费用。

第十七条　在出差地招待客户，原则上应先在《出差计划表》中提出具体预算，并经上级主管批准。其金额一般限定在×××元之内，部门主管以上限定在×××元之内。

第二章　近距离外出及当日出差

第十八条　出差者必须提交《出差申请表》，经相关主管批准后方可出发。

第十九条　出差者从公司出发和归来时，必须向人事部报到。不能按期回公司时，须通过电话等与公司联系。

第二十条　出差者当日完成出差任务，回公司后应填写出差汇报，提交给上级主管。

第二十一条　近距离外出，仅对交通费实报实销。当日出差，依不同职务支付出差补贴和交通费。

第二十二条　日常性的当日出差费，可依据出差计划表提出概算，并预付出差费。

第二十三条　当日出差如遇紧急情况或其他不可抗拒的原因，需在外住宿时，按住宿出差的有关规定支付住宿费。但应提前与主管上司联系，并得到其批准。

第三章　住宿出差

第二十四条　出差者必须事先提出出差计划表，提交总经理批准。

第二十五条　出差者依据批复的出差计划表，向财务部提出出差费预算，并申请预领出差费。财务部对未清算上次出差费者，拒绝预付出差费。

第二十六条　出差者必须每日自出差地向公司寄送出差汇报一式两份。但出差时间为两天者，可回公司后提交。

对不按规定邮送或提交出差回报者，停发相应的出差补贴，但特殊情况者除外。

第二十七条　出差者回公司后，应于两日以内填写出差费用表，经总经理签字后，提交给财务部，以作结算。

如出差者回公司后遇公休日，原则上应在公休日后的次日办理出差费结算。

第二十八条　对住宿出差者依不同职务支付铁路、船舶、飞机票费以及住宿费和交通费。

第二十九条　出差者原则上应在公司指定的旅馆住宿。如变更旅馆，须事先进行汇报。

第三十条　在特殊情况下，经总经理批准后，可搭乘快速列车或飞机出差。除总经理外，一般坐普通舱。

第四章　特别旅费处理

第三十一条　出席招待会、客户接待出差、投宿于公司驻外机构时，不支付住宿费。

来往于公司总部和各分公司之间的出差，原则上必须利用公司的住宿设施。

投宿于亲友家时，支付50%的住宿费。

第三十二条　在同一地区连续停留超过7日时，视为长期滞留出差。

第三十三条　出差目的与内容跟一般出差有区别的，为特殊业务出差，如参加研讨会、招待客户、随客户出差。

特殊业务出差的出差费支付标准如下。

（1）出席研讨会时，支付火车、船舶、飞机票费，住宿费及其他必要的费用，原则上实报实销。

（2）因招待客户出差时，支付预算范围内的接待费，火车、船舶、飞机票费、住宿费、其他杂费和相当于30%的补贴，原则上实报实销。

（3）异地赴任则按另行规定处理。

第三十四条　出差中不允许进行私人旅行。在不得已情况下，如欲进行私人旅行，需得到总经理的批准。

私人旅行日数应从本制度中的出差日期数中扣除。

第五章　附　　则

第三十五条　本制度自×××× 年×月×日起实施。

▲人员聘用制度

人员聘用制度

第一条　经核定录用人员，由人事部发给《报到通知单》，并要求录用人员于报到时携带下列资料。

（1）保证书。

（2）服务自愿书。

（3）员工资料卡。

（4）相片2张。

（5）户口本。

（6）身份证复印件。

（7）体检表。

（8）学历证件复印件。

（以上资料视情况可增减）

第二条　管理人员任用，视情况可发给《聘任书》。

第三条　新进人员于报到日，人事部即发给"报到程序单"，并检收其携带资料，若资料不全，应限期补办，否则首月薪资可暂扣发。

第四条　人事部相关人员随后应引导新进人员依报到程序单上的顺序，逐项协助办理下列手续。

（1）领取员工手册及识别证。

（2）制考勤卡并告知其使用方法。

（3）领制服及制服卡。

（4）领储物柜钥匙。

（5）若有需要，填《住宿申请单》。

（6）登记参加劳保及参加工会。

（7）视情况引导参观各单位及安排职前训练。

第五条　上述事项逐项办理完毕后，人事部即填制《新进人员简介及到职通知》，引导新进人员向单位主管报到，由单位主管收存到职通知后依《职前介绍表》逐项给予说明，并于报到程序单上签章交回人事部，表示人员报到完毕。

第六条　人事部依据报到程序单随后应办理下列事项。

（1）填《人员变动记录簿》。

（2）登记人事部管理用的《人员状况表》。

（3）管理人员发布《管理人员到职通报》。

（4）登记员工花名册。

（5）填制《薪资通知单》，办理核薪事宜。

（6）收齐报到应交资料，建立个人资料档案，编号列管。

▲员工聘用规定

员工聘用规定

第一条　为加强公司员工队伍建设，提高公司员工的基本素质，特制定本规定。

第二条　本公司所有员工分为两类：正式员工和短期聘用员工。

正式员工是本公司员工队伍的主体，享受公司制度中所规定的各种福利待遇。短期聘用员工指具有明确聘用期的临时工、离退休人员以及少数特聘人员，其享受待遇由聘用合同书中规定。短期聘用员工聘期满后，若愿意继续受聘，经公司同意后可与本公司续签聘用合同。正式员工和短期聘用员工均应与本公司签订合同。

第三条　本公司各级管理人员不许将自己亲属介绍、安排到本人所分管的区域里工作，属特殊情况的，须由总经理批准，且介绍人必须立下担保书。

第四条　本公司各部门必须制定人员编制，各部门用人应控制在编制范围内。

第五条　本公司需增聘员工时，提倡公开从社会上的求职人员中择优录用，也可由内部员工引荐。内部引荐人员获准聘用后，引荐人必须立下担保书。

第六条　从事管理和业务工作的正式员工一般必须满足下述条件：

（1）大专以上学历。

（2）两年以上相关工作经历。

（3）年龄一般在35岁以下，特殊情况不超过45岁。

（4）无不良行为记录。

特殊情况人员，经总经理批准后可适当放宽有关条件，应届毕业生及复员转业军人须经董事长批准后方可考虑聘用。

第七条　所有应聘人员除董事长特批可免予试用或缩短试用期外，一般都必须经过 3 至 6 个月的试用期后，才可考虑聘为正式员工。

第八条　试用人员必须呈交下述材料。

（1）由公司统一发招聘表格，并按要求填写。

（2）学历、职称证明。

（3）个人简历。

（4）相片 2 张（近期）。

（5）身份证复印件。

（6）体检表。

（7）结婚证、计划生育证或未婚证明。

（8）面试或笔试记录。

（9）员工引荐担保书（由公司视需要而定）。

第九条　试用人员一般不宜担任要害部门的工作，也不宜安排具有重要经济责任的工作。

第十条　试用人员在试用期内待遇规定如下。

（1）基本工资待遇。

①高中以下毕业：一等。

②中专毕业：二等。

③大专毕业：三等。

④本科毕业：四等。

⑤硕士研究生毕业（含获初级技术职称者）：五等。

⑥博士研究生毕业（含获中级技术职称者）：六等。

（2）试用人员享受一半浮动工资和劳保用品待遇。

第十一条　试用人员经试用考核合格后，可转为正式员工，并根据其工作能力和岗位重新确定职级，享受正式员工的各种待遇；员工转正后，试用期计入工龄，试用不合格者，可延长其试用期或决定不予聘用，对于不予聘用者，不发任何补偿费，试用人员不得提出任何异议。

第十二条　公司正式员工可根据其工作业绩、表现以及年限，由公司给予办理户口调动。

第十三条　公司各类人员的正式聘用合同和短期聘用合同以及担保书等全部材料汇总保存于公司人事部，由上述两个单位负责监督聘用合同和担保书的执行。

▲聘约人员管理办法

聘约人员管理办法

第一条　为使本单位聘约人员的聘任及管理有所遵循，特制定本办法。

第二条　聘用范围。

本单位从业人员或各部门因工作需要，须以聘约方式聘用人员时，由聘用部门详细说明理由，并拟定每月薪金，呈总经理核准后以聘任书形式聘用，并将聘任书副本及聘约人员资料转报董事长。

第三条　工作报酬。

聘约人员概不列入本公司编制，除不参加互助、福利委员会及退职酬劳金分配外，服务满当年度者，年终发给两个月奖金，公司所规定的各项津贴、奖金及其他福利设施的享用均比照本公司从业人员办理。

第四条　管理。

聘约人员的考勤、出差、保险及管理，依约定或比照编制内从业人员办理。

第五条　终止受聘。

聘约人员因重大事由必须于约定期限前终止受聘时，应于1个月前通知聘用部门。办妥离职手续后方可终止受聘。

第六条　解聘。

聘约人员于聘任期间，如有违反本企业人事管理规则或工作上无法胜任的情形，聘用部门应呈总经理核准后解聘，并转报董事长。

第七条　本办法经经营决策委员会通过后实施，修改时亦同。

▲新进人员试用制度

新进人员试用制度

第一条　新进人员试用期为3个月（作业员为40天），届满前一周由人事部提供《考核表》，分甲（干部人员）、乙（一般人员）两种，并登记被考核人员试用期间出勤资料，依人事权限划分表顺序，逐级考核。

第二条　人事部根据考核表发给《试用期满通知》。

第三条　人事部发出试用期满通知后，依不同的批示，分别办理下列事项：

（1）试用不合格者，另发给通知单。

（2）调（升）职者，由人事部办理调动手续。

（3）薪资变更者，由人事部填制《薪资通知单》办理调薪。

（4）前务办理完毕后，《考核表》应归入个人资料袋中。

（5）新进人员在试用期内，表现不合要求，部门主管认为有必要停止试用时，可立即提前办理考核，并签人事变动申请单，报请人事主管核定停止试用。

▲员工参加各类专业培训和业余学习的规定

员工参加各类专业培训和业余学习的规定

第一条　员工参加各类专业培训和业务进修，必须符合以下条件。

（1）专业对口，确因工作需要。

（2）部门同意或推荐，经人事部审批。

第二条　凡为达到某种学历报考各类业余院校及电大、函大的员工，其学费一律自理，单位亦不提供学习时间。

第三条　凡经批准参加培训学习的学费，一律凭结业证或成绩合格通知单报销，其学习所占用的工作时间，可酌情按公假处理。

第四条　凡提出报考有关院校脱产学习的个人，必须按规定办理辞职手续。

第五条　凡经单位出资培训学习的员工，如本人在服务期内提出调动或辞职的，须按规定交纳培训费。

▲员工培训制度

员工培训制度

第一条　员工培训的原则。

（1）理论与实际相结合。在搞好职工专业技能等实践方面的培训后，不能忽视对其进行理论培训。

（2）因人而异，因材施教。

（3）近期目标与长远目标相结合。

第二条　培训目的。

（1）提高员工队伍素质和公司管理水平。

（2）挖掘企业潜力，提高经济效益。

第三条　组织领导与任务。

在总经理领导下，由人事部负责具体员工培训工作的实施。其培训任务为以下几点。

（1）各类专业技术人员业务培训教育的组织与考核。

（2）各级行政管理人员培训教育与考核。

（3）新职工岗前培训教育与考核。

（4）干部任职前的培训教育与考核。

（5）特殊专业外出学习、取证工作管理。

（6）其他临时性培训任务。

第四条 培训内容。

（1）政策、法规教育。

（2）专业技术理论、知识技能和本岗实际操作教育。

（3）管理理论、知识、工作方法及相关的业务知识教育。

（4）其他专项教育内容。

第五条 培训方式。

（1）长期脱产培训（3个月以上）。

（2）短期脱产培训。

（3）业余培训。

第六条 审批程序。

（1）本公司原则上严格控制长期脱产培训人员，若确实因工作需要，必须填写外出培训审批表，经总经理同意批准，人事部备案。

（2）主要用于上岗前的短期脱产培训，由人事部报总经理审批后实施。

（3）业余学历培训，企业不负担各项支出，培训人员需在人事部备案。

第七条 培训期间的待遇。

（1）长期脱产培训人员的学费由企业负担，其工资、福利不变。学习期间不享受奖金。

（2）短期脱产培训人员的待遇和在职员工一样。

（3）没有经批准利用工作时间外出学习的人员，一律按旷工处理。

第八条 培训档案与合格证书。

（1）人事部建立员工培训档案，为员工的晋升、使用提供参考依据。

（2）人事部对参加培训人员，经考核合格者发放证书，不合格按公司劳动管理的有关制度执行。

▲员工解雇、辞退处理制度

员工解雇、辞退处理制度

第一条　因公司业务情况或方针有变而产生冗员及员工不能胜任工作而又无法另行安排者，公司有权予以解雇。

第二条　解雇须提前一个月书面通知其本人，或发给一个月基本工资代替此项通知。

第三条　根据员工在本公司具体工作时间，每满一年发给一个月的基本工资。

第四条　公司员工离职都应办妥离职手续，否则公司不予提供该员工的任何有关人事资料或冻结其名下工资，必要时采取法律途径追讨公司损失。

第五条　员工因违反公司规章制度，经教育或警告无效，公司可以马上辞退，无须提前一个月通知本人。

▲员工迁调制度

员工迁调制度

第一条　公司基于业务上的需要，可随时调动任一员工的职务或服务地点，被调的员工如借故推诿，概以抗命处理。

第二条　各部门主管依其管辖内所属员工的学识和能力，力求人尽其才，以达到人与事最佳配合。

第三条　奉调员工接到调任通知后，主管人员应于十天内，其他人员应于七天内办妥移交手续就任新职。

第四条　奉调员工可比照出差旅费支给办法报支旅费。其随往的直系家属凭乘车证明报支，但以五人为限，搬运家具的运费，可依单据报支。

第五条　奉调员工离开原职时应办妥移交手续，才能赴新职单位报到，否则以移交不清处理。

第六条　调任员工在新任者未到职前，其所属职务可由直属主管暂时代理。

▲临时工录用、辞退规定

临时工录用、辞退规定

第一条　录用原则。

各部门根据工作需要，在编制定员以内，可招用临时工。临时工必须身体健康，且年龄、身材、容貌符合要求。

第二条　录用范围。

下岗、退休、离休等人员。

第三条　录用程序。

（1）求职者须持求职证、身份证等到人事部面试，填写临时工登记表。

（2）需要录用时，通知其到指定医院体检。

（3）体检合格者，可到用工部门试工，为期1周。试工不合格，将退回人事部。试工前先由人事部组织学习有关规定并培训。

（4）试工期合格者，签订合同，并由人事部核发"临时录用通知"，通知有关部门。

第四条　辞退。

凡有下列情况之一者予以辞退。

（1）违法乱纪。

（2）患各类传染疾病。

（3）不服从调配。

（4）工作中出现重大责任事故。

（5）私拿客户或单位物品。

（6）一个月内造成客户投诉两次以上。

（7）故意损坏单位财物。

（8）旷工。

▲员工牌、工作证管理制度

员工牌、工作证管理制度

第一条　公司的员工牌、工作证按部门分号，各部门的排号以本公司的机构设置为序，由人事部统一编排造册发放。

第二条　员工牌、工作证上面应有本人正面彩色免冠照片，加盖公司公章，上面注明其本人姓名、所属部门、职位、入职日期、员工号等。

第三条　工作证编号由人事部编排，向员工收发时应做好登记。

第四条　工牌号码由总经理室、人事部、保安部、员工所在部门各保存一份。

第五条　员工应保管好员工牌和工作证，不得和其他人交换使用，不得在上面乱涂乱画。

第六条　员工牌、工作证若有遗失，应及时向人事部反映，并及时补办。

第七条　员工变动或离开公司时将工作证交回人事部。

▲劳动合同（模板一：通行样式）

劳动合同（模板一：通行样式）

甲方：_____

通信地址：_____

法定代表人：_____

乙方：_____

身份证号码：_____

家庭住址：_____

户籍地址：_____

联系方式：_____（固定电话）_____（移动电话）_____

紧急联系人：_____　　联系电话：_____

甲乙双方就劳动关系的建立及其权利义务等事宜，根据《中华人民共和国劳动合同法》及有关的劳动法律、法规、行政规章和企业依法制定的规章制度，遵循自愿、平等、协商一致的原则，一致同意订立本劳动合同（以下简称合同），共同信守合同所列各条款，并确认合同为解决争议时的依据。

第一章　合同的类型与期限

第一条　甲、乙双方选择合同类型为（_____）。

（1）固定期限，自_____年____月____日起至_____年____月____日止，共_____个月，合同期满后，双方同意继续履行的，合同自动顺延_____年；达到无固定期限合同条件的，自动转为无固定期限合同；双方如需重新约定劳动合同期限的，在合同到期前的三十天内签订。

（2）无固定期限，自_____年____月____日起至合同第三十五条约定的终止情形出现时即行终止。

（3）以完成一定的工作任务为期限：自_____年_____月_____日起至
_____工作任务完成时即行终止。

第二条　若乙方开始工作时间与合同订立时间不一致的，以实际到岗之日为合
同起始时间，建立劳动关系。

第二章　试用期

第三条　甲乙双方约定试用期自_____年___月___日起至_____年
___月___日止，共_____个月，试用期工资为：_____。若到岗之日与试
用期约定上岗之日不符的，试用期同时提前或顺延。

第四条　录用条件为以下几项。

（1）学历文化：_____。

（2）身体状况：_____。

（3）工作技能：_____。

（4）团队精神：_____。

（5）其他：_____。

第三章　工作内容与工作地点

第五条　甲方聘用乙方从事_____工作。

第六条　乙方的工作地点为_____（工作地点太多的，可以写详
见附件）。

第七条　乙方应认真履行甲方制定的岗位职责，按时、按质、按量完成其本职
工作，未经甲方允许，乙方不得在其他单位兼职。

第八条　甲方因生产和工作需要，依据乙方的专业、特长、工作能力和表现，
需调整乙方工作岗位及其工作报酬的，原则上应协商一致，但以下情况除外。

（1）甲方因生产经营服务需要，产业、产品结构调整及工艺规程、组织机构
设置等情况发生变化需调动乙方工作岗位时，乙方应予接受；

（2）甲方确因生产经营服务需要，可以临时安排乙方从事其他岗位工作，工
作期限由双方协商确定；

（3）乙方因技能、身体等因素达不到生产服务、工作质量、产量等指标，不
能胜任工作的。

第四章　工作时间与休息时间

第九条　乙方所在岗位执行下述工时制度（_____）。

（1）标准工时制。

（2）不定时工时制。

（3）综合计算工时制。

第十条　甲方在下列节日安排职工休假：元旦、春节、国际劳动节、国庆节、清明节、中秋节、端午节，法律法规规定的其他节假日及婚假、丧假、产假等。

第十一条　甲方因工作需要安排乙方延长工作时间或节假日加班加点的，乙方应服从甲方统一安排；甲方按规定支付加班加点的报酬，以保证乙方合法权益。

第十二条　乙方加班须征得甲方确认同意，否则不视为加班。

第五章　规章制度与劳动纪律

第十三条　乙方自觉遵守国家的法律、法规、规章和社会公德、职业道德，维护甲方的声誉和利益。

第十四条　甲方依法建立和完善各项规章制度，甲方应将制定、变更的规章制度及时进行公示或者告知员工，乙方应严格遵守。

第十五条　乙方不得从事其他任何与甲方利益冲突的第二职业或活动，并保守甲方的商业秘密和知识产权。

第十六条　乙方违反劳动纪律和规章制度的，甲方有权按国家和本单位的规定对乙方给予纪律处分或经济处罚，直至通知解除本合同。

第六章　劳动报酬

第十七条　乙方在正常出勤并付出正常劳动后，有权获得相应得劳动报酬，乙方所在岗位执行下述工资计发形式（_____）。

（1）计时形式：乙方的月基本工资（若非特别说明，均为税前应发工资）为：_____，岗位工资为_____元（有上岗协议的更改为：岗位工资随双方上岗协议中约定的标准执行），效益工资部分随用工单位效益情况及薪酬计发标准进行调整。其中加班加点计发工资基数为_____元/小时，事假扣除标准为_____元/小时，病假扣除标准为_____元/小时。

（2）计件形式：乙方的劳动定额为_____，计件单价为_____。

（3）其他工资形式：_____。

第十八条　甲方于每月_____日以人民币形式支付乙方上月工资。

第十九条　甲方有权根据其生产经营状况、乙方工作岗位的变更和依法制定的劳动报酬分配办法调整乙方的工资待遇。

第二十条　甲方安排乙方延长工作时间或休息日、法定休假日工作的，应依法安排乙方补休或支付相应劳动报酬。

第七章　社会保险和福利待遇

第二十一条　甲方根据国家和_____市有关规定为乙方参加购买_____等类别的社会保险，乙方个人缴纳部分由乙方自行承担并由甲方在工资发放时代扣代缴。

第二十二条　乙方患病或非因工负伤，其病假工资、疾病救济费和医疗待遇按照国家和_____市有关规定执行。

第二十三条　乙方患职业病或因工负伤的工资和医疗保险待遇按国家和_____市有关规定执行。

第二十四条　甲方为乙方提供以下福利待遇。

(1) _____。

(2) _____。

(3) _____。

第八章　劳动保护、劳动条件和职业危害防护

第二十五条　甲方建立健全生产工艺流程、操作规程、工作规范和劳动安全卫生制度及其标准。甲方对可能产生职业病危害的岗位，应向乙方履行告知义务，并做好劳动过程中职业危害的预防工作，乙方应严格遵守相关操作流程与安全制度。

第二十六条　甲方为乙方提供符合国家规定的劳动条件及安全卫生的工作环境，并依照企业生产经营特点及有关规定为乙方提供劳动防护用品，乙方应严格按要求穿戴劳防用品。

第二十七条　甲方对乙方进行职业技术、安全卫生、规章制度等必要的教育与培训，乙方应认真参加甲方组织的各项必要的教育培训。

第九章　劳动合同的变更、解除和终止

第二十八条　订立合同所依据的法律、行政法规、规章发生变化，合同应变更相关内容。

第二十九条 订立合同所依据的客观情况发生重大变化，致使合同无法履行的，经协商同意，可以变更合同相关内容或解除。

第三十条 乙方在试用期内被证明不符合甲方用人标准或录用条件的，甲方提前3日通知乙方解除合同。

第三十一条 乙方有下列情形之一的，甲方可立即解除合同，辞退乙方。

（1）如无特别约定，合同签约后15日内乙方未能上岗的。

（2）因乙方未能在30日内提供其被录用的相关资料，致使甲方无法办理录用及社会保险缴纳手续的。

（3）乙方被查实在应聘时向甲方提供的其个人资料是虚假的，包括但不限于：离职证明、身份证明、户籍证明、学历证明、体检证明等是虚假或伪造的；应聘前患有精神病、传染性疾病及其他严重影响工作的疾病而在应聘时未声明的；应聘前曾受到其他单位记过、留厂察看、开除或除名等严重处分，或者有吸毒等违法行为而在应聘时未声明的；应聘前曾被劳动教养、拘役或者依法追究刑事责任而在应聘时未声明的等。

（4）严重违反甲方的劳动纪律、员工手册或规章制度。

（5）严重失职、营私舞弊给甲方利益造成5000元（含）以上重大损害的。

（6）乙方是驾驶员的，因其自身原因，其营运服务的证、照被吊扣或失效15天（含）以上的或因乙方发生同等以上（含同等）行车（客伤）死亡事故或次责以上（含次责）特大行车（客伤）事故或物损三万元以上的，甲方可以随时解除合同。

（7）乙方系特种作业人员的，因其自身原因违章作业或造成物损5000元以上事故的，除给予经济处罚或处分外，甲方还可以随时解除合同。

（8）乙方同时与其他用人单位建立劳动关系，对完成甲方的工作任务造成严重影响，损失5000元以上的，或者经甲方提出，拒不改正的。

（9）乙方被依法追究刑事责任、劳动教养、公安机关收容教育的。

（10）乙方向甲方辞职或者经协商被甲方解除聘用的。

（11）乙方以欺诈、胁迫的手段或者乘人之危，使甲方在违背真实意思的情况下订立或者变更合同的。

（12）法律法规规定的其他情形。

第三十二条 乙方有下列情形之一的，甲方可以解除合同，辞退乙方，但应提前30日以书面形式通知乙方。

（1）乙方患病或非因工负伤，医疗期满后不能从事原工作，也不能从事甲方另行安排的其他工作的。

（2）乙方不能胜任本职工作，经过培训或者调整工作岗位后，仍不能胜任工作的，并拒不服从甲方的工作安排和劳动管理的。

（3）甲方因兼并、分立、合资、转（改）制、企业转产、技术革新、经营方式调整、防治污染搬迁等客观情况发生重大变化或乙方的生产、工作岗位消失，致使合同无法履行的。

（4）甲方的生产经营发生严重困难的。

（5）依据合同第二十九条规定不能就变更合同达成协议的。

第三十三条 凡有下列情形之一，乙方可以解除合同。

（1）在试用期内提前3日以上向甲方提出辞职。

（2）甲方违反合同规定，未足额及时支付乙方劳动报酬的。

（3）甲方违反合同规定，未依法缴纳社会保险的。

（4）甲方违反合同规定，未提供相应劳动保护和劳动条件的。

（5）甲方的规章制度违反法律、法规的规定，损害劳动者权益的。

（6）甲方强令冒险作业、违章指挥强迫乙方劳动的。

（7）乙方提前30天向甲方提出辞职。

第三十四条 乙方有下列情形之一的，甲方不得依照合同第二十九条的规定解除合同。

（1）从事接触职业病危害作业的劳动者未进行离岗前职业健康检查，或者疑似职业病病人在诊断或者医学观察期间的。

（2）在本单位患职业病或者因工负伤并被确认丧失或者部分丧失劳动能力的。

（3）患病或者非因工负伤，在规定的医疗期内的。

（4）女职工在孕期、产期、哺乳期内的。

（5）在本单位连续工作满15年，且距法定退休年龄不足5年的。

（6）法律法规规定的其他情形。

第三十五条 有下列情形之一的，合同自行终止。

（1）合同期满且双方不能就相同劳动条件的续签达成一致的。

（2）当事人约定的终止条件出现，如已确认乙方完成了某一项工作任务的。

（3）甲方破产、解散、被吊销营业执照、责令关闭或者被撤销的。

（4）乙方享受基本养老待遇退休，宣告死亡、宣告失踪的。

（5）乙方暂时无法履行合同义务，但仍有继续履行条件和可能的，包括但不限于乙方涉嫌违法犯罪，被公安、国家安全或者司法机关限制人身自由的，乙方因脱产学习与进修，执行有关部门的公益性任务等原因而不能正常履行本合同超过15日的。

（6）乙方应征入伍或者履行国家规定的其他法定义务的。

（7）法律法规规定的其他情形。

第三十六条 合同期满或者当事人约定的合同终止条件出现，乙方有合同第三十四条所规定情形之一的，同时不属于三十一条约定的，合同顺延至相应情形消失。

第十章　　后合同义务

第三十七条　　本合同解除或终止时,乙方应履行下列义务。

（1）向甲方指定的人交接工作。

（2）完好归还其占有的甲方的办公用品、文件、设备等有形或无形资产。

（3）向甲方完整移交载有甲方重要信息的任何载体。

（4）协助甲方清理双方之间的债权、债务。

（5）完成甲方规定的离职流转程序,办理有关离职手续。

（6）处理其他应了而未了的事务。

第三十八条　　本合同解除或终止时,甲方应履行下列义务。

（1）为乙方办理终止劳动关系手续。

（2）自劳动关系终止之日起15日内为乙方办理社会保险和住房公积金账户转移或者封存手续。

（3）应乙方要求,及时、如实出具乙方的工作履历或绩效证明。

第三十九条　　乙方不辞而别,或者下落不明,或者未履行第三十七条、第四十二条及第四十六条规定的义务,致使甲方无法办理或迟延办理与乙方离职相关手续的,乙方应承担相应的责任。

第十一章　　经济补偿与赔偿

第四十条　　乙方未提前30日向甲方提出辞职或有其他擅自离职情形的,将在乙方办结工作交接后支付乙方的当月工资。

第四十一条　　除按合同三十一规定解除合同之外的,凡属劳动合同法规定应给予经济补偿金的,甲方应按法律规定的标准支付经济补偿金给乙方。

第四十二条　　乙方欠付甲方任何款项,或者乙方违反合同约定的条件解除劳动合同,给甲方造成任何经济损失,依照法律法规约定和合同约定应承担的赔偿责任,甲方有权从乙方的工资、奖金及津贴、补贴等（包括并不限于此）中做相应的扣除,但该扣除不得违反法律法规的规定,不够扣除的,甲方仍然有权就剩余部分向乙方追偿。

第十二章　　培训服务期与竞业限制

第四十三条　　乙方在合同期间接受甲方提供的出资专项技术培训,约定为甲方的服务期自_____年____月____日起至_____年____月____日。乙方若违反本条约定，提前解除合同的，应偿付甲方培训费用_____元人民币，对已履行部分服务期的，按照服务期尚未履行部分所应分摊的培训费用偿付。

第四十四条　双方可另行签订《培训/教育协议》，约定具体服务期、赔偿标准并执行。

第四十五条　乙方应当保守甲方的商业秘密，商业秘密系指不为公众所知悉，能为甲方带来经济利益，具有实用性并经甲方采取保密措施的技术秘密和经营信息，包括但不限于下述内容。

（1）技术信息。技术信息的范围一般包括技术方案、工程设计、电路设计、制造方法、配方、工艺流程、技术指标、计算机软件、数据库、试验结果、图样、样品样机、模型模具、操作手册、技术文档、涉及商业秘密的业务函电等。

（2）经营信息。经营信息的范围一般包括客户名单、营销计划、采购资料、定价政策、不公开的财务资源、劳动报酬、进货渠道、产销政策、招投标中的标的及标书内容等。

（3）公司依照法律规定和有关协议约定对外应承担保密义务的事项等。

第四十六条　乙方的竞业限制期限自_____年____月____日起至_____年____月____日。竞业限制的范围为_____，地域为_____。在竞业限制期间甲方给予乙方一定经济补偿，具体标准为_____，支付方式为_____。若乙方违反第四十二条规定的，应支付违约金_____元人民币。如果违约金不足以弥补甲方所受的实际损失的，甲方保留向乙方追偿实际损失的权利。

第十三章　劳动争议处理

第四十七条　甲、乙双方因合同而发生争议可以向甲方所在地的劳动仲裁委员会申请仲裁或向甲方所在地的人民法院提起诉讼。

第十四章　其他规定

第四十八条　甲方的规章制度（包括但不限于员工手册、岗位职责、培训协议、保密协议、安全准则等）均属合同的主要附件，其效力与合同条款等同。

第四十九条　合同如与法律、法规相抵触的，或者因法律、法规的变更而不一致的，以现行有效的法律、法规为准。

第五十条　合同未尽事宜，双方另有约定的，从约定；双方没有约定的从法律、法规和规章制度。

第五十一条 合同生效前双方签订的任何《劳动合同》自合同签订之日其自动失效，其他之前签订的相关协议文本（包括但不限于《保密协议》、《培训协议》、《竞业限制协议》）的规定与合同不一致的，以合同为准。

第五十二条 乙方同意，在其处于联系障碍状态（包括但不限于乙方因病住院、丧失人身自由等情形）时，委托合同首部的"紧急联系人"作为乙方的受委托人，该受委托人享有接受和解与调解，代领、签收相关文书的权限。

第五十三条 甲、乙双方另行约定条款。

（1）_____。

（2）_____。

第五十四条 合同一式三份，甲方执两份，乙方执一份，经双方签字（或盖章）后生效。

甲方：（签字或盖章）_____ 乙方：（签字或盖章）_____

签约日期：_____ 签约时间：_____
签约地点：_____ 签约地点：_____

▲劳动合同书（模板二：固定期限样式）

劳动合同书（模板二：固定期限样式）

根据《中华人民共和国劳动法》、《中华人民共和国劳动合同法》和有关法律、法规，甲乙双方经平等自愿、协商一致签订本合同，共同遵守本合同所列条款。

一、劳动合同双方当事人基本情况

第一条 甲方_____
法定代表人（主要负责人）或委托代理人_____
注册地址_____
经营地址_____
第二条 乙方_____性别_____
户籍类型（非农业、农业）_____
居民身份证号码_____
或者其他有效证件名称_____证件号码_____
在甲方工作起始时间_____年___月___日

家庭住址＿＿＿＿＿＿＿＿＿邮政编码＿＿＿＿＿＿＿

在本地居住地址＿＿＿＿＿＿＿＿＿邮政编码＿＿＿＿＿＿

户口所在地＿＿＿＿省（市）＿＿＿＿区（县）＿＿＿＿街道（乡镇）

二、劳动合同期限

第三条 本合同为固定期限劳动合同。

本合同于＿＿＿＿年＿＿月＿＿日生效，其中试用期至＿＿＿＿年＿＿月＿＿日止。本合同于＿＿＿＿年＿＿月＿＿日终止。

三、工作内容和工作地点

第四条 乙方同意根据甲方工作需要，担任＿＿＿＿＿＿＿岗位（工种）工作。

第五条 根据甲方的岗位（工种）作业特点，乙方的工作区域或工作地点为＿＿＿＿＿＿。

第六条 乙方工作应达到＿＿＿＿＿＿＿标准。

四、工作时间和休息休假

第七条 甲方安排乙方执行＿＿＿＿＿工时制度。

执行标准工时制度的，乙方每天工作时间不超过 8 小时，每周工作不超过 40 小时，每周休息日为＿＿＿＿。甲方安排乙方执行综合计算工时工作制度或者不定时工作制的，应当事先取得劳动行政部门特殊工时制度的行政许可决定。

第八条 甲方对乙方实行的休假制度有＿＿＿＿＿＿＿。

五、劳动报酬

第九条 甲方每月＿＿＿＿日前以货币形式支付乙方工资，月工资为＿＿＿＿元或按＿＿＿＿＿＿＿执行。

乙方在试用期期间的工资为＿＿＿＿元。

甲乙双方对工资的其他约定＿＿＿＿＿＿＿。

第十条 甲方生产工作任务不足使乙方待工的，甲方支付乙方的月生活费为＿＿＿＿元或按＿＿＿＿＿＿＿执行。

六、社会保险及其他保险福利待遇

第十一条　甲乙双方按国家和××市的规定参加社会保险。甲方为乙方办理有关社会保险手续，并承担相应社会保险义务。

第十二条　乙方患病或非因工负伤的医疗待遇按国家、××市有关规定执行。甲方按＿＿＿＿＿＿＿＿＿＿＿＿＿支付乙方病假工资。

第十三条　乙方患职业病或因工负伤的待遇按国家和××市的有关规定执行。

第十四条　甲方为乙方提供以下福利待遇。

_____

_____

七、劳动保护、劳动条件和职业危害防护

第十五条　甲方根据生产岗位的需要，按照国家有关劳动安全、卫生的规定为乙方配备必要的安全防护措施，发放必要的劳动保护用品。

第十六条　甲方根据国家有关法律、法规，建立安全生产制度；乙方应当严格遵守甲方的劳动安全制度，严禁违章作业，防止劳动过程中的事故，减少职业危害。

第十七条　甲方应当建立、健全职业病防治责任制度，加强对职业病防治的管理，提高职业病防治水平。

八、劳动合同的解除、终止和经济补偿

第十八条　甲乙双方解除、终止、续订劳动合同应当依照《中华人民共和国劳动合同法》和国家及××市有关规定执行。

第十九条　甲方应当在解除或者终止本合同时，为乙方出具解除或者终止劳动合同的证明，并在 15 日内为乙方办理档案和社会保险关系转移手续。

第二十条　乙方应当按照双方约定，办理工作交接。应当支付经济补偿的，在办结工作交接时支付。

九、当事人约定的其他内容

第二十一条　甲乙双方约定本合同增加以下内容。

_____

_____

十、劳动争议处理及其他

第二十二条　双方因履行本合同发生争议，当事人可以向甲方劳动争议调解委员会申请调解；调解不成的，可以向劳动争议仲裁委员会申请仲裁。

当事人一方也可以直接向劳动争议仲裁委员会申请仲裁。

第二十三条　本合同的附件如下。

_____

第二十四条　本合同未尽事宜或与今后国家、××市有关规定相悖的，按有关规定执行。

第二十五条　本合同一式两份，甲乙双方各执一份。

甲方（公章）：_____　　乙方（签字或盖章）：_____

法定代表人（主要负责人）

或委托代理人：_____

（签字或盖章）：_____

签订日期：_____年____月____日

▲劳动合同（模板三：无固定期限样式）

劳动合同（模板三：无固定期限样式）

根据《中华人民共和国劳动法》、《中华人民共和国劳动合同法》和有关法律、法规，甲乙双方经平等自愿、协商一致签订本合同，共同遵守本合同所列条款。

一、劳动合同双方当事人基本情况

第一条　甲方_____

法定代表人（主要负责人）或委托代理人_____

注册地址_____

经营地址_____

第二条　乙方_____性别_____

户籍类型（非农业、农业）_____

居民身份证号码_____

或者其他有效证件名称_____证件号码_____

在甲方工作起始时间_____年____月____日

家庭住址_____邮政编码_____

在本地居住地址_____邮政编码_____

户口所在地_____省（市）_____区（县）_____街道（乡镇）

二、劳动合同期限

第三条　本合同为无固定期限劳动合同。

本合同于_____年____月____日生效，其中试用期至_____年____月____日止。

三、工作内容和工作地点

第四条　乙方同意根据甲方工作需要，担任_____岗位（工种）工作。

第五条　根据甲方的岗位（工种）作业特点，乙方的工作区域或工作地点为_____

第六条　乙方工作应达到_____标准。

四、工作时间和休息休假

第七条　甲方安排乙方执行_____工时制度。

执行标准工时制度的，乙方每天工作时间不超过 8 小时，每周工作不超过 40 小时，每周休息日为_____。甲方安排乙方执行综合计算工时工作制度或者不定时工作制度的，应当事先取得劳动行政部门特殊工时制度的行政许可决定。

第八条　甲方对乙方实行的休假制度有以下几方面。

_____

_____

五、劳动报酬

第九条　甲方每月_____日前以货币形式支付乙方工资，月工资为_____元或按_____执行。

乙方在试用期期间的工资为_____元。

甲乙双方对工资的其他约定_____。

第十条　甲方生产工作任务不足使乙方待工的，甲方支付乙方的月生活费为_____元或按_____执行。

六、社会保险及其他保险福利待遇

第十一条　甲乙双方按国家和××市的规定参加社会保险。甲方为乙方办理有关社会保险手续，并承担相应社会保险义务。

第十二条　乙方患病或非因工负伤的医疗待遇按国家、××市有关规定执行。甲方按_____支付乙方病假工资。

第十三条　乙方患职业病或因工负伤的待遇按国家和××市的有关规定执行。

第十四条　甲方为乙方提供以下福利待遇。

七、劳动保护、劳动条件和职业危害防护

第十五条　甲方根据生产岗位的需要，按照国家有关劳动安全、卫生的规定为乙方配备必要的安全防护措施，发放必要的劳动保护用品。

第十六条　甲方根据国家有关法律、法规，建立安全生产制度；乙方应当严格遵守甲方的劳动安全制度，严禁违章作业，防止劳动过程中的事故，减少职业危害。

第十七条　甲方应当建立、健全职业病防治责任制度，加强对职业病防治的管理，提高职业病防治水平。

八、劳动合同的解除、终止和经济补偿

第十八条　甲乙双方解除、终止劳动合同应当依照《中华人民共和国劳动合同法》和国家及××市有关规定执行。

第十九条　甲方应当在解除或者终止本合同时，为乙方出具解除或者终止劳动合同的证明，并在十五日内为乙方办理档案和社会保险关系转移手续。

第二十条　乙方应当按照双方约定，办理工作交接。应当支付经济补偿的，在办结工作交接时支付。

九、当事人约定的其他内容

第二十一条　甲乙双方约定本合同增加以下内容。

_____

十、劳动争议处理及其他

第二十二条　双方因履行本合同发生争议，当事人可以向甲方劳动争议调解委员会申请调解；调解不成的，可以向劳动争议仲裁委员会申请仲裁。

当事人一方也可以直接向劳动争议仲裁委员会申请仲裁。

第二十三条　本合同的附件如下。

_____

_____

第二十四条　本合同未尽事宜或与今后国家、北京市有关规定相悖的，按有关规定执行。

第二十五条　本合同一式两份，甲乙双方各执一份。

甲方（公章）：_____　　乙方（签字或盖章）：_____

法定代表人（主要负责人）

或委托代理人（签字或盖章）：_____

签订日期：_____年____月_____日

▲临时提供劳务合同

临时提供劳务合同

甲方：_____

注册地址：_____

通信地址：_____

邮政编码：_____　　电话：_____

乙方：_____

居民身份证号码：_____　出生日期_____年____月___日

家庭住址：_____

邮政编码：_____

户口所在地_____省（市）_____区（县）_____街道（乡镇）

通信地址：_____

邮政编码：_____　电话：_____

根据《中华人民共和国民法通则》、《中华人民共和国合同法》和有关规定，甲乙双方经平等协商一致，自愿签订本劳务合同，共同遵守本合同所列条款。

第一条　本合同期限为_____年。

本合同于_____年____月____日生效，至_____年____月____日终止。

第二条　乙方承担的劳务内容、要求为：

_____。

第三条　乙方提供劳务的方式为：_____。

第四条　乙方认为，根据乙方目前的健康状况，能依据本合同第二条、第三条约定的劳务内容、要求、方式为甲方提供劳务，乙方也愿意承担所约定义务。

第五条　乙方负有保守甲方商业秘密的义务。乙方的商业秘密主要包括。

_____。

第六条　甲方支付乙方劳务报酬的标准、方式、时间。

_____。

第七条　乙方依法缴纳个人所得税，甲方依法代为扣缴。

第八条　发生下列情形之一，本合同终止。

（1）本合同期满的。

（2）双方就解除本合同协商一致的。

（3）乙方由于健康原因不能履行本合同义务的。

第九条　甲、乙双方若单方面解除本合同，仅需提前一周通知另一方即可。

第十条　本合同终止、解除后，乙方应在一周内将有关工作向甲方移交完毕，并附书面说明，如给甲方造成损失、应予赔偿。

第十一条　甲乙双方约定，甲方为乙方购买_____等种类的社会保险。保险期间与本合同期限相同。

第十二条　依据本合同第九条、第十条约定终止或解除本合同，双方互不支付违约金。

第十三条　因本合同引起的或与本合同有关的任何争议，均提请××仲裁委员会按照该会仲裁规则进行仲裁。仲裁裁决是终局的，对双方均有约束力。

第十四条　本合同首部甲、乙双方的通信地址为双方联系的唯一固定通信地址，若在履行本合同中双方有任何争议，甚至涉及仲裁时，该地址为双方法定地址。若其中一方通信地址发生变化，应立即书面通知另一方，否则，造成双方联系障碍，由有过错的一方负责。

第十五条　本合同一式两份，甲乙双方各执一份。

甲方：＿＿＿＿＿＿＿＿（签章）　　乙方：＿＿＿＿＿＿＿＿（签章）

签约时间：＿＿年＿＿月＿＿日　　签约时间：＿＿年＿＿月＿＿日

签约地点：＿＿＿＿＿＿＿＿＿　　签约地点：＿＿＿＿＿＿＿＿＿

▲数据保密合同

数据保密合同

甲方：＿＿＿＿＿＿＿＿＿＿＿＿＿＿

乙方：＿＿＿＿＿＿＿＿＿＿＿技术公司

为了明确甲、乙双方的权利和义务，根据《合同法》的有关规定，达成如下条款，并共同遵守。

第一条　保密的内容和范围。

（1）涉及甲方所有的信息，包括甲方保存在乙方服务器上的数据。

（2）凡以直接、间接、口头或书面等形式提供涉及保密内容的行为均属泄密。

第二条　双方的权利与义务、责任

（1）乙方应自觉维护甲方的利益，严格遵守委托方的保密规定。

（2）乙方不能以任何形式将甲方的相关信息泄露。

（3）乙方不得利用所掌握的商业秘密牟取私利。

（4）乙方了解并承认，通过系统甲方会将具有商业价值的业绩资料存入乙方技术服务器，并且由于技术服务等原因，乙方有可能在某些情况下访问这些数据。乙方同意并承诺，如果这些数据未经甲方许可披露给他人，所造成对甲方的直接损失，并经证实，甲方有权通过法律途径向乙方索赔。

（5）乙方保证该信息的保密性，不论甲方是否复制这些数据，乙方都不能留下任何形式的数据备份。

第三条　本《合同》项下的保密义务不适用于如下信息。

（1）非由于乙方的原因已经为公众所知的。

（2）由于乙方以外其他渠道被他人获知的信息，这些渠道并不受保密义务的限制。

（3）由于法律的适用，法院或其他国家机关要求披露的信息。

第四条　甲方和乙方承认，本合同因以下情况而终止，双方互不承担违约责任。

（1）不可抗力的灾害。

（2）硬件或软件不可获得或失效。

第五条　遇有本合同未尽事宜，由甲、乙双方通过协商另订补充条款，作为本合同不可分割的组成部分，且与本合同具有同等效力。

第六条　甲、乙双方在履行本合同过程中发生争议，由双方协商解决；协商不成的，按本合同约定的下列方法之一进行解决。

（1）由_____仲裁委员会仲裁。

（2）向_____人民法院起诉。

第七条　本合同一式两份，甲、乙双方各执一份。自签字之日起即时生效，均具有同等法律效力。

第八条　本合同有效期限自_____年_____月_____日起至_____年_____月_____日止，为期_____年。合同期限届满，双方不再续约时，本合同自然终止。

甲　方：_____（签章）　　　乙　方：_____（签章）

法定代表人：_____（签章）　　法定代表人：_____（签章）

电　话：_____　　　　　电　话：_____

签约日期：_____年___月___日

签约地点：_____

▲保守商业秘密合同

保守商业秘密合同

甲方：_____

乙方：_____

为了明确甲、乙双方的权利和义务，鉴于乙方在甲方任职，并获得甲方支付的相应报酬，双方当事人就乙方在任职期间及离职以后保守甲方商业秘密的有关事项，达成如下合同，共同遵守。

一、商业计划书的所有权归属及使用

本商业计划书属商业秘密，所有权属于_____。其所涉及的内容和资料只限于具有投资意向的投资者使用。收到本计划书后，收件人应即刻确认。若收件人不希望涉足本计划书所述项目，请尽快将本计划书退回。

二、双方的权利与义务

1. 乙方

（1）不得向不承担保密义务的任何第三人披露甲方的计划书秘密。

（2）不得允许或协助不承担保密义务的任何第三人使用甲方的计划书秘密。

（3）如发现计划书秘密被泄露或者因自己过失泄露计划书秘密，应当采取有效措施防止泄密进一步扩大，并及时向甲方企业报告。

2. 甲方

（1）乙方在甲方任职期间所完成的与甲方业务相关的发明创造、技术秘密或其他商业秘密，乙方主张由其享有知识产权的，应当及时向甲方申明。经甲方核实，认为确属于非职务成果的，由乙方享有知识产权，乙方不得在未经甲方明确授权的前提下利用这些成果进行生产、经营，亦不得自行向第三方转让。

（2）甲方只允许其所邀请及聘请的工作人员中与处理乙方创业计划事宜有关的人员接触本合同规定的保密内容；甲方保证采取有效的保密制度，以确保本合同规定的保密内容不会泄露。

（3）甲方邀请参与评审工作的顾问成员不以任何直接或间接的方式向甲、乙双方之外的任何第三人提供、泄露乙方商业计划书的全部或部分内容；如其邀请参与评审工作的顾问成员泄露本合同规定的保密内容，则甲方向乙方承担本合同项下的全部责任。

（4）甲方应对任何违反诚实信用原则的行为或以任何方式泄露保密内容的行为或任何因为甲方的故意或过失而致乙方受到损害的行为，向乙方承担责任。

（5）甲方需在乙方网站注册，并提供真实的个人资料，包括照片、身份证号、工作经历等；甲方同意因自己泄密，乙方有权将其列为黑牌会员，并相应地将甲方的照片及身份证号公布于乙方网站，以供会员查询。

（6）甲方对因错误投递或其使用的投递方式具有被他人知悉其计划书内容的风险及其他投递过程中的过失行为而引起的计划书内容泄露不承担任何法律责任，除非乙方能证明该泄露行为系甲方所为或系甲方的授意。

三、合同的生效

（1）本合同于双方签字或盖章之日起生效。在本合同签字或盖章之日，乙方提交商业计划摘要。

（2）本合同的效力至本合同规定的全部保密内容成为社会公众所知悉的信息后终止。

四、违约责任

若甲方或甲方所邀请及聘请的工作人员、甲方邀请参与评审工作的顾问成员、甲方的投资伙伴会员及甲方的关联公司违反本合同规定，泄露了本合同规定的保密内容，并因此给乙方造成直接经济损失的，甲方应向乙方承担赔偿责任。

五、合同的修改与转让

（1）本合同构成双方就本合同所述事项达成的完整共识。非经双方书面同意，本合同不得被修改、补充或变更。

（2）员工不得转让本合同或由本合同产生的任何义务与权益。

六、争议的解决

经甲、乙双方在履行本合同过程中发生争议，由双方协商解决；协商不成的，由_____仲裁委员会仲裁，或向_____人民法院起诉。

甲　方：_____（签章）　　　乙　方：_____（签章）

法定代表人：_____（签章）

电　话：_____　　　　　　　电　话：_____

签约日期：_____年____月____日

签约地点：_____

▲岗位培训合同（模板一）

岗位培训合同（模板一）

甲方：_____（单位名称）

乙方：_____（姓名）

甲方为帮助乙方完成考取执业资格所需的实习经历，按××市有关文件要求为乙方提供岗位培训。双方根据平等自愿、协商一致的原则，签订本合同，确立培训关系，明确双方的权利、义务，并共同遵守。

一、培训期限

培训期限为一年，从_____年_____月_____日起至_____年_____月_____日止。培训期满后需延长培训的由甲、乙双方另行协商。

二、培训岗位

（1）甲方根据工作任务需要及乙方的岗位意向与乙方签订岗位聘用合同，明确乙方的具体工作岗位及职责。

（2）甲方根据工作需要及乙方的业务、工作能力和表现，可以调整乙方的工作岗位，重新签订岗位聘任合同。

三、培训时间

甲方参考本单位正式员工的作息制度及单位实际需要为乙方安排培训时间，乙方需按甲方规定的时间接受培训。培训时间安排如下：

每周的星期_____至星期_____。

甲方参考国家法定节假日及单位实际需要为乙方安排休假。甲方确因单位工作需要且与乙方协商一致，或由乙方申请且经甲方同意的，甲方可在规定培训时间外

（包括节假日）为乙方安排培训任务。

四、培训条件和培训保护

甲方应根据国家有关劳动保护、安全生产的法规制度，采取有效措施，为乙方提供良好的劳动环境和工作条件，加强对乙方的安全、卫生和劳动保护，并根据生产和实际工作需要发给乙方必要的劳保用品和保健营养待遇。同时，对女职工应酌情实行特殊保护。

乙方对甲方管理人员违章指挥强令冒险完成任务，有权拒绝执行；对危害乙方生命安全和身体健康的行为，有权提出批评、检举和控告。

五、培训费用及待遇

甲方为乙方提供免费培训，乙方不需向甲方支付培训费用。

为帮助乙方更好地完成培训任务，甲方为乙方提供交通费和餐费补贴，补贴标准为每月_____元（人民币）。甲方在每_____月_____日至_____日期间（节假日顺延）为乙方发放补贴。

六、福利待遇和劳动保险

（1）在合同期间，乙方仍享受统一规定的有关津贴、物价补贴、计划生育、住房补贴、养老保险、独生子女费以及法定的公休节假日、探亲假、婚丧假、产假和甲方规定的职工休假等。

（2）在合同期间内，乙方因工或非因工死亡的待遇以及家属劳保待遇等仍按国家现行政策规定执行。

（3）合同期间，乙方患病或非因工负伤期间的有关待遇仍按国家现行的有关政策和本单位规章制度执行。对乙方的停工医疗期按有关法律中的有关条款执行。

（4）被列入下岗待聘范围的人员，其各种待遇按照相关法律规定执行。

（5）乙方到达离退休年龄，其离退休待遇仍按国家现行政策规定执行。

七、培训纪律

乙方在合同期间内必须自觉地遵守国家的有关法规法纪、遵守劳动纪律和甲方制定的各种规章制度，如有违纪违章行为，甲方有权按有关规定给予必要的处罚。

八、合同的变更、解除、重新订立和终止

（1）经甲、乙双方协商一致同意可以依法变更合同。

（2）有下列情形之一的，甲方可以随时解除合同。

①乙方严重违反培训纪律造成严重后果的。

②乙方严重失职，营私舞弊，对甲方利益造成重大损害的。

③乙方被依法追究刑事责任的。

④法律、法规规定的其他情形。

（3）有下列情形之一的，甲方可以解除合同，但应当提前30日以书面形式通知乙方：

①乙方因患病或其他不可抗力，6个月内不能接受培训的（有此种情形的在乙方恢复能力后由甲方另行安排培训）。

②本合同订立时所依据的客观情况发生重大变化，致使原合同无法履行，甲、乙双方不能就变更合同达成一致的。

（4）有下列情形之一的，乙方可以解除合同，但应提前10日以书面形式通知甲方：

①乙方自愿放弃培训的。

②甲方以暴力、威胁或者非法限制人身自由等手段强迫乙方完成培训任务的。

③法律、法规规定的其他情形。

（5）乙方死亡的，合同自行解除。

（6）甲、乙双方同意延续培训关系的，在合同期满之前30日内双方续订合同。

（7）培训期满或双方约定的终止条件出现，合同自行终止。

九、违约责任

（1）在合同期内，甲、乙双方均不得擅自解除合同或自行离职，否则应支付违约金。

（2）甲、乙双方必须严格履行合同条款，除遇有特殊情况，经双方协商一致不能履行合同的有关内容外，任何一方违反合同给对方造成经济损失的，应根据其后果和责任大小，给对方赔偿经济损失。赔偿金额按有关规定或实际情况确定。

（3）凡由甲方出资对乙方进行培训、学历学习、进修的人员，其有离职、调动或违约时，均按有关规定执行。

十、争议处理

甲、乙双方在履行本合同过程中发生争议，由双方协商解决；协商不成的，按本合同约定的下列方法之一进行解决。

（1）由_____仲裁委员会仲裁。

（2）向_____人民法院起诉。

十一、其他事项。

①遇有本合同未尽事宜，由甲、乙双方通过协商另订补充条款，作为本合同不可分割的组成部分，且与本合同具有同等效力。

②本合同自培训开始之日起生效。

③本合同一式两份，甲、乙双方各执一份。自签字之日起即时生效，均具有同等法律效力。

④本合同有效期限自_____年_____月_____日起至_____年_____月_____日止，为期_____年。

甲　方：＿＿＿＿＿＿＿＿（签章）　　　乙　方：＿＿＿＿＿＿＿＿（签章）

法定代表人：＿＿＿＿＿＿（签章）

电　话：＿＿＿＿＿＿＿＿　　　　　　电　话：＿＿＿＿＿＿＿＿

签约日期：＿＿＿＿＿年＿＿＿月＿＿＿日

签约地点：＿＿＿＿＿＿＿＿＿＿＿＿＿

▲岗位培训合同（模板二）

岗位培训合同（模板二）

甲方：＿＿＿＿＿＿＿（公司）

乙方：＿＿＿＿＿＿＿（员工）

经甲、乙双方协商同意，现就甲方与被公司资助参加＿＿＿＿＿培训的员工就培训一事达成如下合同，双方共同遵守。

第一条　甲方资助乙方参加赴＿＿＿＿＿的＿＿＿＿＿（课程名）培训，为期＿＿＿＿＿。自＿＿＿＿＿年＿＿＿＿＿月＿＿＿＿＿日至＿＿＿＿＿年＿＿＿＿＿月＿＿＿＿＿日止。乙方同意接受该项目的培训及有关资助。

第二条　乙方培训结束，必须为公司服务＿＿＿＿＿年，即自＿＿＿＿＿年＿＿＿＿＿月＿＿＿＿＿日至＿＿＿＿＿年＿＿＿＿＿月＿＿＿＿＿日，并签订相应的聘用合同。

第三条　乙方若不经甲方同意，提前终止该合同，甲方有权按下列标准向乙方索回有关费用。

（1）按实际报销的金额索回。

（2）若为公司与其他公司的合作培训计划（如相互交换培训），则按下列标准索回。

①半年以上至一年：＿＿＿＿＿＿＿元人民币。

②一年至一年半：＿＿＿＿＿＿＿元人民币。

③一年半至两年：＿＿＿＿＿＿＿元人民币。

第四条　乙方在培训期间若因违反培训纪律而被终止或自愿终止其培训，即按甲方为乙方已付的实际费用进行赔偿。

第五条　乙方培训结束后，在工作中因严重违纪被甲方辞退或开除，按下列条款赔偿甲方的损失。

（1）乙方培训结束后，在公司服务时间不满本培训合同中规定服务期限一半的，按甲方已经报销金额或以上标准的100%赔偿。

（2）乙方服务时间已满本培训合同规定期限2/3的，赔偿甲方已经报销金额或以上标准的 50%。

第六条 甲、乙双方在履行本合同过程中发生争议，由双方协商解决；协商不成的，按本合同约定的下列方法之一进行解决。

（1）由_____仲裁委员会仲裁。

（2）向_____人民法院起诉。

第七条 本合同一式两份，甲、乙双方各执一份，从签字之日起即时生效，均具有同等法律效力。

甲　方：_____（签章）　　乙　方：_____（签章）

法定代表人：_____（签章）

电　话：_____　　　　　　电　话：_____

签约日期：_____年____月____日

签约地点：_____

▲岗位培训合同（模板三）

岗位培训合同（模板三）

甲方：_____公司

乙方：_____（接受培训人）

甲、乙双方现就甲方派遣乙方出外培训事宜达成如下合同，共同遵守。

第一条 甲方根据本公司人才培养和事业发展的需要，根据乙方的申请，派遣乙方出外培训，乙方接受甲方的派遣。

第二条 甲方派遣乙方以_____身份前往参加知识的培训，期限为____天（月、年），自_____年_____月_____日起计算。

甲方为乙方提供免费培训，乙方不需向甲方支付培训费用。

为帮助乙方更好地完成培训任务，甲方为乙方提供交通费和餐费补贴，补贴标准为每月_____元（人民币）。甲方在_____月_____日至_____日期间（节假日顺延）为乙方发放补贴。

第三条 乙方在培训返回公司后，3 日内必须向部门以上主管领导汇报。

第四条 根据出外培训所发生的费额、期限，乙方返回公司后在甲方的工作期限按甲方《培训管理办法》执行。如果乙方想缩短工作期限，须经甲方批准。

第五条 经甲方同意，由甲方支付费用所取得的各种培训证书，在培训结束后，乙方必须无条件交由甲方人事部门统一保管，乙方可以保留复印件。待乙方工作服务达到约定期限时，甲方必须无条件归还乙方取得的培训资格证明、证书。

第六条　违约责任。

（1）在合同内，甲、乙双方均不得擅自解除合同，否则应支付违约金。

（2）甲、乙双方必须严格履行合同，除遇有特殊情况，经双方协商一致不能履行合同的有关内容，任何一方违反合同给对方造成经济损失的，应根据其后果和责任大小，向对方赔偿经济损失。赔偿金额按有关规定或实际情况确定。

（3）凡由甲方出资对乙方进行培训、学历学习、进修的人员，其有离职、调动或违约行为时，处理办法均按有关规定执行。

第七条　合同的变更、终止和解除。

（1）凡有固定期限的合同，期限届满时即告终止，甲、乙双方经协商后也可续订合同。

（2）合同双方在履行合同过程中，如发生特殊情况，无法履行出外培训合同的有关内容，经双方协商一致后，可变更合同的有关内容，但必须办理变更手续。

第八条　甲、乙双方在履行本合同过程中发生争议，由双方协商解决；协商不成的，按本合同约定的下列方法之一进行解决。

（1）由_____仲裁委员会仲裁。

（2）向_____人民法院起诉。

第九条　遇有本合同未尽事宜，由甲、乙双方通过协商另订补充条款，作为本合同不可分割的组成部分，且与本合同具有同等法律效力。

第十条　本合同一式三份，由甲、乙双方及乙方所在部门各执一份。

甲　方：_____（签章）　　　　乙　方：_____（签章）

法定代表人：_____（签章）

电　话：_____　　　　　　　电　话：_____

签约日期：_____年____月____日

签约地点：_____

▲就业推荐合同

就业推荐合同

甲方：_____培训中心

乙方：_____（学员姓名）

为明确甲、乙双方的权利义务，双方本着诚信自愿、合作互利的原则，经平等协商，就甲方对乙方培训并推荐到在_____企业就业事宜签订如下合同，并共同遵守。

第一条　乙方保证向甲方提供的所有报名材料真实有效。否则，甲方有权取消乙方的入学或推荐资格。

第二条　在校接受培训期间，乙方必须遵守如下规定。

（1）乙方必须遵纪守法，遵守相关规章制度，不得从事与学员身份不符的活动。

（2）要尊师爱友，发愤图强，立志成为一名优秀的企业人才，为祖国的经济发展作贡献。

（3）严格遵守安全操作规程，保证安全培训。

第三条　甲方的培训内容，根据_____企业的培养目标与要求而设定。主要课目为：_____，每个学员必须达到教学计划规定的考核标准与相关要求。

第四条　乙方对甲方管理人员违章指挥强令冒险完成任务，有权拒绝执行；对危害乙方生命安全和身体健康的行为，有权提出批评、检举和控告。

第五条　甲、乙双方在履行本合同过程中发生争议，由双方协商解决；协商不成的，按本合同约定的下列方法之一进行解决。

（1）由_____仲裁委员会仲裁。

（2）向_____人民法院起诉。

第六条　本合同书一式两份，甲、乙双方各执一份，具有同等法律效力。

甲　方：_____（签章）　　　乙　方：_____（签章）

法定代表人：_____（签章）

电　话：_____　　　　　　电　话：_____

签约日期：_____年____月____日

签约地点：_____

▲委托中介招聘人才合同

委托中介招聘人才合同

甲方：_____（人才服务公司）

乙方：_____（有限公司）

经甲、乙双方协商同意，现就乙方委托甲方招聘企业人事经理一事，达成如下合同，共同遵守。

第一条　乙方委托甲方向全社会招聘人事经理一名。

第二条　乙方要求人事经理资质、能力、条件如下：

（1）＿＿＿＿＿＿＿＿＿＿＿＿＿＿＿＿＿＿＿＿＿＿＿＿。

（2）＿＿＿＿＿＿＿＿＿＿＿＿＿＿＿＿＿＿＿＿＿＿＿＿。

（3）＿＿＿＿＿＿＿＿＿＿＿＿＿＿＿＿＿＿＿＿＿＿＿＿。

（4）＿＿＿＿＿＿＿＿＿＿＿＿＿＿＿＿＿＿＿＿＿＿＿＿。

（5）＿＿＿＿＿＿＿＿＿＿＿＿＿＿＿＿＿＿＿＿＿＿＿＿。

第三条　甲方必须完全依照乙方上述用人条件招聘人才；同时，甲方必须对招聘到的人才的资质、能力、条件的真实性承担保证责任。否则，如发现虚假，甲方必须承担一切损失赔偿责任。

第四条　乙方必须支付甲方工作报酬＿＿＿＿＿＿元，合同签订时支付甲方全部工作报酬的1/4，人才报到时支付甲方工作报酬全部的2/4，人才过试用期与乙方正式签订劳务合同后30日内付清余款。

第五条　甲方为乙方招聘到符合上述条件的人才达三次，乙方必须接受，否则，视甲方已经履行了合同。甲方不得采用登报（杂志）的形式招聘。

第六条　乙方因经营发生重大变化（如经营方向、宗旨变化），造成乙方客观上不需要招聘人力资源管理经理和营销经理时，本合同自行终止。

第七条　甲方应认真负责为乙方招聘人才，不能招聘甲方或乙方工作人员的亲戚。

第八条　甲方在招聘中必须保护乙方的商业秘密，也保护招聘员工的个人隐私及资料，同时，必须保证招聘不损害其他企业的商业利益。

第九条　甲方必须为招聘的人才办理一切相关手续。（劳动合同和社会保险除外）

第十条　违约责任。

（1）＿＿＿＿＿＿＿＿＿＿＿＿＿＿＿＿＿＿＿＿＿＿＿＿。

（2）＿＿＿＿＿＿＿＿＿＿＿＿＿＿＿＿＿＿＿＿＿＿＿＿。

（3）＿＿＿＿＿＿＿＿＿＿＿＿＿＿＿＿＿＿＿＿＿＿＿＿。

（4）＿＿＿＿＿＿＿＿＿＿＿＿＿＿＿＿＿＿＿＿＿＿＿＿。

（5）＿＿＿＿＿＿＿＿＿＿＿＿＿＿＿＿＿＿＿＿＿＿＿＿。

第十一条　纠纷解决方式。

甲、乙双方在履行本合同过程中发生争议，由双方协商解决；协商不成的，按本合同约定的下列方法之一进行解决。

（1）由＿＿＿＿＿＿＿仲裁委员会仲裁。

（2）向＿＿＿＿＿＿＿人民法院起诉。

第十二条　本合同一式两份，甲、乙双方各执一份。从双方签字之日起即时生效，均具有同等法律效力。

甲　方：＿＿＿＿＿＿＿（签章）　　乙　方：＿＿＿＿＿＿＿（签章）

法定代表人：＿＿＿＿＿＿＿（签章）

电　话：＿＿＿＿＿＿　　　　　电　话：＿＿＿＿＿＿

签约日期：＿＿＿＿年＿＿月＿＿日

签约地点：＿＿＿＿＿＿＿＿＿＿＿＿＿

▲劳务输出合同

劳务输出合同

甲方：＿＿＿＿＿＿＿＿＿＿＿＿　（输出方）

乙方：＿＿＿＿＿＿＿＿＿＿＿＿　（输入方）

为了明确甲、乙双方的权利和义务，根据《合同法》的有关规定，就甲方派遣职工到乙方工作事宜，达成如下合同，共同遵守。

一、劳务合作期限

自＿＿＿＿年＿＿月＿＿日起至输出合同终止条件出现为止。

二、输出人员人数

输出人员共＿＿＿＿＿＿名（后附花名册），如有增减，增减花名册为本合同的附件。

三、岗位、工作制、工资及劳务费标准

劳务费包括保险费、公积金、管理费等，其中保险费、公积金个人缴纳部分由乙方代扣，甲方代缴，管理费按照每人每月 50 元的标准计算。

岗位工作制基本工资劳务费标准（每人）单位：＿＿＿＿＿＿元。

保险费公积金管理费税费合计：＿＿＿＿＿＿＿＿＿＿＿＿＿＿＿＿。

四、甲、乙双方的权利和义务

（1）根据本合同，甲、乙双方建立劳务输出（输入）关系，甲方与输出人员建立劳动关系，乙方与输出人员建立用工关系。

（2）甲方负责协助乙方招聘输出人员，与输出人员签订无固定期限劳务合同，并以用工关系的终止为劳务合同的终止条件。

（3）甲方负责提高输出人员的政治思想觉悟，帮助教育其遵守国家的法律、法规及乙方的各项规章制度，服从乙方的管理。

（4）甲方负责输出人员的安全教育，确保输出人员保质保量地完成乙方所交给的工作任务，并定期了解输出情况，如出现问题，由甲方出面协助乙方及时解决。

（5）输出人员因违法违纪被乙方退回或因其他任何原因解除输出关系的，甲方将根据《劳务合同》与其解除劳动关系。给乙方造成经济损失的，甲方协助乙方追偿。

（6）甲方派遣人员在乙方工作期间，乙方负责向派遣人员提供食宿、人身意外保险、医疗和税收等费用：

①提供与乙方同等人员相同水平的住宿条件和生活用具等。

②提供与乙方同等人员相同水平的膳食。

③向所在国保险机构投保人身意外险。劳动保护和保险按＿＿＿＿国有关规定执行。

④负担派遣人员因病或工伤治疗费用。治疗和休养期间，甲方派遣人员工资照发。

⑤负责甲方派遣人员工作期间的全部税金。

（7）乙方负责为输出人员提供必要的劳动条件和劳动工具，建立健全工作规程和劳动安全卫生保障。

（8）乙方负责输出人员的日常管理，对违法及严重违反乙方规章制度的，乙方有权将其退回，并提前一个月书面通知甲方。

（9）乙方应按国家有关规定，保证输出人员享受必需的休息、休假等福利待遇。

（10）本合同的终止以甲、乙双方中的任何一方提出中止合同为条件，但应提前30日以书面形式通知对方。否则，本合同继续有效。

五、劳务费支付

按照本合同确定的工资、保险福利及管理费标准，甲方委托乙方按月向输出人员以＿＿＿＿＿＿＿形式支付工资，并代扣个人应缴的各项保险福利费用。甲方应于每月＿＿＿＿＿＿日前以邮递方式向乙方提供劳务费税务发票，乙方应于每月＿＿＿＿＿＿日前支付甲方劳务费。

六、违约责任与争议的解决

（1）甲、乙双方中的任何一方违约，相对方须及时通知并要求违约方纠正，违约方未纠正的，相对方可以根据实际损失要求损害赔偿。

（2）甲、乙双方在履行本合同过程中发生争议，由双方协商解决；协商不成的，按本合同约定的下列方法之一进行解决。

①由＿＿＿＿＿＿＿仲裁委员会仲裁。

②向＿＿＿＿＿＿＿人民法院起诉。

七、其他约定

（1）遇有本合同未尽事宜，由甲、乙双方通过协商另订补充条款，作为本合同不可分割的组成部分，且与本合同具有同等法律效力。

（2）本合同如需延长协议期限，一方须于本合同期满前 60 天内书面通知另一方，经双方协商同意，并办理合同延期手续，方可延长。

（3）本合同一式两份，甲、乙双方各执一份。自签字之日起即时生效，均具有同等法律效力。

甲　方：＿＿＿＿＿＿＿＿＿（签章）　　　乙　方：＿＿＿＿＿＿＿＿＿（签章）

法定代表人：＿＿＿＿＿＿（签章）

电　话：＿＿＿＿＿＿＿＿＿　　　　　电　话：＿＿＿＿＿＿＿＿＿

签约日期：＿＿＿＿＿年＿＿月＿＿日

签约地点：＿＿＿＿＿＿＿＿＿＿＿＿

▲劳动事务代理合同

劳动事务代理合同

甲方：＿＿＿＿＿＿＿＿＿＿＿＿（劳务公司）

乙方：＿＿＿＿＿＿＿＿＿＿＿＿（自然人）

为切实保障劳动者劳动就业和社会保障合法权益，根据《劳动法》以及相关法律、法规的规定，经甲、乙双方协商，就劳动事务代理事宜订立合同如下：

第一条　乙方应将完整的个人职工档案由原单位转给甲方，甲方应给予妥善保管，至合同期满止。

第二条　合同期自＿＿＿＿年＿＿月＿＿日起至＿＿＿＿年＿＿＿＿月＿＿＿＿日止。合同期满自行解除。

第三条　乙方如在合同期内调出，本合同自行解除。

第四条　甲方责任：

（1）负责保存管理乙方档案，做好档案的安全、保密、保护工作。

（2）保留职工身份、延续工龄，负责档案工资调整，出具有关证明等服务内容，并提供有关劳动保障方面的咨询。

（3）有关部门查阅职工档案，甲方应按规定办理查阅手续，乙方转换单位的，甲方给予办理转移手续。

（4）根据乙方的自愿申请，为乙方代缴养老保险金、医疗保险金。

（5）优先提供就业信息、培训信息，优先推荐就业，将乙方有关个人求职意向等资料输入劳动力市场信息网。

（6）为乙方达到退休年龄时代办养老、医疗退休手续。

第五条　乙方责任。

（1）合同期内乙方须按规定按时足额交纳劳动事务代理费用，自签订之日起每年一次性交清。如乙方提前终止合同，甲方不退还当年度所余劳动事务代理费用。

（2）乙方必须在规定的时间内将当年度的养老保险金、医疗保险金等社会保险金足额汇入甲方相关账户，由甲方负责代办，逾期后果概由乙方自行承担。

（3）合同期满，乙方应及时办理续订合同或转出手续，如超过三个月不办理有关手续，甲方有权取消乙方劳动事务代理规定的相关权利，所造成的相关后果及责任概由乙方自负。

第六条　双方在发生重大情况变化时，可协商修改，补充乃至解除或终止本合同，但不影响当事人对于损失赔偿的请求权和合同中关于解决争议条款的效力。

第七条　凡因执行本合同中或与本合同中有关事项所发生的一切争执，应由双方通过友好方式协商解决。如果不能取得合同时，则依仲裁程序规则进行仲裁。仲裁决定是终局的，对双方具有同等约束力。仲裁费用除非仲裁机构另有决定外，均由败诉一方负担。

第八条　本合同中自签字之日起生效。未尽事宜或需变更内容时，须经双方协商同意。

第九条　本合同一式两份，甲、乙双方各执一份。

甲　方：＿＿＿＿＿＿＿＿（签章）　　　乙　方：＿＿＿＿＿＿＿＿（签章）

法定代表人：＿＿＿＿＿＿＿（签章）

电　话：＿＿＿＿＿＿＿＿　　　　　电　话：＿＿＿＿＿＿＿＿

签约日期：＿＿＿＿年＿＿月＿＿日

签约地点：＿＿＿＿＿＿＿＿＿＿＿

▲劳动安全卫生合同

劳动安全卫生合同

甲方：＿＿＿＿＿＿＿＿＿＿＿＿＿

乙方：＿＿＿＿＿＿＿＿＿＿＿＿＿

企业名称：＿＿＿＿＿＿＿＿＿　　　工会名称：＿＿＿＿＿＿＿＿＿

经济性质：＿＿＿＿＿＿＿＿＿　　　职工人数：＿＿＿＿＿＿＿＿＿

企业法定代表人：_____　　　工会主席：_____

协商首席代表：_____

第一条　甲、乙双方为了切实提高本企业安全生产、劳动保护工作水平，维护企业和职工双方的合法权益，促进企业在安全生产的前提下经济效益不断增长，现根据《劳动法》、《工会法》、《安全生产保护法》等有关法律法规，经甲、乙双方协商同意，签订本合同。

第二条　本企业法定代表人为本企业劳动安全卫生第一责任人。乙方代表本企业全体职工与本企业法定代表人签订本合同。

第三条　甲方承担以下劳动安全卫生职责。

（1）执行国家有关劳动保护法律、法规、条例、标准，制定本企业的劳动安全卫生管理制度。

（2）向职工提供符合国家标准或行业标准的劳动条件、生产设备、设施和生产工具，以保证职工在良好环境下工作。

（3）对新建、改建、扩建企业和技术改造工程项目必须进行劳动安全卫生预评价，以保障其劳动条件和安全生产设施与主体工程实行"三同时"，即同时设计、同时施工、同时竣工投产使用，不给安全生产工作留下隐患。对工会提出的意见，企业应认真处理，并将处理结果书面通知工会。

（4）对职工进行劳动安全卫生教育和培训，并保证提供必要的经费和时间，坚持对新职工的三级教育、换岗职工培训上岗、特殊工种持证上岗；如实告知作业场所和工作岗位存在的危险因素、防范措施以及事故应急措施。

（5）按照国家规定，向职工发放符合国家标准的劳动保护用品，提供劳动安全卫生保健。

（6）对排查出的事故隐患和尘毒作业超标点要及时整改治理，制定有效的改进治理计划。

（7）在制定或修改劳动安全卫生规章制度时应有工会组织派员参加，涉及职工安全健康的重大问题和治理方案，必须经职代会或职工大会讨论通过后方可实施。

（8）当发生职工伤亡、急性中毒事故时，企业应保护事故现场，迅速抢救受伤者，及时通知企业工会参与调查处理，并在事发后24小时内向上级有关部门和上级工会报告。对工会提出的处理意见，企业行政应当及时研究，给予答复。

第四条　乙方履行以下劳动安全卫生义务，并享有以下权利。

（1）有义务组织职工排查事故隐患和尘毒作业超标点，发动职工对事故隐患和尘毒作业超标点提出整治合理化建议，供企业行政方采纳、决策。

（2）在生产过程中，当发生职工伤亡、急性中毒事故时有义务协助企业保护事故现场，迅速抢救受伤者，并在事故发生后 24 小时内向上级工会报告。

（3）有权监督企业执行国家有关劳动保护法律、法规、条例、标准，执行本企业的劳动安全卫生管理制度。

（4）有权参加并协助政府有关部门和上级工会对本企业发生的安全事故、职业危害等事故进行调查处理，并提出处理意见。有权要求追究直接负责的主管人员和有关责任人员的责任。

（5）有权代表本企业职工就劳动安全等内容向企业行政提出协商要约，企业行政方应当及时应约，依法进行集体协商，形成协商纪要，并为本合同的附件，具有同等法律效力。

（6）当发现违章指挥、强令工人冒险作业或者在生产过程中发现明显重大事故隐患和职业危害时，企业职工有权拒绝继续操作，有权向企业行政方或现场指挥人员提出解决问题的建议。当发现危及职工生命安全的紧急情况时，有权提出让职工立即停止作业，并组织职工迅速撤离危险现场。

（7）有权参加企业制定或修改劳动安全卫生规章制度和研究涉及职工安全健康等问题的会议，并发表意见。

第五条　企业与职工个人订立的劳务合同中劳动安全卫生等标准，不得低于本合同的规定。

第六条　甲、乙双方在履行本合同过程中发生争议，由双方协商解决；协商不成的，按本合同约定的下列方法之一进行解决。

（1）由_____仲裁委员会仲裁。

（2）向_____人民法院起诉。

第七条　甲、乙双方均应认真履行本合同。任何一方违反本合同，必须按照国家有关法律、法规的规定承担相应的责任。

第八条　本合同经双方代表协商同意，提交职工代表大会或职工大会审议通过后，由双方首席代表签字，并于 7 日内将本合同报送当地劳动安全监督部门和上级工会备案。

第九条　本合同有效期为____年，从____年____月到____年____月。合同期满前一个月双方应协商续签合同或重新签订新的合同。

第十条　本合同可以作为集体合同的附件，一式四份。甲、乙双方各执一份，向当地劳动安全监督部门和地方总工会各报送一份存档。

甲　方：_____（签章）　　　乙　方：_____（签章）

法定代表人：_____（签章）

电　话：_____　　　　　　电　话：_____

签约日期:_____年____月____日

签约地点:_____

▲委托代缴社会保险费合同

委托代缴社会保险费合同

甲方:_____

乙方:_____（服务公司）

为了明确甲、乙双方的权利和义务，双方本着自愿原则，就乙方同意接受甲方委托将其应享受的一次性领取失业保险费金余额，转为代缴基本养老保险金、基本医疗保险费的要求事宜，达成如下合同，共同遵守。

第一条　甲方同意将应领取的失业保险金余额，委托乙方直接从失业保险费账户划出，由乙方代缴纳养老保险金、医疗保险费。甲方不再按月到乙方失业保险窗口领取失业保险金。

第二条　乙方应按照有关社会保险和劳动事务代理的有关规定，及时为甲方代缴养老保险金、医疗保险费和劳动事务代理费，并办理相关结算手续。

第三条　当甲方的失业保险金余额不足以缴纳第二条所列的费用时，甲方应提前将不足资金补足，否则造成的后果与乙方无关。

第四条　甲、乙双方中的任何一方违约，相对方须及时通知并要求违约方纠正，违约方未纠正的，相对方可以根据实际损失要求违约方赔偿。

第五条　本合同仅限于甲方的失业保险金委托乙方代缴社会保险费事项的约定，不影响甲乙双方劳动事务代理合同的约定，并与原签订的劳动事务代理合同同时生效。

第六条　本合同有效期从本合同签订之日起至失业保险余额代缴完社会保险费时为止。

第七条　本合同附件作为本合同的组成部分，与本合同具有同等法律效力。

第八条　遇有本合同未尽事宜，由甲、乙双方通过协商另订补充条款，作为本合同不可分割的组成部分，且与本合同具有同等效力。

第九条　本合同执行期间，如遇国家有关规定出台，有与之抵触部分，按国家有关规定执行。

第十条　甲、乙双方在履行本合同过程中发生争议，由双方协商解决；协商不成的，按本合同约定的下列方法之一进行解决。

①由_____仲裁委员会仲裁。

②向_____人民法院起诉。

第十一条　本合同一式两份，甲、乙双方各执一份。自签字之日起即时生效，均具有同等法律效力。

甲　方：_____（签章）　　　乙　方：_____（签章）

法定代表人：_____（签章）

电　话：_____　　　　　　　电　话：_____

签约日期：_____年____月____日

签约地点：_____

第二节　现代物业人力资源管理表格

▲行政人员月度考勤综合表

行政人员月度考勤综合表

部门：　　　　　　　　　　　　　　　　年　月　日

姓名	出勤情况				
	旷工（天）	出勤（天）	其　他	共应扣（元）	备　注

说明：

（1）事假一天扣5元，事假超过10天不发劳务费、季度奖、奖励工资。

（2）旷工期间停发基本工资，不发劳务费、季度奖、奖励工资。

（3）事假超过一个月按上级规定处理。

（4）病假满一个月扣发劳务费、季度奖、奖励工资。

（5）本表一式三份（一份人事处备案，一份本部门，一份自存）。

秘书：　　　　　　　　　　　　　　　　部门领导：

▲行政人员考勤记录表

行政人员考勤记录表

部门或班　级   年　　月份

序号	姓名	日　　期													…	本月合计	
		1	2	3	4	5	6	7	8	9	10	11	12	13	14	旷工	出勤
1																	
2																	
3																	
4																	
5																	
6																	
7																	
8																	
9																	
10																	
11																	
12																	
13																	
备　注															全月累计		
记录符号		出勤用"√"，旷工用"×"															

考勤员：   部门负责人：

▲员工奖励通知书

员工奖励通知书

执行单位		文件编号		文件页码	
内　　容	致＿＿＿先生/小姐　部门：＿＿＿＿职位：＿＿＿ 由＿＿＿部（处）＿＿＿先生/小姐　签发日期：＿＿＿ 一、奖励详情 　　1. 　　2. 　　3. 二、鉴于上述情况，给予如下奖励 　　□书面嘉奖（通报表扬） 　　□奖励＿＿＿＿＿＿＿＿元 　　□晋职＿＿＿＿＿＿＿＿（职位） 　　□晋级＿＿＿＿＿（级别） 　　□其他（请注明）＿＿＿＿＿＿＿＿＿＿ 三、签认意见： ＿＿＿＿＿＿＿＿＿＿＿＿＿＿＿ 　　　　　　签名：＿＿＿＿　日期：＿＿＿ 四、部门经理意见：＿＿＿＿＿＿＿＿＿＿ ＿＿＿＿＿＿＿＿＿＿＿＿＿＿＿ 　　　　　　签名：＿＿＿＿　日期：＿＿＿ 五、总经理意见：＿＿＿＿＿＿＿＿＿＿＿ 　　　　　　签名：＿＿＿＿　日期：＿＿＿				
抄报部门		签发人及 签发日期		签收人及 签收日期	

▲员工过失通知书

员工过失通知书

执行单位		文件编号		文件页码	
内　　容	致_____先生/小姐　　部门：_____职位：_____ 由_____部（处）_____先生/小姐　签发日期：_____ 一、过失详情 　1. 　2. 　3. 二、鉴于上述情况，给予如下纪律处分 　□口头批评 　□扣除薪金_____元 　□其他（请注明）_____ 三、签认意见（如不签认，请见证人签字） _____ 　　　　　签名：_____　日期：_____ 四、部门经理意见：_____ _____ 　　　　　签名：_____　日期：_____				
抄报部门		签发人及 签发日期		签收人及 签收日期	

▲员工警告通知书

员工警告通知书

执行单位		文件编号		文件页码	
内　容	致_____先生/小姐　　部门：_____职位：_____ 由_____部（处）_____先生/小姐　签发日期：_____ 一、警告详情 　1. 　2. 　3. 二、鉴于上述情况，给予最后警告，并予以如下纪律处分 　□降职为_____（职位） 　□降薪_____级 　□其他（请注明）_____ 三、签认意见（如不签认，请见证人签字） _____ 　　　　签名：_____　日期：_____ 四、部门经理意见：_____ _____ 　　　　签名：_____　日期：_____ 五、总经理意见：_____ 　　　　签名：_____　日期：_____					
抄报部门		签发人及 签发日期		签收人及 签收日期	

▲员工申请报告单

员工申请报告单

病假□ 事假□ 辞职□ 辞退□ 开除□ 补休□ 年假□

部门		姓名		入职时间		性别	
申请理由					签名： 年 月 日		
班组意见					签名： 年 月 日		
部门意见					签名： 年 月 日		
人事意见					签名： 年 月 日		
总经理意见					签名： 年 月 日		

▲保洁队长岗位月考核表

保洁队长岗位月考核表

姓名：　　　　　　工作牌编号：　　　　　　　年　月　日

序号	考核内容	满分	实得分
1	熟记公司岗位责任制	0.9 分	
2	按时上下班，着装整洁	0.5 分	
3	积极参加保洁技能训练，按要求达标	0.4 分	
4	接待住户热情，有礼貌，有耐心	0.5 分	
5	反腐倡廉，遵守公司廉洁制度，每违反一项扣 0.2 分，扣满 1.0 分为止	1.0 分	
6	按照标准招聘保洁员，不徇私情，负责上岗培训	0.9 分	
7	组织临时性的大扫除，定期发放灭虫药物	1.5 分	
8	每日巡视小区卫生清洁情况并详细作记录	1.9 分	
9	遵守员工宿舍管理制度	0.9 分	
10	定期组织人员进行保洁技能训练，人人达标，有一人不达标扣 0.1 分，扣满 0.6 分为止	0.6 分	
11	定期询问住户并征求小区清洁卫生的意见和提议并作记录，检查卫生服务情况	0.6 分	
12	提供卫生清洁服务，无乱收费现象	0.3 分	
13	工作不负责任和态度不端正，被投诉一次扣 2.0 分，队员被投诉一次扣 1.0 分，扣满 10 分为止	／	
合　计		10 分	
考评人意见：		主任意见：	

▲保洁员岗位月考核表

保洁员岗位月考核表

姓名： 工作牌编号： 年 月 日

序号	考核内容	满分	实得分
1	熟记公司岗位责任制	0.9分	
2	按时上下班，着装整洁，服从保洁队长的工作安排	0.9分	
3	积极参加保洁技能训练，按要求达标	0.4分	
4	对待住户热情，有礼貌，有耐心	0.6分	
5	反腐倡廉，遵守公司廉洁制度，每违反一项扣0.2分，扣满1.0分为止	1.0分	
6	熟悉责任片区的楼宇、垃圾桶、单车棚等分布情况	0.7分	
7	保持责任区绿化带、楼宇间、单车棚等清洁	1.1分	
8	当班时看到小区内任何地方有垃圾、脏物、废物、杂物、积水等不卫生现象，应随见随清，若发现有视而不见的行为，每一次扣0.5分，扣满2.5分为止	2.5分	
9	做好轮流值日工作	1.6分	
10	提供卫生清洁服务，无乱收费现象	0.3分	
11	因工作不负责和态度不端正被投诉一次扣2.0分，扣满10分为止	/	
合 计		10分	

考评人意见： 主任意见：

▲绿化队长岗位月考核表

绿化队长岗位月考核表

姓名：　　　　　　工作牌编号：　　　　　　　　年　月　日

序号	考核内容	满分	实得分
1	熟记公司岗位责任制	0.9 分	
2	按时上下班，着装整洁	0.5 分	
3	积极参加绿化、园艺技能培训，按要求达标	0.4 分	
4	对待住户热情，有礼貌，有耐心	0.5 分	
5	反腐倡廉，遵守管理处廉洁制度，每违反一项扣0.2分，扣满1.0分为止	1.0 分	
6	按照标准招聘绿化员，不徇私情，负责上岗培训	0.9 分	
7	人员调配合理，划分责任片区，草坪完好率95%以上，树木完好率98%以上	1.3 分	
8	每日巡视不少于两次并作巡视记录	1.0 分	
9	在台风、暴雨季节提前组织做好花草树木稳固等工作	1.2 分	
10	队员宿舍整洁，遵守员工宿舍管理制度	1.2 分	
11	组织园林艺术经验交流会并作记录	0.8 分	
12	提供绿化服务，无乱收费现象	0.3 分	
13	因工作不负责或态度不端正，被投诉一次扣2.0分，队员被投诉1次扣1.0分，扣满10分为止	／	
合　计		10 分	
考评人意见：		主任意见：	

▲绿化园艺师月考核表

绿化园艺师月考核表

姓名： 工作牌编号： 年 月 日

序号	考核内容	满分	实得分
1	熟记公司岗位责任制	0.9 分	
2	按时上下班，着装整洁	0.5 分	
3	积极参加绿化、园艺技能培训，按要求达标	0.4 分	
4	对待住户热情，有礼貌，有耐心	0.3 分	
5	反腐倡廉，遵守公司廉洁制度，每违反一项扣 0.2 分，扣满 1.0 分为止	1.0 分	
6	负责花圃内外环境清洁	0.7 分	
7	制定工作安排程序，时间安排合理，公告花草名称、种植季节、生长特性、管理方法等	0.6 分	
8	对培植的花草登记造册	1.0 分	
9	花圃内外保持环境清洁	0.7 分	
10	因不遵循花草的生长规律导致花草坏死、枯萎每一株扣 0.4 分，扣满 2.6 分为止	2.6 分	
11	在台风、暴雨季节提前组织做好花草树木稳固等工作	0.3 分	
12	协助绿化队长办好上岗培训，传授园艺知识	1.1 分	
13	因工作不负责或态度不端正，每投诉一次扣 1 分，扣满 10 分为止	/	
合 计		10 分	
考评人意见：	主任意见：		

▲绿化工岗位月考核表

绿化工岗位月考核表

姓名：　　　　　　　工作牌编号：　　　　　　　　年　月　日

序号	考核内容	满分	实得分
1	熟记公司岗位责任制	0.9分	
2	按时上下班，着装整洁，服从绿化队长的工作安排	0.9分	
3	积极参加绿化、园艺培训，按要求达标	0.4分	
4	对待住户热情，有礼貌，有耐心	0.6分	
5	熟悉住宅区的绿化面积和布局、花草树木的品种和数量，保持绿化完好率99%以上	1.8分	
6	掌握责任区花草树木的名称、特性和培植方法，对较为名贵的、稀有的或数量大的品种在适当的地方公告其名称、种植季节、生长特性、管理方法等	0.6分	
7	保持责任区绿地无杂草、杂物，不缺水、不死苗、不偷窃，花草生长茂盛	1.5分	
8	定期浇水、松土、剪叶、施肥、除虫，因不遵循花草的生长规律导致花草枯死，死一株扣0.4分，扣满2.0分为止	2.0分	
9	在台风、暴雨季节提前组织做好花草树木稳固等工作	0.3分	
10	队员宿舍整洁，轮流值日，负责宿舍清洁	0.7分	
11	提供室内绿化服务，无乱收费现象	0.3分	
12	因工作不负责或态度不端正，每被投诉一次扣1.0分，扣满10分为止	／	
合　计		10分	

考评人意见：　　　　　　　　　　主任意见：

▲维修工岗位月考核表

维修工岗位月考核表

姓名： 工作牌编号： 年 月 日

序号	考核内容	满分	实得分
1	熟记公司岗位责任制	0.9分	
2	按时上下班，着装整洁，服从维修队长的工作安排	0.7分	
3	积极参加相关技能培训，按要求达标	0.4分	
4	接待热情，有礼貌，有耐心	0.3分	
5	反腐倡廉，遵守公司廉洁制度，每违反一项扣0.2分，扣满1.0分为止	1.0分	
6	熟悉房屋内外部结构，附属设施	0.8分	
7	加强业务学习	1.3分	
8	严格遵守安全操作规程	1.4分	
9	检查公用设施的运行、完好状况	1.5分	
10	爱护维修工具	0.8分	
11	熟悉管理服务等收费标准	0.7分	
12	向住户提供多种维修服务	0.2分	
13	因工作不负责或态度不端正，每被投诉一次扣1.0分，扣满10分为止	/	
合　计		10	
考评人意见：	主任意见：		

▲机电管理员岗位月考核表

机电管理员岗位月考核表

姓名： 工作牌编号： 年 月 日

序号	考核内容	满分	实得分
1	熟记公司岗位责任制	0.9分	
2	按时上下班，着装整洁，服从上级领导的工作安排	0.7分	
3	积极参加机电设备管理与维修等机能培训，按要求达标	0.4分	
4	接待热情，有礼貌，有耐心	0.3分	
5	反腐倡廉，遵守公司廉洁制度，每违反一项扣0.2分，扣满1.0分为止	1.0分	
6	熟悉公司各部门机电设备的性能和使用状况	0.7分	
7	加强业务学习	1.2分	
8	掌握规范操作程序，严格遵守安全操作规程	1.4分	
9	认真做好每日机电设备运行记录	1.5分	
10	保持室内和设备的整洁	1.1分	
11	爱护维修工具	0.8分	
12	因工作不负责任或态度不端正，每被投诉一次扣1分，扣满10分为止	/	
合　计		10	
考评人意见：		主任意见：	

▲工程技术部智能设备管理员月考核表

工程技术部智能设备管理员月考核表

姓名：　　　　　　工作牌编号：　　　　　　　　年　月　日

序号	考核内容	满分	实得分
1	熟记管理处岗位责任制	0.9分	
2	按时上下班，着装整洁，服从维修部长的工作安排	0.7分	
3	积极参加相关业务技能培训，按要求达标	0.4分	
4	接待热情，有礼貌，有耐心	0.3分	
5	反腐倡廉，遵守公司廉洁制度，每违反一项扣0.2分，扣满1.0分为止	1.0分	
6	熟练有关智能化设备操作技能	0.7分	
7	加强业务学习	1.2分	
8	严格遵守安全操作规程	1.4分	
9	认真做好每日机电设备运转情况	1.5分	
10	保持室内和设备的整洁	1.1分	
11	爱护维修工具	0.8分	
12	因工作不负责任或态度不端正，每被投诉一次扣1.0分，扣满10分为止	／	
合　计		10	

考评人意见：　　　　　　　　　管理处主任意见：

▲保安部长岗位月考核表

保安部长岗位月考核表

姓名：　　　　　　工作牌编号：　　　　　　年　月　日

序号	考核内容	满分	实得分
1	熟记公司岗位责任制	1.2分	
2	按时上下班，着装整洁	0.5分	
3	积极参加相关技能知识培训，按要求达标	0.4分	
4	接待住户热情，有礼貌，有耐心	0.5分	
5	反腐倡廉，遵守公司廉洁制度，每违反一项扣0.2分，扣满1.0分为止	1.0分	
6	按照标准招聘保安员，负责上岗培训	0.9分	
7	配合公安部门搞好安全防范工作	0.2分	
8	人员调配合理，流动岗、固定岗保持24小时无缺岗	1.5分	
9	公平考核队员出勤情况	1.0分	
10	定期组织人员进行安全知识训练、文化学习，确保人人都达标（0.6），有1人不达标扣0.1分，扣满0.9分为止	0.9分	
11	督促车管负责人的工作，监督交通、车辆管理等工作运行情况	1.1分	
12	遵守员工宿舍管理制度	0.8分	
13	工作不负责任和态度不端正被投诉一次扣2.0分，队员被投诉一次扣1.0分，扣满10分为止	/	
合　计		10分	
考评人意见：		主任意见：	

▲保安岗位月考核表

保安岗位月考核表

姓名：　　　　　　工作牌编号：　　　　　　　年　月　日

序号	考核内容	满分	实得分
1	熟记公司岗位责任制	0.9分	
2	掌握市府有关户口管理、外来人员、暂住人员管理的基本政策、法规	0.6分	
3	按时上下班，着装整洁，服从保安部长的工作安排	0.9分	
4	对待住户热情，有礼貌，有耐心	0.6分	
5	抓到嫌疑人员，不殴打、擅自审讯、扣留身份证、索要钱财、乱罚款等，应严加看管并尽快移交有关部门处理	0.6分	
6	严查"三无"和闲杂人员	1.2分	
7	严格执行交接班手续，作好详细值班记录，巡逻记录	1.6分	
8	正确使用并爱护对讲机等保安用具	1.2分	
9	掌握火警、匪警和突发性事件的应急措施、救生知识，遇事故发生，挺身而出，依法维护住户的合法权益	1.4分	
10	遵守员工宿舍管理制度，轮流做好值日，负责宿舍卫生清洁	1.0分	
11	工作不负责和态度不端正，每被投诉一次扣1分，扣满10分为止	/	
合　计		10分	
考评人意见：		主任意见：	

▲车管负责人岗位月考核表

车管负责人岗位月考核表

姓名：　　　　　　工作牌编号：　　　　　　年　月　日

序号	考核内容	满分	实得分
1	熟记公司岗位责任制	1.2分	
2	按时上下班，着装整洁	0.7分	
3	积极参加相关技能知识培训，按要求达标	0.4分	
4	接待住户热情，有礼貌，有耐心	0.5分	
5	负责交通、车辆管理工作，负责上岗培训和思想教育工作	1.9分	
6	配合交通部门搞好交通、车辆管理工作	0.9分	
7	人员调配合理，流动岗、固定岗保持24小时无缺岗	0.9分	
8	每日查岗不少于四次，公平考核队员出勤情况，每月岗位考核公平合理，故意歪曲事实，发现一次扣0.2分，扣满1.0分为止	1.0分	
9	坚持每日进行常规训练，定期组织人员进行车辆管理、驾驶和维护等相关技能的培训及突发性事件的应急措施的学习，确保人人都达标，有1人不达标扣0.1分，扣满0.9分为止	0.9分	
10	停车场无乱收费，单车、摩托车有专人保管，车辆出入登记完整，每丢失一辆扣0.2分，扣满0.8分为止	0.8分	
11	队员宿舍整洁，遵守员工宿舍管理制度	0.8分	
12	工作不负责、态度不端正被投诉一次扣2.0分，队员被投诉一次扣1.0分，扣满10分为止	/	
合　计		10分	

考评人意见：　　　　　　　　主任意见：

▲定期契约人员雇用核定表

定期契约人员雇用核定表

年　月　日

姓名	性别	出生年月日	学历	专长	拟分派工作部门	担任工作	工作期间	拟支工资	批示

▲员工公休假期通知单

员工公休假期通知单

编号：

姓名：		年龄：		入职时间：	
住　　址			联系电话		
从事部门					
何时休息					
人事部意见					
总经理意见					

公休假期通知单

_____部（室）：

　　兹有_____同志享受公假共计_____天，从_____年_____月_____日起至_____年_____月_____日止。

　　（假期内不影响全勤评奖）

行政人事部
年　　月　　日

▲房管员岗位月考核表

房管员岗位月考核表

姓名： 工作牌编号： 年 月 日

序号	考核内容	满分	实得分
1	熟记××市《住宅区物业管理条例》（0.3），熟记住宅区管理规章制度（0.3），熟记公司岗位责任制（0.3）	0.9分	
2	按时上下班(0.1)，无迟到早退现象(0.1)，无旷工(0.1)，佩证上岗(0.1)，着装整洁(0.1)，服从房管部长的工作安排(0.2)	0.7分	
3	熟练操作电脑进行管理（0.2），熟练操作电脑物业管理程序（0.2），熟练操作电脑收费（0.2）	0.6分	
4	掌握火灾、台风、消防和治安等方面突发事件的应急措施，以及救生知识。	0.2分	
5	接待住户热情，有礼貌（0.1），有耐心（0.1），不含糊其辞、推卸责任（0.1），有效投诉处理率100%（0.2）	0.5分	
6	反腐倡廉，遵守公司廉洁制度（1），每违反一项扣0.2分，扣满1分为止。	1.0分	
7	熟悉住宅区楼宇的排列（0.1）、楼宇的结构（0.1）、栋号、单元数（0.1）、管线网络（0.1）、住房的基本情况（0.2）	0.6分	
8	熟悉管理服务费等收费标准（0.1）和计算方法（0.1），协助收费工作（0.1），不乱收、多收费或不收费（0.2）	0.5分	
9	审批业主装修事宜不徇私情（0.5），严查违章（2），每发现一处违章装修扣0.5分，扣满2.5分为止	2.5分	
10	配合公安部门搞好安全防范（0.1），督促治安、卫生、绿化等部门的工作（0.2）	0.3分	
11	做好每日上午、下午巡视记录（0.3）、定期回访记录（0.3）、接待来访记录（0.3）、投诉记录（0.3）	1.2分	
12	发放钥匙登记（0.1），维修安排合理及时（0.2），督促维修按质按量完成（0.1），验房登记表清楚完整（0.1）	0.5分	
13	协助相关部门开展社区文化活动（0.2），新聘员工的培训指导（0.1），与住户建立良好的关系，搞好住宅区精神文明建设（0.2）	0.5分	
14	工作不负责或态度不端正，每被投诉一次扣1.0分，扣满10分为止		
合 计		10分	

考评人意见： 主任意见：

第三章 现代物业财务资产管理制度与表格

第一节 现代物业财务资产管理制度

▲财务计划管理制度

财务计划管理制度

第一条 结合总经理对公司经济活动的安排，计划期内客源、货源、内务价格等变化情况，并作出详细分析和充分估计，以审定、编制财务计划。

第二条 依据总经理审定的财务计划，按各部门的不同经营范围、计划期的多方面因素和历史资料，参考部门年初的上报计划，分摊公司计划指标，下达给各业务部门实施。

第三条 财务计划分为年度、季度计划。

（1）每年第三季度进行公司财务内审，每年第四季度各部门向财务部提交用款计划，经综合平衡后，提出第二年的财务收支计划，报总经理和财务部。

（2）公司财务部按标准的收支计划，合理安排比例，下达定额指标给各部门。

（3）各业务部门根据上报公司总经理审批后的季度计划指标，结合本部门的具体情况，按月分摊季度任务指标作为本部门季内各月指标检查尺度。

（4）公司对各业务部门的计划检查按季进行，全年清算。

第四条 财务计划内容。

（1）财务部应编制流动资金计划、营业计划、费用计划、外汇收支计划和利润计划、偿还债务计划及基建计划、利润分配计划等。

（2）总经理室、人事部、财务部、保安部和事务部要编制费用开支计划。

（3）各部门所需编报的计划，送财务部汇总呈报。

▲货币资金管理制度

货币资金管理制度

第一条　严格按照国家有关现金管理制度的规定，严格分清收支两条线，除抵补现金库存外，非经银行同意，不得将业务收入坐支留用。

第二条　认真做好库存现金的保管工作，有关证券和现金必须放在保险柜里，确保安全。

第三条　对指定使用备用金的人员必须定期检查、核对，做好备用金管理，库存现金不得超过银行核定的限额。

第四条　建立和健全现金账目，钱账相符，做到日清月结，杜绝白条抵库或账外现金，禁止私设"小金库"。

第五条　对超过现金收付限额以上的收付款项，必须通过银行结算。

▲会计核算的原则

会计核算的原则

第一条　会计核算工作必须遵守中华人民共和国法律、法规的有关规定，依法对经济活动进行记录、反映、核算和监督。

第二条　会计年度自公历年 1 月 1 日至 12 月 31 日止。

第三条　采用借贷复式记账法。

第四条　会计科目的使用应严格按照规定，会计制度的会计科目和会计报表要正确使用，不得任意改变会计科目名称、编号。

第五条　保证凭证反映经济业务的合法和准确性，会计凭证、会计账簿、会计报表等各种会计记录都必须根据实际发生的经济业务进行登记，按规定正确、及时整理汇总原始凭证、编制转账收支的会计凭证，做到摘要精练、科目正确、数字准确和内容齐全，有制票，有稽核，有主管。

第六条　采用人民币为记账本位币，对于现金、银行存款、其他货币款项以及债权、债务和费用等实际收付的各种货币，除折合本位币登记账本外，还应按实际收付的币种进行登记。

第七条　应按照记账程序，遵守账务规则，要做到账账相符、账表相符、账物相符，做到记录完整、数字正确、说明清楚、字迹清晰，用正确的方法更正记账错误，各类账簿要按期结账、经常核对。

第八条　为全面、连续、系统地记录一切经济活动，会计人员应按规定设置各种日记账、明细账和总账，以利于以下目的。

（1）反映和监督企业财务的动态，保护其安全与完整。

（2）便于查账，对账，防止可能出现漏洞和浪费。

（3）全面系统地反映公司的经济活动，便于正确地编制各种报表，为经济活动提供各种经济信息。

第九条　根据权责发生制的原则记账，凡是本期已经实现的收益和已经发生的费用，不论款项是否收付，都应作为本期的收益与费用入账，凡是不属于本期的收益与费用，即使款项已在本期收付，都不应作为本期收益与费用处理。

第十条　收益与费用的计算，应当相互匹配，一个时期的各项收入与其相关的成本、费用都必须在同一时期内登记入账，不应提前或延后。

第十一条　应划清资本性支出与收益性支出的界限，凡是用于增加固定资产和无形资产而发生的各项支出，都是资本性支出。

第十二条　采用的会计处理方法，前后必须一致，不得任意改变，凡有变动应经总经理同意和报送当地税务机关备查，并在会计报告中加以说明。

▲会计档案管理制度

会计档案管理制度

第一条　为加强公司会计管理，特制定本管理办法。

第二条　企业的会计档案包括：会计凭证、会计账簿、会计报告、查账报告、验资报告、财务会计制度以及与经营管理和投资者权益有关的其他重要文件，如合同、章程等各种会计资料。

第三条　会计档案的保存。

财务部应有专人负责保存会计档案，定期将财务部归档的会计资料，按顺序立卷登记有效。

会计档案的保管期限为两类：永久保存和定期保存。

会计档案保管期满需要销毁时，由会计档案管理人员提出销毁意见，经部门经理审查，总经理批准，报上级有关部门批准后执行。由会计档案管理人员编制会计档案销毁清册，销毁时应由审计部和财务部有关人员共同参加，并在销毁单上签名或盖章。

第四条　会计档案的借用。

财务人员因工作需要查阅会计档案时，必须按规定顺序及时归还原处，若要查阅入库档案，必须办理有关借用手续。

公司各部门因公需要查阅会计档案时，必须经本单位领导批准证明，经财务经理同意，方能由档案管理人员接待查阅。

外单位人员因公需要查阅会计档案时，应持有单位介绍信，经财务经理同意后，方能由档案管理人员接待查阅，并由档案管理人员详细登记查阅会计档人的工作单位、查阅日期、会计档案名称及查阅理出。

会计档案一般不得带出室外，如有特殊情况，需带出室外复制时，必须经财务部经理批准，并限期归还。

第五条　由于会计人员的变动或会计机构的改变等，会计档案需要转交时，须办理交接手续，并由监交人、移交人、接收人签字或盖章。

▲低值易耗品财务管理制度

低值易耗品财务管理制度

第一条　各部门每月制订低值易耗品采购计划，经财务部核价后转交采购部门根据该部门的费用定额掌握采购，财务部根据该部门费用定额审核报销。

第二条　由使用部门指定专人负责管理低值易耗品，建立卡片和账册，卡片一式两份，由采购部门专人保管一份，使用部门专人保管一份，财务部登记明细分类账。领料单必须由部门负责人签字才能生效。

第三条　对损坏和丢失的低值易耗品，应分清责任，属工作差错的要由责任人填写报废单，部门负责人签字方能核销。属于个人过失的要赔偿，属有意破坏或丢失的要罚款处理。

第四条　年终对库存的低值易耗品进行一次盘点，并写出盈亏报告及原因，由有关部门负责人审核，凭此报销或入账。

▲使用收据及有价票据的管理办法

使用收据及有价票据的管理办法

为强化财务归口管理，各部门使用的发票、收据等有价证券，务必在财务部登记领取，并且加盖财务专用章。各部门不得自行购买收据，加盖本部门印章使用。

有价证券的范围，包括汽车油票、电话磁卡、各种优惠卡、定期存单、债券等。

（1）定期存单、债券等有价证券应由财务部秘书、出纳双重进行造册登记，并由出纳妥善保存在保险柜中。登记内容为：证券的种类、购买日期、券面价值、证券到期日、保管人等。

（2）车队使用汽车油票，一般应在每季度开始第一个月的前10日填写本季度使用数量，交财务部批准，转采购部购买，财务部票证管理员收点无误后，登记保管，车队需用时，由车队队长到票证管理员处领用。

▲收款员账款交接班管理办法

收款员账款交接班管理办法

第一条　每班下班前，清点本班收入款项，打印本班营业报表，收入金额要与报表金额完全一致，短款经办人员自己补足，长款上交。

第二条　每班上班前应清点本班备用金是否与核定数额一致，短款补交，长款上交。

第三条　收银员要将结算账单、未结算的账单及本班的营业收入报表按指定地点存放，不得丢失。

第四条　对清点无误的当日营业收入放入钱袋，经证明人见证后封好，双方在钱袋上签字确认后，放入保险柜，并在保险柜表上签字，内容包括：投钱人、见证人、投钱时间。

第五条　收银员应将本班收取的各种押金按支票、现金、信用卡等分别清点，与接班人交接，必须写全名。

第六条　收银员应将本班保管的客用保险柜母、子钥匙及各种工作记录本进行清点，交接时双方共同检查本班次执行程序是否完整。

▲保险柜钥匙管理规定

保险柜钥匙管理规定

第一条　出纳人员应将保险柜钥匙中的一把随身携带，另一把钥匙连同保险柜的密码号一同封好，存入保安部保险柜中。

第二条　出纳人员应牢记保险柜的密码号，关好保险柜后必须将密码拨错位。

第三条　出纳员外出时，应将保险柜的使用管理规定交给代管人员。代管人员即时履行出纳人员的管理职责。

第四条　出纳人员若将保险柜钥匙丢失，应立即向部门主管、经理逐级汇报，并向保安部经理报告，申请更换保险柜密码号。

▲经费支出管理制度

经费支出管理制度

第一条　对于发给员工的工资、津贴、补贴、福利补助等，必须根据实有人数和实发金额，取得本人签收的凭证列为经费支出，不得以编制定额、预算计划数字列支。

第二条　购入公司办公用品和材料，直接列为经费支出，但单位较大、数量大宗的应通过"库存商品"或"周转材料"科目核算。

第三条　拨给的补助费、周转金应按实际拨补数，以批准的预算和银行支付凭证列为经费支出。

第四条　拨给所属部门的经费，应按批准的报销数列为经费开支。

第五条　拨给的各项补助款和无偿慈善投资，应依据受补助和受支援单位开来的收据核准列为经费支出。

第六条　员工福利费按照规定标准计算提存，直接列为经费支出，并同时将提存从经费存款户转入其他存款户，以后开支时，在其他存款中支付。

第七条　购入的固定资产，经验收后记入固定资产科目，不得直接列入损益性支出。

第八条　其他各项费用，均以实际报销的数字列为经费支出。

▲专用基金管理制度

专用基金管理制度

第一条　公司的发展基金用于扩大营业、扩展业务范围时增加设备、固定资产，并按下列方式从公司利润中提取。

（1）提取的比例按总经理决定执行。

（2）使用公司的发展基金，必须作出全面规划，明确扩展项目及增置固定资产计划，经总经理同意后才能使用。

第二条　公司的管理储备基金是作为弥补公司出现不可避免的事故而造成亏损的特殊基金，并在总经理决定后，按规定的比例从每年的利润中提取，并专账处理，该项资金也参加流动资金周转。

第三条　公司的福利基金统一由公司按全部员工工资总额的14%提取。福利基金的使用，由公司人事部统一掌握。

第四条　福利基金的开支范围、开支标准和审批程序。

（1）开支范围：公司员工及家属医疗卫生费、职工生活困难补助、职工集体福利开支、先进生产工作者奖励等。

（2）开支标准及审批程序按以下各款进行。

①职工每年的体检由公司工会委托公司医疗室统一安排，体检费全部在医疗费列支。

②职工及家属的医疗费用统一由公司工会审批。

③医疗所需药品及医疗器械的购置，由医疗室按季度及年度做采购计划报财务部审查后，报总经理审批。

④职工集体福利开支按以下规定执行。

A. 职工餐厅补充厨具，由财务部加意见后报总经理审批。

B. 职工餐厅应坚持不赚不亏的原则，如出现亏损，经查明原因后，由财务部审查，报总经理审批，从福利基金中列支。

C. 兴建职工宿舍的基建资金，除上级按有关规定下拨的部分和所提取的职工住宅建设费，经上级单位批准后使用外，不足部分由总经理确定后从福利基金中解决。

⑤职工生活困难补助按有关规定办理。

▲现金及各种银行存款管理

现金及各种银行存款管理

1. 现金收支

（1）严格按照国家有关现金管理和银行结算制度进行现金业务收支，出纳人员要根据审核人员审核签章的收付款凭证办理款项收付。

（2）收付款后，要在收付款凭证上签章，并加盖"收讫"、"付讫"戳记。

（3）库存现金不得超过银行核定的限额，超过部分要及时存入银行，不得以"白条"抵充库存现金，更不得任意挪用现金，库存现金要求做到日结月清，账账一致、账实相符。

2. 银行支票结算

（1）建立支票购买、领用登记簿。登记内容是：支票号、领用日期、领用人、支票用途、支票限额、报销金额、报销日期。

（2）作废的支票也应在支票登记簿上登记，并在该支票上加盖作废戳记。

（3）不得无故拖欠报账，支票领用必须在5日内报销，超过报销期限（应有正当理由）须作延期说明。

（4）发出的支票必须填写日期、用途，用大写注明限额金额，并且在小写金额栏内以人民币符号"￥"为使用限额的截止符封死，同时禁止签发空白支票。

（5）领用人将支票丢失要及时挂失，并且通知有关部门采取相应措施。

（6）发现支票消费金额与银行对账单金额不符时，应立即通知经办人在3日内处理妥当。

3. 银行承付、无承付资金

（1）财务人员接到银行转来的付款凭证要及时与采购部或有关部门进行核对，对有问题的最迟在承付期最后一天下午1点前向财务部递交拒付理由书，以便办理拒付手续。

（2）承付期内，未向财务部提出拒付理由，事后发现不符合合同规定，或多承付款项或造成资金积压，视为责任事故，由有关责任人承担经济损失直至将款追回为止。

4. 汇入资金

（1）接到银行转来的汇入款项，应及时交财务主管，进行核对。

（2）对核对无误的汇款按保证金与租金收入分别通知财务部开具收据或发票，转交有关制证人员制证并入账。

（3）对汇入凭证与合同规定有误差的，应立即通知财务主管与客户联系，尽早纠正。

5. 收取支票

（1）接到客户交付支票应认真快速检查支票票面是否清晰，印章是否正规齐全，是否为当期流通版本，签发日期是否有效。

（2）收取客户支票的同时应验明持票人证件、联系电话，与持票人单位联络证实，方可收取，若为合同单位，收款员应检查支票签发单位与合同单位是否相符，不相符应请签票单位背书或出具公司证明信，证明代某公司付款，明确经济关系。

6. 收取信用卡管理程序

（1）人民币信用卡（长城卡、牡丹卡、万事达卡、金穗卡），外汇卡。

（2）核对客人签字字样与信用卡签字字样是否一致，与身份证姓名是否相符。

（3）核对有效日期，确保所收信用卡于有效期内。

（4）信用卡必须压印清楚。

（5）将持卡人压好的记账单存放在专用抵押袋中，并登记信用卡收取表。

（6）根据客户申请签单情况，在征得客户同意的情况下，要申请授权，并将授权号写在卡单上。

（7）客户消费超限额，经办人须立即向银行要授权，如授权未下，经办人须重新压卡并填写授权，卡内金额超过授权部分，客户应以现金支付或其他方式支付。

（8）客户消费结束后，经办人将总金额填写清楚，再次核对信用卡，确认无误，请客户在信用卡后面及账单上签字，并将记账单客户联交还客户。

▲支付业务费用的开支标准及批准权限

支付业务费用的开支标准及批准权限

为进一步强化成本控制，降低业务费开支，一般是：

第一条　各部门经理（包括总经理助理）原则上不能宴请，必须宴请的按规定须事先报总经理审批。

第二条　副总经理（含总会计师）、总工程师每月人均内部签单不超过2000元，超过部分事先报总经理审批。

第三条　总经理每月内部签单不超过4000元人民币，超过部分应事先报董事会同意。

▲差旅费开支标准

差旅费开支标准

第一条　凡因公出差，需由部门填报"出差申请表"，写明出差事由、姓名、地点、天数、交通工具种类、交际应酬费金额、需借款总额，报公司主管副总并经总经理批准，凭申请表借支差旅费。

第二条　出差人员乘飞机要从严控制，出差路途远，为了节省时间，部门经理以上人员可以乘飞机。一般应乘火车或其他交通工具，特殊情况需搭乘飞机，须经总经理批准。

第三条　正副经理可乘坐火车软席，轮船二等舱位（年纪较大并有高级专业技术职称的人员，可参照执行）。其余人员，乘火车硬席，轮船三等舱位。

第四条　乘坐火车，从晚8时至次日晨7时之间，在车上过夜6小时以上的，或连续乘车时间超过12小时的，可购硬席卧铺票，符合乘坐火车卧铺的，可按硬席座位票价发给补助费，乘坐特别快车的为50%，乘坐直快或慢车的为60%。

第五条　符合乘坐火车硬席卧铺的人员，若买不到卧铺票，也可改乘软席座位，但不得改乘软卧，同时不享受票价补助费。

第六条　出差期间，市内公共汽车费凭据报销，一般不得乘坐出租汽车，乘出租汽车，须经主管副总、总经理批准后方可报销。

第七条　住宿标准及出差伙食补助标准按照国家有关规定办理。

第八条　出差返回后 3 日内要到财务部及时报销。

▲物业管理公司的审计规定

物业管理公司的审计规定

1. 审计目标与范围

（1）各项维修基金的审计。

（2）企业会计报表的审计。

审计范围的事项主要有：

（1）资产、负债的真实性。

（2）是否有应入账而未入账的资产、负债或其他经济业务事项。

（3）资产负债的计价是否恰当。

（4）收入与费用是否归属当期，并相互配比。

（5）会计记录是否正确。

（6）会计报表项目的分类反映是否确当，并前后一致。

2. 内部审计

有条件的物业管理企业或其上级主管单位应建立内部审计机制，以形成企业内部管理的制约作用。通过内部审计，保证企业的会计报表以及各项经济指标的真实性。

3. 社会审计

物业管理企业应按国家规定，其年度的会计报表须委托财政部门批准的会计师事务所的注册会计师进行年度审计，并出具审计报告。

▲服务中心财务管理制度

服务中心财务管理制度

为严格财务管理制度，加强经营管理，增加企业效益，特制定如下规定。

（1）出纳人员应及时将当天收取的支票和现金送交银行，库存现金不得超出国家相关规定。

（2）到银行取存款额达人民币 3000 元起，必须有人陪同。

（3）人多人杂时不得当众打开保险柜，存取大量现金。

（4）一经离开工作岗位必须马上锁好保险柜，随身携带钥匙，不得乱丢乱放。

（5）出入关好门窗，下班之前必须把报警器调到警备状态。

（6）每周六是各防盗设施检修日。

▲服务中心财务公开制度

服务中心财务公开制度

为把居住区创建为全国优秀管理小区，加强资金管理，把每一分钱合理地用在服务中心管理和建设上，达到少投入、多实效的目的，服务中心实行财务公开制度，让每一位业主明白奖金的来源和去向，杜绝乱收费、乱摊派的现象，达到民主管理的效果。每半年向业主管理委员会提供财务报告，接受业主管理委员会的查询。业主管理委员会可以根据财务报表上的情况提出合理化建议，服务中心对采纳的建议给予一定的奖励。

服务中心采取的办法如下：

（1）每年 7 月 20 日及次年 1 月 20 日以前分别公布半年度、年度财务报表。

（2）7 月 20 日至 7 月 30 日以及次年 1 月 20 日至 1 月 30 日为接受业主管理委员会的查询日，查询地点为服务中心财务部。

（3）财务部设立建议箱，并每半年将采纳的合理化建议给予公布，并进行表彰和奖励。

（4）财务报表在服务中心内宣传栏上公布，服务中心如没有按时公布，业主有权提出要求。

（5）业主管理委员会有权对乱收费等财务问题向服务中心领导反映，一经查实严肃处理。

▲服务中心财务监督制度

服务中心财务监督制度

第一条　服务中心实行内部独立核算，自负盈亏的财务核算制度，坚持财务账目公开，接受上级公司、业务主管部门、业主管委会和业主的财务监督。

第二条 服务中心按月向公司报送财务月报表，财务季度报表向业主管委会公布，半年度财务账目经服务中心经理和管委会主任签字并加盖公章后向全体业主公布。

第三条 年度财务账目经公司法人代表和管委会业主签字并加盖公章后向全体业主公布。

第四条 服务中心半年账目于 7 月 20 日、年度账目于次年 1 月 20 日在小区内宣传栏上向全体业主公布。服务中心经理在业主大会期间向大会作"年度账目开支说明"报告。

第五条 业主、承租人和其他非业主使用人对公布的账目可以提出质询，亦可向各区住宅局和市住宅局投诉。公司和服务中心在收到质询后 3 日内给予答复。

第六条 向业主收取的管理服务费，须严格按照市住宅局和市物价局联合发布的指导收费标准执行，并广泛宣传，家喻户晓。根据企业发展要求、管理标准和服务水平的提高、物价指数的上涨，管理服务费的变动将严格遵守有关规定，经业主管委会通过后执行。

第七条 公用设施专用基金和住宅维修基金的管理、使用和公开、公布办法，将严格按照有关规定执行。

第八条 服务中心有偿服务收费标准、文体娱乐设施收费标准，根据实际情况，参照市场价格，按低于同行业收费标准执行。

第二节 现代物业财务资产管理表格

▲固定资产增减表

固定资产增减表

会计科目	财产编号	资产名称	规格	增减原因	部门	本 月 增 加				本 月 减 少					备注
						数量	金额	使用年限	月折旧额	数量	金额	使用年限	年折旧额	月折旧额	

▲固定资产盘存单

固定资产盘存单

使用部门：_____　　　　年　月　日　　　　　　　　共　页　第　页

财产编号	固定资产			部门	登记卡	盘点	盘盈		盘亏		备注
	名称	规格	厂牌		数量	数量	数量	金额	数量	金额	

▲固定资产登记卡

固定资产登记卡

中文名称		抵押设定、解除及保险记录	抵押银行			
英文名称			设定日期			
规格型号			解除日期			
厂牌号码			险　别			
购置日期			承保企业			
购置金额			保单号码			
存放地点			投保日期			
使用年限			费　率			
附属设备			保险费			
			备　注			

维修情况	年	月	日	原　　　　因

▲现金收支月报表

现金收支月报表

日期		收入金额			支 出 金 额						结存
月	日	销货	其他	合计	原材料	财务费用	管理费用	制造费用	其他	合计	

▲付款登记表

付款登记表

付款期：　　　　　　　　　　　　　　　　　　　页次

验收单号	企业名称	摘要	支付金额	领款日期	领款章	备注	企业领款单

▲资金调度计划表

资金调度计划表

年　　月　　　　　　单位：万元

摘　　要	合计	现金	银行存款					
本月（　周）结存								
预计现销收入								
预计其他收入								
减：预计票据到期								
预计薪金支出								
预计水电支出								
预计税金支出								
预计利息支出								
预计购料还款								
预计偿还款								
预计偿借款								
预计其他支出								
下月（　周）余缺								
经调度后结存								
资金调度方式								

▲材料采购预计表

材料采购预计表

年　　月　　　　单位：　　万元

项　　目	金　　额			备　　注
	月份	月份	月份	
原料内购				
原　料				
配　件				
增值税				
原材料内购				
原材料外购				
承兑汇票（D/A）				
信用汇（L/C）				
关　税				
各项费用				
合　　计				

主管：　　　　　　　　经办人：

▲财务状况控制表

财务状况控制表

年 月 日

应收账款：		应付账款：	
昨日余额		昨日余额	
本日销货	+	本日发票付账	+
本日退货折让	−	折让退回	+
现金销货	−	支付票据	−
货款收回	−	支付现金	−
本日余额		本日余额	
应收票据：		应付票据：	
昨日余额	张	昨日余额	张
本日收入	+张	本日支付票据	+张
本日兑现	−张	本日到期	−张
本日余额	张	本日余额	张

银行别	昨日结存	本日存入	本日支出	本日结存	明日应付额
合 计					

核准： 复核： 制表：

▲管理费用设定表

管理费用设定表

部门：　　　　　　　　年度：　　　　　单位：　元

科　　目	年实际发生数	年费用额	各月费用拟定数											
			一	二	三	四	五	六	七	八	九	十	十一	十二
用人费用														
间接人工														
训练费														
设备费用														
折　旧														
修护费														
保险费														
税　金														
租金支出														
业务费用														
交际费														
书报杂志														
杂项购置														
差旅费														
伙食费														
医药费														
水电费														
运　费														
杂　费														
其他费用														
董事报酬														
劳务报酬														
自由捐赠														
各项摊提														
合　计														

▲投资效益分析表

投资效益分析表

年度

投资名称及说明	投资类别				预 计投资金额	已支付金 额	完成程度		估计收益状况			
	产品	产量	财务	其他			已完%		金额	收益期	回收年限	收益率
1												
2												
3												
4												
5												
6												
7												
8												
9												
10												
合　计												

第四章 现代物业房屋管理维修制度与表格

第一节 现代物业房屋管理维修管理制度

▲住宅小区房屋租售管理规定

住宅小区房屋租售管理规定

第一条 小区内业主在进行房屋出售、转让、馈赠、出租或以其他方式处理或变卖时，必须在上述行为发生一个月内与新业主一起到小区管理处进行登记，结算有关费用，办理新户入住手续。

第二条 凡因发生房屋出售、转让、馈赠、出租或变卖而未到管理处办理有关手续的，管理处将认为该房产仍属原业主，由此而发生的费用及一切经济纠纷仍由原业主承担。

第三条 属房屋出租的，租户可凭租约及业主委托书代为缴管理费、水电费及其他费用。管理处只将租户视为代办形式，所有因该房产发生的一切事务、费用、纠纷仍由业主负责。

第四条 所有因房产出售、转让、馈赠、出租或以其他方式处置而成为承受人的，到政府有关部门办理房屋所有权、使用权转移手续后，有权享受小区对业主的各项照顾与服务，同时也必须承担相应的义务和责任，包括遵守小区公约和住户守则以及其他有关的规章制度。

▲物业装修管理规定

物业装修管理规定

1. 装修时必须申报

使用人如需对所居住的房屋进行装修，首先向物业公司提出申请，在收到物业公司提供的装修指南及有关资料后，把填写的申请表及设计方案递交物业公司工程部。

2. 进行审批

物业公司得到装修申请后，根据业主使用人所提供的资料进行审批。方案批准后，使用人将装修押金缴付管理处，并领取装修许可证。

3. 按章施工

业主聘请的施工队伍必须到物业公司备案，物业公司有权审查装修承包商的资质。

4. 通过验收

装修工程完工后，由业主（使用人）通知物业管理部，由工程部会同管理部及其他有关部门派人验收。

▲写字楼租赁工作用房装修管理规定

写字楼租赁工作用房装修管理规定

为了保障写字楼的安全，给进驻企业营造良好的工作环境，特制定本规定。

第一条　企业进驻物业公司后，如需要对租赁场地进行改造、装修的，须将装修的内容、装修的平面图、水电布线图以书面形式报物业公司综合管理部，经核准后才能按图进行装修。综合管理部的核审、批准一般应在 3 日内完成。

第二条　任何租赁企业均不得对写字楼楼宇的外墙（含阳台与房间的间墙）、烟道、供水系统和排污管道进行拆除或改造。

第三条　在装修过程中，物业公司将会派员不定时地到现场进行检查和指导。企业在施工过程中需要修改施工方案的，要向物业公司综合管理部申报，经批准后才能更改。

第四条　装修的建筑材料不能通过电梯运载，只能通过楼梯搬运，在搬运过程中应保证楼梯走廊的地面整洁，不能污损。

第五条　申报进行装修的企业，获准装修后需交纳 500 元/户的装修保证金，待企业装修完毕后，综合管理部派员检查证实没有违反本规定的，物业公司给予退还保证金。

▲别墅小区水、电、煤气使用管理规定

别墅小区水、电、煤气使用管理规定

1. 水

（1）小区内的给排水管道由物业管理公司负责养护维修，业主或租户不准随意开挖、安装、更改管线。如业主或租户确需增建，必须事先书面申明理由提交施工方案及图纸，经物业管理公司批准后指定专业队伍施工，非专业队伍不得进入小区施工。

（2）排水道内禁止倾倒杂物及垃圾，管道发生堵塞的，由物业管理公司负责疏通维修，堵塞如是人为造成，将由责任人承担全部维修费。

（3）业主或租户应爱护水表和其他公共管线设备，如发现水道设备损坏和给水不畅，应及时报修，由物业管理公司负责维修。户内部分维修费出业主或租户承担。

（4）业主或租户必须按月及时缴纳水费，不得欠缴，逾期不缴者将按国家规定罚缴滞纳金。对无正当理由欠缴水费的业主或租户，物业管理公司有权停止供水或采取其他有效措施。

（5）由于业主或租户装修和其他原因造成公共水道故障，物业管理公司有权拆除任何违章物，并要求当事人赔偿由其造成公共水道故障而导致的全部损失的费用。

2. 电

（1）为保证用电安全，业主或租户均不得擅自拆改原设计的电路，由于私自改变供电设施而造成的损失，将由其承担全部赔偿责任。

（2）业主或租户如需安装家电设备或特殊用电，可向物业管理公司提出申请，并接受监督指导，保证安全用电。户外空调机安装须按物业管理公司指定位置安装。

（3）业主或租户应按时缴纳电费，逾期者按供电局规定加收滞纳金，三个月不缴电费者，物业管理公司有权停止供电。

（4）电路出现故障，应通知物业管理公司检查维修，不能私自触动公共配电设施，尤其在停电时不得私自作业。如因私自作业造成公共配电设施损坏，应负全部经济责任，造成人身事故由有关人员自行负责。

（5）业主或租户房屋内线路发生的故障，应及时通知管理处维修，以免扩大

故障范围，维修费用由业主或租户承担。

（6）偷用公电将以"一罚十"处理，由此造成的经济及人身损失责任自负。

3. 煤气

（1）业主或租户在使用煤气时，应正确使用煤气设备，保护煤气管线不受损伤。不准私自改变煤气管道走向，或安装非标准煤气设备。业主或租户如需要在户外装修施工，必须事先向管理处申请，提供施工图纸，经核实同意后，在不影响煤气管线安全的情况下，方可施工。

（2）业主或租户发现煤气热水炉、灶具、煤气表及其他设备有故障时，应及时报修，不要私自拆装检修，以避免造成意外事故。凡违反煤气公司有关规定，私自违章作业者所造成经济与人身责任均由其承担全部责任。

（3）煤气热水炉间、厨房间不准作为宿舍住人，晚间入睡前要关闭煤气开关，认真检查煤气设备，发现有漏气现象及时向煤气公司或管理处报修，切勿拖延时间。

（4）煤气公共管道与设备统一由物业管理公司负责管理，由物业管理公司指定专业的施工队进行养护维修。

（5）业主或租户必须按时缴纳煤气费，逾期不缴者，将按煤气公司规定收取滞纳金，经催缴无效并长期拖欠煤气费的业主或租户，物业管理公司有权停止供气，直至其缴清费用后再恢复供气。

▲维修服务规范

维修服务规范

维修处服务宗旨是"主动、热情、耐心、周到"，做到随叫随到，把业主的困难当作自己的困难、方便业主是维修处工作的唯一准则。具体要求如下：

1. 报修电话

（1）业主打电话报修，应拿起话筒先讲"您好，我是维修处，先生（小姐）有什么事情请讲?"

（2）记录好报修内容、栋号，并告诉业主上门维修时间。

（3）应道声"再见"并轻轻放下听筒。

2. 接待报修业主

（1）业主来维修处报修，应先说声"您好! 您有什么事需要帮忙吗?"并应起立和业主说话。

（2）用报修单记录业主报修内容，问清业主什么时候可以上门维修，并和业主道别。

3．到达时间

从接到报修开始，一般无其他特殊情况，应在 15 分钟内到达业主家。

4．敲门、按门铃

（1）到达业主家门口，先轻轻按一下门铃，如无反应，应间歇 10 秒钟后再按第二次，不要连续按或按住不放。

（2）如无门铃，敲门应轻轻地敲，先轻轻敲三下，如无反应，间歇 10 秒钟再轻敲三下，不要过重或连续不断地敲。

5．进入业主屋内

业主开门后，应招呼一声"您好！"，同时说明自己的身份，告诉业主是来修什么东西的，在业主的认可下：

（1）脱鞋，把自己带上的干净拖鞋穿上或者穿上业主指定的拖鞋进入。

（2）在业主带领下进入维修房间，不要随意走动。

6．修理

（1）电气修理必须按照"市低压电气标准规定"进行。

（2）在修理当中必须移动有关物品时，应先征得业主同意，并小心轻放。

7．清场

（1）在修理过程中为防止渗水、垃圾散落，应事先铺上自己带来的报纸、塑料布等物，防止渗水、灰尘散落。

（2）工作完毕后，应做好以下工作。

①修水必须把污水擦干，扫清堵物、污垢。

②电工必须随身携带刷子、小畚箕，把散落在地上的墙粉、线头清扫干净。

③工作前移开的物件要帮助业主放回原处。

8．请业主验收

不论修水、修电，修理完毕必须请业主验收，取得业主认可，不然不能视为修好。

9．维修完毕

离开业主家，应该做到：

（1）和业主说声"有什么需要再帮忙的尽管与维修处联系"、"打扰了"等活。

（2）出门应面向业主后退几步，到门口转身说"再见"。

维修处人员除上述直接为业主服务时需达到的服务规范外，在间接方面维修处人员应定期对泵房、卫视房、配电间、电梯、消防设施进行定期巡视，并做好记录，以保证不断电、不停水、不停梯，让业主感受到物业管理的高水平服务。

▲房屋设备的日常性保养规定

房屋设备的日常性保养规定

房屋设备的日常性保养，是指物业管理公司主管部门和房产管理部门、城建部门、供电部门、自来水公司、煤气公司等单位及有关人员对房屋建筑内部的附属设备所进行的常规性的养护、添装、管理、修理和改善工作。

1. 保养内容

（1）卫生和水电设备的日常性保养。物业管理公司与房管单位要负责管区范围内的计划养护以及业主零星报修和改善添装任务。对于小水表的安装，凡属旧房按幢装表，新房按户装表，其水管的安装由管理单位负责，水表的供应和修理要由自来水公司办理；零星损坏的卫生、水电设备一般应按房管单位规定期限及时修理，人为损坏则要由住用者自费修理。

（2）水泵和水箱设备的日常性保养。一般每月或每季度保养一次，并定期列入大修或者更新计划。

（3）消防设备的日常性保养。对消防专用水箱一般在规定期限内调水、放水，以防止出现缺水、阻塞、水质腐臭等现象；消防泵也应采取定期试泵的措施。

（4）暖气设备和其他特种设备的日常性保养。按冬季供暖期锅炉生火前和停火后对暖气设备进行两次全面检查、维修、养护，以及做好有关设备和管道的包扎防冻工作；对其他特种设备，按季度专人负责维修、管理、养护。

（5）电梯设备的日常性保养。对电梯设备按片专有分管，每周加油、保养和检查。运行电梯发生故障必须急修时，也要由保养组或保养厂的专业人员负责，随叫随到进行抢修。电梯设备的大修、更新，则要由专业力量或者发包给电梯修理厂进行。

2. 保养要求

（1）设备日常保养是以设备操作人为主，主要是对设备实施清洁、紧固、调整、润滑、防腐为主的检查和预防性的保养措施。

（2）操作人员定机保养，做好班前交接，了解设备运行情况，检查设备各部位的清洁和润滑，空运转检验各系统安全装置，正常后方可投入使用。

（3）操作中要集中思想，合理使用设备，严格遵守设备操作规定和安全操作规程。发现小故障及时排除，及时调整紧固松动的机件。

（4）下班前或停机前，一般须留一定时间对设备进行清扫、擦拭、注油、整理、润滑、切断电源。

（5）专业维修人员的巡回检查，主要是检查操作人员是否合理使用设备，机器运转是否正常，督促操作人员日常保养，制止违章操作行为。在遇到一般故障时，帮助操作人员及时处理、排除。

▲房屋修缮标准

房屋修缮标准

修缮标准按主体工程，木门窗及装修工程，楼地面工程，屋面工程，抹灰工程，油漆粉饰工程，水、电、卫、暖等设备工程，金属构件及其他工程等 9 个分项工程进行确定。

1. 主体工程

主要指屋架、梁、柱、墙、楼面、屋面、基础等主要承重构部件的维修。当主体结构损坏严重时，不论修缮哪一类房屋，均应要求牢固、安全，不留隐患。

2. 木门窗及装修工程

木门窗应开关灵活，不松动，不透风；木装修应牢固、平整、美观，接缝严密。

3. 楼地面工程

楼地面工程的维修应牢固、安全、平整，不起砂、拼缝严密不闪动，不空鼓开裂。如房间长期处于潮湿环境，可增设防潮层，木基层或夹砂楼面损坏严重时，应改做钢筋混凝土楼面。

4. 屋面工程

必须确保安全，不渗漏，排水畅通。

5. 抹灰工程

应接缝平整，不开裂，不起壳，不起泡，不松动，不剥落。

6. 油漆粉饰工程

要求不起壳、不剥落，色泽均匀，尽可能保持与原色一致。对木构件和各类铁构件应进行周期性油漆保养。各种油漆和内沙、外墙涂料，以及地面涂料，均属保养性质，应制定养护周期，达到延长房屋使用年限的目的。

7. 水、电、卫、暖等设备工程

房屋的附属设备均应保持完好，保证运行安全，正常使用。电气线路、电梯、安全保险装置及锅炉等应定期检查，严格按照有关安全规程定期保养。对房屋内部电气线路破损老化严重、绝缘性能降低的，应及时更换线路。当线路发生漏电现象时，应及时查清漏电部位及原因，进行修复或更换线路。对供水、供暖管线应做保温处理，并定期进行检查维修。水箱应定期清洗。

8. 金属构件

应保持牢固、安全，不锈蚀，损坏严重的应更换，无保留价值的应拆除。

9. 其他工程

院墙、院墙大门、院落内道路、沟渠下水道、窨井损坏或堵塞的，应修复或疏通。

▲房屋维修管理考核标准

房屋维修管理考核标准

根据《管理行业经济技术指标》规定，考核房屋维修管理的标准为：

（1）房屋完好率：50% ~60%。

（2）年房屋完好增长率：2% ~5%；年房屋完好下降率：不超过2%。

（3）房屋维修工程量：100 ~150 平方米/人·年。

（4）维修人员劳动生产率：5000 元/人·年。

（5）大、中修工程质量合格品率:100%,其中优良品率:30% ~50%。

（6）维修工程成本降低率：5% ~8%。

（7）安全生产，杜绝重大伤亡事故，年职工负伤事故频率：小于 3‰。

（8）小修养护及时率：99%。

（9）房屋租金收缴率：98% ~99%。

（10）租金用于房屋维修率：60% ~70%。

（11）流动资金占用率：小于 30%。

（12）机械设备完好率：85%。

这里，上限指标作为先进企、事业单位考核指标，全国城镇范围内的名企、事业以及机关、部队等自管房单位，可参照此指标执行。

▲房屋维修的技术管理规范

房屋维修的技术管理规范

所谓房屋维修技术管理，就是指对房屋维修工作的各个技术环节和过程，按照一定的技术标准和技术经济指标进行科学管理。

1. 修缮设计或方案的制定

（1）设计的要求。

①修缮设计必须以房屋勘察鉴定为依据，并应充分听取业主和用户意见，使方案更合理、可行。

②根据修缮工程的情况，规模较小的工程，可由经营管理单位组织技术力量自行设计；较大的工程设计，必须由具有设计资质证书的单位承担。

（2）方案内容。

①房屋平面示意图（含部件更换设计），并注明座落及与周围建筑物关系。

②应修项目（含改善要求）、数量、主要用料及旧料利用要求。

③工程预（概）算。

（3）方案必须具备的有关资料。

①批准的计划文件。

②技术鉴定书。

③城市规划部门批准的红线图。

④修建标准及使用功能要求。

⑤城市有关水、电、气等管线资料。

2. 工程质量的管理

工程质量管理包括工程质量的检查和验收两个内容。对维修工程，必须按照有关质量标准，逐项检查操作质量和产品质量；根据维修工程的特点，分别对隐蔽工程和竣工工程进行验收，从各个环节保证工程质量。

房屋修缮工程的质量检验与评定按"分项"、"分部"、"单位"工程三级进行。分项工程按修缮工程的主要项目划分，分部工程按修缮房屋的主要部位划分，单位工程则是指大楼以一幢为一个单位。

工程质量分为"合格"和"优良"两个等级，评定时各项工程均有应达到标准的规定。

对维修工程的质量检验评定工作，应深入实际施工现场，采用多种检测设备和科学方法。

对各维修工程质量检验评定工作，可以采用联合检查、自检、互检等方式来进行。

房屋的小修工程，其工程质量检验评定也应有专人负责，并且通过对住户进行工程质量回访，征求住户意见，对工程质量进行监督。

3. 技术档案资料的管理

技术档案的主要内容包括以下几个方面。

（1）房屋新建竣工验收的竣工图及有关房屋技术的原始资料。

（2）现有的有关房屋及附属设备的技术资料。

（3）房屋维修的技术档案，一般应有以下几种。

①工程项目批准文件。

②工程合同。

③修缮设计图纸或修缮方案说明。

④工程变更通知书。

⑤技术交底记录或纪要。

⑥隐蔽工程验收。

⑦材料试验、构件检验及设备调试资料。

⑧工程质量事故处理和质量评定资料。

⑨工程竣工验收资料。

⑩旧房淘汰或修缮、改建前的资料。

4. 建立技术责任制

房屋经营管理单位应建立技术责任制。大城市的房屋管理单位和大型修缮施工单位，应设置总工程师、主任工程师、技术所（队）长、地段技术负责人或单位工程技术负责人等技术岗位。中、小城市的房屋管理单位的技术岗位层次，可适当减少，但必须实现技术工作的统一领导和分级管理，形成有效的技术决策、管理和执行体系。

▲商业楼宇的养护及维修规定

商业楼宇的养护及维修规定

1. 楼宇修缮的制度化管理

为了确保楼宇的完好，对其修缮应制定完整的制度，编制每年的修缮计划，安排年度修缮投资，审核修缮计划，检查修缮结果。

2. 确定工程性质

依据楼宇的损坏程度，将修缮工程大致分为大修、中修、小修三类。

（1）大修工程是指楼宇主体结构的大部分严重损坏，无倒塌或有局部倒塌危险的楼宇，部分楼宇附属设施如上、下水道等必须拆换、改装、新装的工程。大修工程涉及面广，通常经营商户必须停止营业，因此做好工期的预算和开工之前的筹备工作非常重要。

（2）中修工程是指楼宇少量部分损坏或已不合建筑结构的要求，需要局部维修，在维修中只牵动或拆换少量主体构件，从而保持原楼宇规模和结构的工程。中修工程影响面为局部，管理工作做得好，可使楼宇内的部分商户继续营业。

（3）小修工程（亦称零修工程或养护工程）是指及时修复的小损小坏，以保持原有楼宇完损等级为目的的日常养护工程。小修工程较小影响商业经营，但也应加强施工管理，尽可能不影响商户及顾客。

3. 楼宇维修的技术档案资料管理

楼宇维修的技术档案资料的管理是对原有楼宇技术资料的补充，更是作为日后楼宇的维修、改善、扩建等各方面的工作不可缺少的依据。其技术档案主要包括下列内容：

（1）工程项目批准文件。

（2）工程合同。

（3）修缮设计图纸或修缮方案说明，工程变更通知书。

（4）技术交底记录或纪要。

（5）隐蔽工程验收，地质勘探记录。

（6）材料试验、构件检验及设备调试资料。

（7）工程质量事故处理及质量评定资料。

（8）工程预、决算资料。

（9）工程竣工验收资料。

（10）旧房淘汰或修缮、改建前的资料。

4. 工程施工单位的技术责任制

商业楼宇的修缮如需外发包时，应承包给有相应资质的修缮施工单位。该单位就楼宇的修缮工程施工设置总工程师、主任工程师、技术队长或技术负责人，形成工程施工过程中有效的技术决策、管理和执行体系。实行总工程师为技术总监，各岗位有技术负责人，职、权、责分明，物业管理公司派专员在整个工程施工过程中进行现场质量、安全监督的管理模式。

▲商业楼宇维修费用的处理规定

商业楼宇维修费用的处理规定

在楼宇及设施、设备的维修工作中应公开向业主及承租户列明维修应收费的项目范围及材料、手工费。

（1）凡属商户铺位内而非楼宇的公用部分及其附属设施设备、装饰等的损坏修理，应由承租户承担全部修理费用。

（2）凡属公用部位及其附属设施、设备由于商户在装修或运货及其他人为方式损坏的，概由该商户或损坏人承担全部维修费用。

（3）凡因承租商户私自修理其租赁房屋之内的设备或设施而造成其他商户或公用设备及设施损坏的，由该商户承担全部修理费用，承担由此造成的全部损失，并按《租赁合同》有关条款予以必要的处罚。

▲商业楼宇装修管理规定

商业楼宇装修管理规定

商业楼宇的租赁通常以整个层面向外出租，出租后的楼层由承租商户依据自己的经营要求提出装修申请；也有楼宇的业主把一个层面装修完毕之后，出租铺面，承租商户对铺面只能通过申请认定后做些小的变动装修。鉴于整个层面的装修工程大，涉及面广，必须有效地管理。

（1）建立周全、详细、操作可行的管理制度。

（2）专人负责，对工程实行严格的监管。

（3）选定资质高、信誉好的工程承包商。装修管理过程中可分以下几个环节进行操作。

①在租赁合同签订后的规定日期内递交装修申请。装修申请须随时附装修的设计图纸、工程预算表、工程期限等。

②在物业管理公司对申请审定前，商户不得进行装修。如装修的设计图纸涉及楼宇的结构更改、增建，或装修时间过长，则需获物业管理公司及业主的两方审核认可后，商户方可按认可后的设计图纸进行装修施工。

③大的装修工程在承租商户的装修申请得到认可后，须与物业管理公司签订装修协议，规定物业管理公司的权利、义务和承租方的义务和承担的责任等。

④装修完毕后，物业管理公司根据装修前承租商户提交的经认可的装修设计图、装修协议，对工程进行竣工验收，如发现有违反装修设计图及装修协议某些条款的，应视情节轻重作不同的处理。

▲楼宇保养维修管理规定

楼宇保养维修管理规定

高层楼宇价值量大、使用面广，良好的维护、养护可以延长楼宇的使用寿命，改善其使用功能，提高楼宇运营使用的经济效益。高层楼宇保养维护管理要做到以下几个方面。

（1）监督对楼宇的合理使用，防止对楼宇结构、附属设施的破坏，维护楼宇或设备的完整性，提高楼宇完好率。

（2）按《房屋完损等级评定标准》对房屋进行检查评定，然后根据《房屋修缮范围和标准》的规定，进行修缮设计，制定修缮方案，确定修缮项目，实施修缮工程管理。

（3）建立楼宇自身的技术档案，掌握房屋完好情况。

（4）建立健全维修保养制度，定期检视维修，及时处理住、用户的报修。

（5）做好楼宇维修基金、经费的管理。

▲别墅小区装修管理规定

别墅小区装修管理规定

第一条　业主或租户在装修前，须向物业公司管理部提出申请，在未得到管理部书面批准之前，不得擅自施工。

第二条　未经批准而擅自动工者，必须将改变的地方恢复原来面貌，而所需一切费用，概由有关业主或租户负责。

第三条　别墅装修不得改变或损坏房屋结构、外貌以及房屋配套设施的使用功能。

第四条　业主或租户不能更改或干扰别墅观瞻，不能擅自加设任何招牌、帐篷、花架、天线或其他装置于别墅外墙或屋顶上。

第五条　业主或租户在装修过程中，应遵守下列规定。

（1）装修承办商必须经常保持公共地方清洁，保持所有通道畅通无阻，而所有因该项装修工程所引致的垃圾及废料必须由装修承办商或业主或租户，自行或委托清理出别墅。

（2）该项装修工程不对公共地方的设施构成任何损失或损坏。

（3）如装修承办商违反上述任何一项规定，而导致的一切后果由其负完全责任。

第六条　装修承办商需代其工人向物业公司申请通行证。

第七条　装修承办商的工作人员不准在别墅内留宿。

第八条　为免骚扰其他住户，装修工程只可于星期一至星期六上午9时至下午6时之间进行，公众假期除外。

第九条　业主或租户必须对其所聘用的装修承办商工作人员在别墅内的行为及活动完全负责。

第二节　现代物业房屋管理维修管理表格

▲房管组岗位安排表

房管组岗位安排表

序号	姓名	岗位范围	主要工作任务	备注

填表时间：　　　年　月　日

▲日常房管事务规范表

日常房管事务规范表

工作安排	8:00～8:30 处理住户申报投诉,8:30～9:30 巡视,9:30～12:00 跟踪监督,14:00～15:30 学习、培训、整理档案,15:30～16:30 巡视,16:30～18:30 走访回访		考核标准
工作内容	跟踪监督	日常：3 遍/天；入住期间：8 小时/天	
	巡视	日常：2 遍/天；入住期间：8 小时/天	
	走访	3 次/周；1 遍/月	
	回访	处理率：100%；回访记录 100%	
检查内容及处理方法	日检项目	1. 装修巡视 2. 投诉接待 3. 违章检查 4. 车辆管理 5. 治安 6. 清洁 7. 绿化 8. 维修 9. 仓库察看 10. 机电设备 11. 社区活动 12. 员工食堂 13. 员工宿舍 14. 内务巡视	
	处理方法	1. 记录巡视发现的问题,搜集住户的反馈意见 2. 对巡视中发现的问题,分类进行处理 1）填写意见转呈表 2）发现的维修不合格,填写维修记录,安排维修 3）即行关闭轻微不合格项目 4）发现违章行为按违章处理规定执行 5）发现的严重不合格情况,填写纠正措施报告	
	周检项目	全面检查住宅区各项工作,着重对房管日检中发现的不合格项进行检查处理	
	处理办法	管理处主任组织房管员、班组长对发现的不合格项及时整改,严重不合格项制定纠正措施并上报物业公司领导	
考核标准	平时日检、周检、月检按 ISO 9002 质量体系考核标准；年终按国家相关规定考核验收		

▲日常维修养护规范表

日常维修养护规范表

工作安排	8：00～8：30 处理申报投诉，8：30～10：00 跟踪监督，10：30～12：00 维修养护，14：00～15：30 巡视维修养护，15：30～17：00 整理学习，17：00～18：30 回访	
主要工作	房屋本体	室内：小修30分钟，一般故障2小时，不超过8小时，较难故障3天内。48小时跟踪验证
		楼梯、墙面：发现问题按原样及时修复，每年全面检查一次，3～4年全面修补刷漆一次
		天面：每年全面检查一次，每年雨季前须检查一次，发现破损及时修补
	公共设施	室内污水系统：每月检查一次，发现问题及时修补
		道路车场：每天检查1遍，随坏随修
		天线：每月检查1遍，随坏随修
		明暗沟：每周检查1遍，随坏随修
		供水电气：每月细查1遍，零修时，中小型维修通知水电部门
		楼道灯：每月检查1遍，即坏即修
检查项目及处理方法	检查项目	1. 地基基础 2. 梁柱板主体 3. 墙体 4. 顶棚 5. 楼梯扶手 6. 公共门窗 7. 隔热层、防水层 8. 水箱水池 9. 天面扶栏 10. 消防设施 11. 电子对讲门 12. 信报箱 13. 标识 14. 散水坡 15. 楼板地面砖 16. 上下雨污水管 17. 设备房 18. 道路 19. 电缆沟盖板 20. 路牙 21. 踏步台阶 22. 给排水 23. 路灯 24. 清洁设备 25. 娱乐设施
	处理方法	按照公司 ISO 9002 标准，对轻微不合格项进行整改，严重不合格项上报公司领导并提出纠正措施
考核标准	日常周检、月检考核按 ISO 9002 质量标准 年终按国家相关规定考核	

▲物业管理员岗位月考核表

物业管理员岗位月考核表

姓名：　　　　　工作牌编号：　　　　　　年　　月　　日

序号	考核内容	满分	实得分
1	熟记市《住宅区物业管理条例》(0.3)，熟记住宅区管理规章制度(0.3)，熟记管理处岗位责任制(0.3)	0.9分	
2	按时上下班(0.1)，无迟到早退现象(0.1)，无旷工(0.1)，佩证上岗(0.1)，着装整洁(0.1)，服从上级领导或公司的工作安排(0.2)	0.7分	
3	熟悉操作电脑进行管理(0.2)，熟练电脑物业管理程序操作(0.2)，熟悉电脑收费操作(0.2)	0.6分	
4	掌握火灾、台风、消防和治安等方面突发事件的应急措施，以及救生知识	0.2分	
5	接待住户热情有礼(0.1)，有耐心(0.1)，不含糊其辞、推卸责任(0.1)，有效投诉处理率100%(0.2)	0.5分	
6	反腐倡廉，遵守公司廉洁制度(1)，每违反一项扣0.2分，扣满1.0分为止	1.0分	
7	熟悉住宅区楼宇的排列(0.1)、结构(0.1)、栋号、单元数(0.1)、管线网络(0.1)、住房的基本情况(0.2)	0.6分	
8	熟悉管理服务费等收费标准(0.1)和计算方法(0.1)，协助收费工作(0.1)，不乱收、不收、多收或不收费(0.2)	0.5分	
9	审批装修不徇私情(0.5)，严查违章(2)，每发现一处违章装修扣0.5分，扣满2.5分为止	2.5分	
10	配合公安部门搞好安全防范(0.1)，督促治安、卫生、绿化等部门的工作(0.2)	0.3分	
11	做好每日巡视记录(0.3)、定期回访记录(0.3)、接待来访记录(0.3)、投诉记录(0.3)	1.2分	
12	发放钥匙登记(0.1)，维修安排合理及时(0.2)，督促维修按质按量完成(0.1)，验房登记表清楚完整(0.1)	0.5分	
13	协助主任开展社区文化活动(0.2)，新聘员工的培训指导(0.1)，与住户建立良好的关系，搞好住宅区精神文明建设(0.2)	0.5分	
14	工作不负责或态度不端正，每被投诉一次扣1分，扣满10分为止		
合　计		10分	

考评人意见：　　　　　　　　　　主任意见：

▲装修申请表

××物业管理公司业主装修申请表

单位：　　房　　　　　　　　申请日期：　　年 月 日

业主姓名	单位名称及详细地址		联系电话
装修单位	全　称		执照号
	负责人	联系电话	装修人数
申请装修范围和内容		管理处初审	
		初审人： 日　期：	
申请装修期限	年 月 日至　年 月 日		
装修工程预算造价		装修押金	收款人
装修保证	本住户和施工队保证：遵守《××市住宅装修管理规定》和管理公司的规定，保证按期完成，若有违约，愿接受管理处的处罚。 业主（住户）签名：　　施工队负责人签名：		
管理处经理审批：　　　　　　　签名：　　年 月 日			

▲装修施工人员登记表

装修施工人员登记表

姓名					
照片	贴照片	贴照片	贴照片	贴照片	贴照片
证件类别及号码					
籍贯					
工作单位		单位电话	负责人	联系电话	
装修房间	装修期限	年 月 日～ 年 月 日	业主姓名	联系电话	
延期施工记录				证件签发	
备注					

▲办理装修手续登记表

办理装修手续登记表

序号	栋房号	业主姓名	申请时间	装修许可证号　码	装修施工期限	装修人数	初验时间	正式验收时间	备注

▲动用明火申请表

动用明火申请表

申请单位（业主/用户）				动火类型		动火地点	
号码	器具名称	功率(千瓦)	电源来源	起止日期（大写）		起止时间（大写）	
1			室内/外	月　日至　月　日		时　分至　时　分	
2			室内/外	月　日至　月　日		时　分至　时　分	
3			室内/外	月　日至　月　日		时　分至　时　分	
4			室内/外	月　日至　月　日		时　分至　时　分	
5			室内/外	月　日至　月　日		时　分至　时　分	
6			室内/外	月　日至　月　日		时　分至　时　分	
7			室内/外	月　日至　月　日		时　分至　时　分	
8			室内/外	月　日至　月　日		时　分至　时　分	
9			室内/外	月　日至　月　日		时　分至　时　分	
动用明火要求	1. 室内电源插座最大功率4千瓦 2. 配灭火器2个 3. 远离易燃易爆物品 4. 与木工制作区隔离 5. 严禁室内用电器煮食 6. 违规作业罚款200～500元		申请单位（业主/用户）签章 年　　月　　日			管理部签章 年　　月　　日	

▲入住区施工申请表

入住区施工申请表

申请人		部门		联系方法		
施工单位				责任人		进场人数
施工项目及原因，有否开挖性、损坏性工程项目						
施工期及复原方案						
内定事项	在本次施工中，申请人和施工单位同意遵守以下规定 1. 允许施工时间：7：30～12：00、14：00～19：00，如有特殊原因须在夜间施工者，应持有工程部经理及物业公司总经理签字的批文 2. 施工人员必须办理临时出入证，遵守物业管理公司的出入管理规定 3. 工程竣工时必须立即恢复被破坏环境的原貌 4. 如需占用公共场地，须经物业公司批准 5. 施工垃圾须集中送到指定的地点 6. 施工中要安全用电、用火，确保施工区周围居民的安全，施工单位对施工安全事故负全部责任 7. 因施工造成的管道堵塞、渗漏水、停电、损坏他人物品和公共设施、设备的，责任人负责赔偿 8. 施工单位保证不损坏施工区及周围配套管线，并对事实损坏负赔偿责任					
申请人签字（章） 年 月 日		施工单位签字（章） 责任人（签字） 年 月 日			物业公司负责人签字（章） 年 月 日	

▲工程公司（队）为小区业主装修申请表

工程公司（队）为小区业主装修申请表

工程公司(队)名		注册地址		
资　质		联系电话		进场人数
负责人姓名		常住地址		
装修户姓名		地　址	区　　号　　室	

	申请程序：领取《工程公司（队）为小区业主装修申请表》填写→提交有关申请资料→（审查通过）→签订《装修工程队治安责任书》和《装修施工保证书》→办理施工人员临时出入证→施工人员夜间留宿登记→缴纳保证金→本申请表签字生效
	工程公司（队）应提供以下申请材料及其复印件： 1. 营业执照副本 2. 工程公司（队）资质证明 3. 工程公司（队）负责人任职证明和身份证 4. 工程公司（队）的主要工程技术人员职称证书（资格证明）
约定事项	1. 缴纳押金人民币　　　　元 2. 严格遵守《小区（住户）装修管理规定》。凡有违反其中任一条款者，视其情节轻重，予以扣除部分或全部押金，直至取消其在小区的装修施工资格，且三年内不允许进入小区从事此项业务 3. 严格遵守本公司对小区的各项管理规定。凡有违反或在小区不遵守本市"七不"规范的，视情况按章处罚 4. 主动服从、配合和支持物业公司的管理工作，对拒不服从、配合物业公司正当管理的，应从严处罚 5. 凡未严格按经审议的装修图纸进行装修的，一律扣除全额押金，取消其在小区装修资格，三年内不允许进入小区从事此项业务 6. 施工人员在施工期间，如遗失临时出入证，应于当日及时到物业公司办理。每调换一家装修须更换一次新的出入证 7. 保证装修按时按质完成，不无故拖延，如客观阻碍逾期，提前10日提出申请，并换发新证
	我谨代表　　　　　　工程公司（队）保证以上各项填写及所提供的各种证明材料是真实的、有效的，并保证履行上述约定事项。如有不实、无效之处或因违反上述约定而造成后果，愿接受所给予的处罚措施，并愿意承担一切法律责任
	工程公司（队） 代表签字（盖章）： 　　　　年　月　日　　　　　　　小区物业管理公司 　　　　　　　　　　　　　　　　代表签字（盖章）： 　　　　　　　　　　　　　　　　　　年　月　日

▲大楼维修任务工作单

××大楼维修任务工作单

编号：

被维修单位（位置）				接单日期	
执行人		要求完成时间		（　）客户申请（　）检查发现（　）按计划	
维修内容 下单人/日期：					
维修记录 到达现场时间：　　　　　维修人/日期：					
工时		人工费		材料费	总金额
验收记录 验收人/日期：					

制作：　　　　审核：　　　　批准：

▲房屋本体维修清单

房屋本体维修清单

日期	栋号	维修内容	维修金额				申请表编号	备　注
			单位	数量	单价	合计		

维修负责人：　　　　主管：　　　　审核：　　　　日期：

▲物业维修报单

物业维修报单

部门：　　　　　　日期：　　　　　　归档编号：

物业编号		项目		发现时间	
造成维修的原因、责任：					
维修负责人电话、地址			部门意见		
完成维修时间			部门意见		
维修付款方式			承租方签字验收		

▲维修工检查考核表

维修工检查考核表

被检查人：　　　　　　　　　　　自　　年　月　日至　月　日

工号	工程地点	任务单编号	修理部位	修理项目	检查考核要求								
					热情及时约时不误			便民利民保质保量		完工料清住户验收			排难解决为民着想
					满意	较满意	差	合格	不合格	好	中	差	表扬信封

▲返修申请表

返修申请表

编号：

房间号码			业主姓名		联系电话	
返修内容（由业主填写）					处理记录	
客厅	天花板、地板及墙面				经手人：	
	门窗					
	电路					
	其他					
卧室	天花板、地板及墙面				经手人：	
	门窗					
	电路					
	其他					
厨房	天花板、地板及墙面				经手人：	
	厨房设备					
	电路及上、下水					
	其他				年　月　日	
卫生间	天花板、地板及墙面				经手人：	
	盥洗用具					
	电路及上、下水					
	其他				年　月　日	
业主签名：　　　　　年　月　日			管理处经理签名：　　　　　年　月　日			

第五章　现代物业安全保卫管理制度与表格

第一节　现代物业安全保卫管理制度

▲安全保卫管理制度

安全保卫管理制度

第一条　安全保卫工作特指公司办公区域内的防盗、防火及其他保护公司利益的工作。

第二条　行政管理部负责公司办公区域的安全保卫工作，办公时间（8：30～17：30）由前台秘书负责来宾的接待引见工作，非办公时间（17：30～次日8：30及节假日）由行政管理部指定专人负责办公区域的安全保卫工作。

第三条　公司实施门禁管理系统，非办公时间职员应使用门禁卡进入办公区域。职员应妥善保管门禁卡，如门禁卡丢失要照价赔偿。

第四条　公司实施节假日值班制度，由行政管理部负责每月的值班安排和监督工作，值班人员必须按时到岗，并认真履行值班职责，检查各部门对各项安全制度、安全操作规程是否落实。

第五条　行政管理部夜间值班人员负责每日的开门和锁门，每日晚上值班人员在锁门前必须认真检查办公区域内的门窗是否锁好，电源是否切断，保证无任何安全隐患。

第六条　办公区域内的门锁钥匙由行政管理部专人负责保管，并每日早晚按时将办公室的门打开、锁好，一般职员不得随意配置门锁钥匙，财务部的钥匙由本部门保管。

第七条　公司职员应妥善保管印章、钱款、贵重物品、重要文件等，下班前将抽屉及文件柜锁好，切断电源后方可离开。

第八条　公司行政管理部负责组织有关人员须不定期地对公司办公环境的安全实施监督检查，如有安全隐患，相应部门要及时整改。

第九条 公司所属办公区域的门锁钥匙，启用前应在信息管理中心行政管理部备份一套，行政管理部须妥善保管，以备急需时使用。

第十条 公司物品运出办公区域须填写《出门证》，经有关领导批准后方可搬离。

▲安全保卫防范工作规定

安全保卫防范工作规定

第一条 安全保卫承包责任制要以各部门、室、各分公司为单位全面实行。各分公司要落实到班组，责任到人，签订承包合同，明确职责，落实奖惩。

第二条 各通信要害部门一律安排警卫人员守卫，并认真贯彻落实《通信要害管理规定》。

第三条 落实大厦及部门值班巡逻措施。存放现金在 10 万元以上的库房，要由两个或两个以上专职人员同时值守。

第四条 重点部位一律落实"四铁两器"制度。重点部位是指生产要害部位，包括机房、电脑机房、营业厅、财务部、存放 1 万元以上现款的部位、存放秘密文件的档案室、图纸资料部位、存放贵重物品的库房及其他应该切实保障安全的部位。"四铁两器"是指铁门、铁窗、营业柜台护栏、保险柜及灭火器、报警器（包括营业厅防抢报警铃）。

第五条 落实现金提送的有关规定。现金在 1 万元以上且运送距离在 500 米以上的，要用机动车提送款；现金在 1 万元以上，但运送距离在 500 米以下的提送款，须两人以上同行押送。

第六条 存放现金在 10 万元以上的部门，要设立具备较高防火、防爆、防盗、防抢性能的金库，并要落实安全管理制度与措施。

▲保安部工作管理制度

保安部工作管理制度

1. 仪容仪表

（1）保卫、消防人员上岗前不得饮酒，上岗时间要求穿制服，佩戴内部治安执勤证、武装带、警号等。

（2）保安、消防人员上岗时间要集中注意力，保持举止端庄，处理问题时要认真分析、果断、公平。

（3）保安、消防人员不准留长头发、小胡子、长指甲，违者将给予通报批评，限期改正。

2．执勤部分

（1）消防中心不准打与业务无关的电话，非保安人员不得进入消防中心，任何人不准在消防中心会客或聊天。

（2）遇到报警时，消防值班人员应沉着、冷静、准确地向有关部门或值班主管报告。值班人员不准错报，不准随便离开控制室，如擅自离岗者，按失职论处。

（3）值班人员必须经常打扫卫生，保持值班室干净、整齐，各类控制台（如报警器、水泵控制台）无灰尘。

3．外勤部分

（1）保障消防通道和停车场所畅通，机动车、自行车的停放要整齐有序，如因乱停放而造成塞车，追究值班人的责任。

（2）外勤值班员必须按规定经常巡视重点位置（如配电房、锅炉房、发电机房、空调房、地下水泵等），发现可疑的人要查问清楚，防止发生意外事故。

4．考勤处理方法

（1）迟到、早退10分钟内给予警告处分，超过30分钟以上算旷工半天，旷工一天扣当月奖金的50%。

（2）请事假一天必须由领班批准，请假一天以上由部门主管批假，请假必须由本人以书面形式提出，不准别人代请或通过电话请假。

（3）病假必须有指定医院的医生开具的证明，方可病休。

（4）旷工一天扣两天薪金；旷工两天以上者，呈报总经理室给予行政处分。

（5）工作时间严禁会客、做私事及其他与工作无关的事，发现一次扣除当月奖金，造成工作失误者根据情节轻重给予处罚。

（6）按时交接班；交接班时要详细填写值班笔记，领班每天须详细检查记录情况，发现问题要及时汇报。

（7）严格遵守保密制度，不许泄露保安部人员编制等资料。

▲大厦出入治安管理规定

××大厦出入治安管理规定

为保障小区的公共秩序和业主（住户）的生命财产安全，根据《中华人民共和国治安管理处罚条例》、《××省物业管理条例》和《××市社会治安综合治理条例》的有关规定，特制定本规定。

第一条 各业主（住户）应认真如实填报《业主（住户）情况登记表》。

第二条 大厦内公共区域的治安保卫工作由辖区派出所和管理处负责，管理处工作人员及保安员有权对违反小区管理规定的行为进行检查、纠正。

第三条 大厦实行封闭式的保安管理办法，即保安实行 24 小时值班，大厦内人员凭出入证、外来人员凭身份证登记进出。

第四条 业主（住户）不得携带过大、过重非私用的、非生活用品，以及易燃、易爆、剧毒，或有污染物品进入大厦内。

第五条 为保证业主（住户）利益，凡非住户携带手提箱、包装箱等大件物品出门，须先填写有住户签字或盖章的"货物出门证"，由保安人员验证方可出门。

第六条 凡住户搬离大厦应提前两天报管理处，填妥有业主签名（盖章）的"搬运物品申请清单"，管理处工作人员核实并查清有关费用已经结交后签名（盖章），由保安人员验证方可出门。

第七条 业主（住户）有责任关好自家及公用电子防盗门，并保证有关治安报警设施的完好及有效使用，并承担相应事故的责任和惩处。

第八条 业主（住户）要妥善保管好居室内贵重物品，不要在家中留存多量现金和重要文件、资料。

第九条 各业主（住户）应遵守《××市暂住人员户口管理条例》，要按规定申报登记住宿人户口，不得留居三无人员，否则造成的一切后果由业主（住户）自负。

第十条 业主（住户）有权拒绝不持证、不佩戴工作牌人员的盘查和进入私人住宅的要求。

第十一条 大厦内严禁进行一切违反治安管理条例和触犯法律的活动，不得损毁、移动、阻碍指示标志。

▲财物失窃处理办法

财物失窃处理办法

第一条 本公司发生财物失窃事件后，有关人员须在第一时间到达现场，查看该房门是否有明显损坏或被硬物撬开的迹象。

第二条 开门进入房间后，须查看房内之物是否凌乱，行李或提箱、橱柜是否被撬开。

第三条 检查商品柜台玻璃、挡板等有无明显被移动的痕迹。

第四条 不可移动现场摆设、触摸任何物件，须用摄像机拍摄现场。

第五条　及时封锁现场，不准任何人进入。

第六条　观察有无形迹可疑人员出入，记录被窃物品价值、盗窃时间等。

第七条　执法人员到现场后，应主动协助其工作，为执法人员提供资料影印副本，以做好内部调查。

第八条　对所涉及的各部门人员进行调查并录取口供，同时对重点部位和个人进行严密调查。

▲治安管理规定

治安管理规定

1. 钥匙管理规定

（1）公用钥匙不得带出单位，保安部在员工出入口保安岗设置钥匙保管专用箱，大厦的全部钥匙必须在保安部封存一套，无特殊情况不得动用。

（2）万能总钥匙和紧急万能钥匙的发放管理。

①总经理应掌握一套万能总钥匙。如离任或需要转交他人时，应履行书面交接手续，同时通知保安部备案。

②保安部配备一套万能总钥匙和紧急万能钥匙，同时封存其余的万能总钥匙和紧急万能钥匙。需要动用时，须经总经理批准，并要求对钥匙使用的情况进行详细记录。

2. 处罚

（1）总经理可随时检查保安部钥匙的管理情况，发现问题通知人事部门视情节轻重扣除保安主管或责任人浮动工资。

（2）对违反钥匙管理规定的员工，保安部有权向行政事务部建议扣发其当月浮动工资或岗位工资。

（3）各部门经理有权处罚本部门违反钥匙管理规定的员工。

（4）客人造成门锁损坏或钥匙丢失的，要按价收取赔偿费。

（5）员工造成门锁损坏或钥匙丢失的，除照价赔偿外还可酌情予以处罚。

3. 对施工人员的管理

（1）外来施工单位，统一由工程部按章管理，并签订施工协议书，由保安部对其进行安全教育和签订安全协议书后方能施工。

（2）施工人员必须佩戴由保安部制作发放的出入牌，按指定路线、门口出入；进出要自觉接受保安人员的检查。货物出门一律由工程管理部门出具证明并到保安部盖章认可，无出门条门卫不予放行。

（3）施工人员要注意仪表仪容，不得赤脚，不得只穿背心、拖鞋。搬运大件器械，要通知保安部并按指定通道通行。

（4）施工人员必须履行有关规定，不得使用客用设施，不得擅自进入与施工无关的区域，未经批准不得使用员工福利设施（如洗澡、用餐等）。

（5）施工单位及个人必须严格执行消防和动火，用电、使用易燃物品的规定，动用明火必须经工程管理部门同意，到保安部开具动火证明。动火人员必须持有电气焊许可证。

（6）施工单位应对本单位人员妥善管理，如因管理不善造成重大经济损失，保安部应与该单位及时交涉，要求对方赔偿经济及声誉损失，直至取消合同。

（7）施工工程完毕，施工单位应及时退回全部出入证件。

4．对外来人员（承租单位人员）的管理

（1）承租场地从事经营活动的单位员工应遵守出租单位的各项管理规定。

（2）承租单位的员工上岗前应到保安部办理出入证件，由员工出入口进出，且佩戴出入证，接受保安部警员的检查。

（3）外来人员须注意仪表仪容，不得赤背、穿背心、短裤、拖鞋或边走边吃零食进出。

5．仓库安全管理规定

（1）严格执行公安部门安全、消防规定，健全守护制度，严格仓库出入检验制度，出入物品要分类造册登记，请专人管理，明确责任制，防火防盗。

（2）易燃易爆、有毒的化学物品或易造成危害的充压器及价值较高的贵重物品等，严禁存放于库房内。

（3）钥匙指定专人保管，严格仓库锁匙管理，门窗要安全牢固，一般不准在库房内设办公室，不准在休息室存放私人物品，不准会客及夜间留宿。

（4）严禁在库房内吸烟，禁止增加除照明设施以外的电器设备，未经许可不得更改房内任何建筑设施，严禁遮挡、损坏、挪动库房内的消防设施。

（5）由于失职导致岗位或区域发生事故、火灾、被盗等，除损失自负外，还将视情节轻重予以处罚或提请司法机关处理。

6．拾获物品的管理

（1）员工拾获物品，应交到保安部或先交部门经理转交保安部。

（2）各部门接到员工拾获物品后须认真记录在案，写清日期、房号、拾获地点、物品名称、拾获人姓名及部门等详细情况。

（3）所有遗留物品都必须封闭锁好。一般物品和贵重物品要分开存放，储存柜钥匙由部门经理保存，如无人马上认领，应交保安部封存。

（4）对贵重物品，应尽力了解客人住址，写信或电话通知客人认领。如保留时间超过一年无人认领，由保安部报总经理另行处理。

（5）客人来认领遗失物品时，须让其说明所失物品的特征、遗失时间及地点。

核准后如数交还客人，并请客人在登记簿上签字，系贵重物品还须留下地址或电话。

（6）请不要在大庭广众之下清点拾获到的现金数目或展示，以防他人冒领。

7. 对停车场及"出租车"车辆的管理

（1）由保安部负责停车场交通、治安、收费，车辆司机应服从车场工作人员的管理。

（2）停车场是收费停车场，只提供泊车方便，不负责保管，凡占泊车位的车辆均应照章交费，对乱停乱放的车辆酌情给予处理。

（3）保安部派岗，只有经考核结业并持有"调度证"的人员才有权对客人用车进行调度。

（4）出租车辆应按指定位置排队候客，不得乱停乱放或抢活拉客。

（5）严禁出租车司机使用内部电话或设施，工作人员有义务进行劝阻，经劝阻不听者可通知保安部处理。

（6）调度员不得与出租车司机攀拉关系、收受贿赂、提供方便，一经发现从严处理。

（7）保安部有权对违反规定的出租车司机，给予批评教育或处罚。

（8）保安员应看护好停放的车辆，维护好停车场的秩序。

（9）长驻客户的车辆均应办理停车泊位，凡在地面上停车者将照章收费或请其办理"临时停车证"。

▲小区居民治安义务

小区居民治安义务

第一条　遵守国家、市、县的有关治安管理条例和本区管理委员会公布的、旨在维护本区生活秩序和安全的各项规章制度。

第二条　密切配合物业公司保安部的治安管理工作，在保安员前来查询时，应给予主动协作。

第三条　勇于制止、举报破坏本区治安秩序，或造成治安隐患的人、事，并协助安全部处理。

第四条　及时将留住的流动人员、暂住人员向派出所和保安部予以申报；流动人员应在 3 日内，暂住人员应在 10 日内持有效证件到派出所登记。

第五条　正确使用电子防盗门、电子防盗对讲系统，并教育小孩爱护有关设施。

第六条　注意锁好住宅门窗和自己的车辆，不得让陌生人进入住宅或跟进住宅楼。

▲保安员培训管理制度

保安员培训管理制度

　　第一条　保安部将根据每个员工的素质和表现以及公司、部门管理和服务工作的需要，进行不同形式、不同层次的培训。日常培训按层次管理原则，即部门经理负责对主管的培训，主管负责对保安员进行周期性培训。

　　第二条　保安部每季度对员工进行一次思想品德和工作业绩方面的评估，作为员工下一季度工资标准的依据。

　　第三条　保安部每半年对员工进行一次业务技能和外语知识的考核，成绩存档，作为晋升、降职或奖罚的依据之一。

　　第四条　如员工严重违纪但又未达到开除的程度，部门可酌情对其重复培训。

▲保安员日常管理制度

保安员日常管理制度

　　第一条　保安部依据公司的《员工守则》对保安员进行管理，同时根据"严格培训，严格管理"的要求，在实施具体管理时更应强调保安工作的重要性。

　　第二条　保安员应律人先律己，如保安员违反公司纪律，一律从严处理。

　　第三条　对保安员的日常管理和培训工作由保安部经理负责，各班组主管具体指导，每月由部门经理或主管主持召开一次保安员大会，每周一次由主管主持召开班务会，小结工作及进行思想品德和业务知识培训。

　　第四条　保安部例会每周一次，传达上级指示，总结上阶段工作，布置下阶段任务。

▲保安部领班工作制度

保安部领班工作制度

　　第一条　上班时间例行巡查各工作岗位值班情况，并登记在册以备核查，凡在工作中出勤不出力、敷衍了事的，一经发现立即从严处理。

第二条　上班时间不准迟到、早退，严禁无故旷工、请人代班，有特殊情况须提前向经理请假并征得同意，否则按有关条例加倍处罚。

第三条　工作当中处处以身作则，不要特权、刁难客人，做不利于工作的事等，一经发现将严惩。

第四条　严禁利用工作之便去营业场所闲聊、下棋或做其他非与工作有关的事，一经发现从严论处，造成不良影响时予以开除。

第五条　不准在保安部办公室聊天、打与办公无关的电话和做与工作无关的事，发现第一次予以警告，第二次写书面检讨，第三次扣除当月全部奖金。

▲保安部上班管理制度

保安部上班管理制度

第一条　严格遵守本公司的各项规章制度。

第二条　着装整齐、仪表端庄、精神集中，文明礼貌，不准便装、制服混装上岗。

第三条　应按时上、下班，严禁迟到或早退。

第四条　服从命令、听从指挥，完成上级交给的任务。

第五条　不准离岗、脱岗、互相串岗。

第六条　不准利用工作之便无故刁难业主（住户）。

第七条　不准利用工作之便动用公司财物。

第八条　禁止在工作时间会客接友、打电话、看书看报等。

第九条　严禁吸烟、喝酒、睡觉等。

▲安全工作总结制度

安全工作总结制度

第一条　保安部工作总结直接汇报部门经理。

第二条　工作总结中应包括公司安全概述、消防安全情况、本月案件统计、内务管理自述四个方面。

第三条　公司安全概述应将公司内各种场所所发生的事件及处理决定加以详细说明。

第四条　消防安全情况主要述说本月的消防检查是否发现隐患及是否发生火情

火灾事故。

第五条　本月事件案件统计，从每月保安值班记录中统计。

第六条　内部管理自述报告，反映1月内的人事变动、员工培训及员工重大违纪事件。

▲保安装备交接制度

保安装备交接制度

第一条　公司保安部所配用的对讲机，每日交班时，需由使用人在上班或下班时至监控室领取和归还，并签名。

第二条　保安员使用的电筒、应急灯由保安主管领取和归还并签名确认。

第三条　冬季警用大衣领取，需当日使用人在上下班时至监控室领取和归还并签名。

第四条　所有保安装备非自然原因损坏的，将追究当事人的责任。

▲保安员纪律规定

保安员纪律规定

第一条　遵守国家法律、法令。

第二条　遵守《保安员仪容仪表规定》，做到精神饱满，文明执勤。

第三条　执行《公司文明礼貌用语规定》，讲文明，有礼貌。

第四条　严格遵守保安员《上岗制度》《考勤制度》《交接班制度》。

第五条　严格遵守《警械的使用规定》《保安管理条例》。

第六条　禁止利用工作之便敲诈勒索，收受贿赂。

▲突发事件处理制度

突发事件处理制度

第一条　遇有突发事故发生，所有员工必须服从总经理或有关领导的指挥调遣。

第二条　本公司员工一旦发现可疑情况或各类违法犯罪分子及活动，应立即报告保安部。

第三条　发生偷窃、抢劫、凶杀或其他突发性事件，应立即报告保安部和值班主管，同时保护好现场，除紧急抢救外，无关人员不得进入现场。

第四条　当治安管理部门、保安人员进行安全检查和处理案件时，有关员工应积极配合，正确提供情况。

第五条　发生火警火灾时，工作人员除立即报告消防中心外，应马上采取有效措施先行扑救火灾，扑救完毕保护好现场，待有关部门检查完毕后方可整理事发现场。

▲保安员交接班的规定

保安员交接班的规定

保安员交接班，应遵循下列规定。

第一条　按时交接班，接班人员应提前10分钟到达岗位，如接班人员有特殊情况未到达前，当班人员不准离开岗位。

第二条　接班人员要详细了解上一班的执勤情况和当班应注意的事项。

第三条　交班人员应将当班时发现的情况、发生的问题、处理情况及注意事项向接班人员交代清楚。

第四条　当班人员发现的情况要及时处理，不能移交给下一班的事情要继续在岗处理完毕，接班人员应协助完成。

第五条　接班人员应注意检查岗位范围内的物品、设施和器械装备等，发现异常情况应立即报告，必要时双方签名作证。

第六条　交班人员应负责清理值班场地卫生。

▲对讲机的配备、使用管理规定

对讲机的配备、使用管理规定

第一条　对讲机按岗位配备，每岗一台，固定编号。

第二条　对讲机只用于工作和突发事件时的联系。大厦有外来人员或施工人员进出运货等，可用对讲机通知相关人员留意或监督检查。严禁用对讲机进行聊天、说笑，不得讲任何与工作无关的事。注意爱护对讲机，并认真做好对讲机的交接工作，以防出现问题时互相推卸责任。

第三条 坚持谁使用谁保管的原则，不用时由保安领班对对讲机进行保管，使对讲机保持完好无损。不能使用或丢失时要及时向上级汇报。对讲机严禁外借，非因公丢失、损坏的，照价赔偿。

第四条 由保安领班负责每季度进行一次检查，并填写检查记录。

▲居住区保安队学习与训练制度

居住区保安队学习与训练制度

要建设一支素质高、思想好、技术精的保安队，必须以军事化、正规化、规范化的标准来管理自己，必须进行经常性职业道德、思想品质和业务技术等方面的培训和教育。为此特制订以下学习训练管理计划。

（1）把好择优录用关，做到四优先。

①党员优先。

②复退军人优先。

③队长以上干部优先。

④高中以上学历者优先。

（2）队员上岗前进行一个月以上的集中训练，做到五个不准上岗。

①思想不纯不上岗。

②军事动作不熟不上岗。

③情况不熟不上岗。

④认识不统一不上岗。

⑤对一般情况不会处理不上岗。

（3）学习内容。

①学法规、学治安管理条例。物业管理、消防管理、交通管理，是必修课，其他内容包括：心理学、职业道德规范、文明礼貌、会话能力。

②学习技术。如擒拿格斗、军体拳、擒敌拳、消防、交通指挥等知识。

③学制度。如规章制度，有关规定，队员职责、纪律、奖惩等规定。

④培养人才。办夜校，利用课外时间组织学一门手艺，如电工、电脑、工程、绿化、家电维修等。

（4）学习目标：

要达到一人多艺、一专多能。既适应物业管理的需要，又培养了技术人员，同时使保安员安心工作，把保安队伍培养成公正廉洁高效的执勤队伍。

▲居住区保安队穿着仪表规定

居住区保安队穿着仪表规定

保安人员的仪表形象是保安人员的内在素质和精神面貌的体现，关系到保安队伍的整体作风和社会声誉。为了建立一支社会信誉好、战斗力强的社会保安队伍，特制定本规定。

第一条　保安人员要时刻保持良好的精神状态，要提高警惕、精神抖擞；要一身正气，雷厉风行；处理突发性事件要沉着冷静、机智勇敢。

第二条　保安员上岗执勤前，必须整容整纪，检查衣、帽、领带、鞋带、武装带及装备是否穿戴齐备和规范；队长应及时检查纠正，并要求全体保安员严格自律，养成习惯；若有队容不整、企戴帽、斜持武装带等不规范现象执勤或外出，应给予严肃批评，当事人需写出书面检查，若连续三次屡教不改者，扣发当月奖金，情节特别严重者，给予辞退。

第三条　不准蓄长发、留胡须，不准留长指甲；保持着装整洁，养成干净卫生的好习惯。

第四条　保安员上岗执勤必须穿统一保安服，统一带齐装备，并佩戴好工作证，否则不得上岗执勤。

第五条　在整队执勤途中，不得东张西望，步伐应整齐统一，喊口令声音洪亮有力；指挥员口令要清楚，富有号召力。

第六条　保安员在岗执勤过程中，即进入战备状态，随时准备同违法犯罪分子作斗争，要保持头脑清醒、精神饱满、斗志昂扬；两人流动执勤要并排而行，三人流动执勤，要排单列而行；在执勤中，不准背手抄手或将手放在裤袋里，不准讲话、闲聊、玩游戏、看书、看报、会客、吸烟。

第七条　要坚守各自岗位，不得擅自离岗。首长和领导前来检查工作，要尊重领导，要立即立正或起立迎接，不能无动于衷；对待居民、住户及同事要友善、和气、礼貌、热诚，面带笑容。

第八条　对待违法犯罪分子铁面无私，不能心慈手软，必须坚决予以擒获归案；一旦捕获犯罪分子，不能打骂和虐待，要及时送保安办公室或移交公安部门处理。

第九条　在集体活动时，应按要求统一着装，整队集合；动作要迅速，跑步入列；集合完毕，指挥员应检查队列仪表情况并下达整理服装及检查装备口令；凡未按要求统一着装，或精神不振以及不准时集合者，不得参加本次集体活动；连续三次不参加集体活动者，可劝其离队。

▲大厦安保岗位操作程序

大厦安保岗位操作程序

1. 监控中心安保工作程序

（1）上岗前做自我检查，按规定着装，仪容、仪表端庄整洁，做好上岗签名。

（2）安保监控及消防报警系统昼夜开通，设立24小时监控值班岗，全面了解和严密监视大厦安全状况。

（3）当班员工要密切注意屏幕情况，发现可疑情况定点录像。在大堂、客梯、楼面及要害部位发现可疑情况要采取跟踪监视和定点录像措施，并通知有关岗位上的安保人员，另行注意或询问盘查，同时向安保部报告。

（4）如发现火灾自动报警装置报警，应立即赶赴报警现场，查明情况。如是误报，应在设备上消除报警信号。

（5）与工作无关人员，不得擅自进入监控中心，工作联系持介绍信在有关领导的陪同下方可入内，并做好登记手续。

（6）建立岗位记事本，发现有异常情况，应记录备案，做好交接班的口头和书面汇报。

（7）进入监控中心必须换拖鞋，保持室内整洁，严禁吸烟，严禁使用电水壶及其他明火，设备与操作台上不得堆放杂物。

（8）监控中心人员必须保持充沛精力，以高度的责任感认真观察，不得随意向外人提供本楼监控点、消防设备等安保方面的详细资料。

2. 大堂内安保工作程序

（1）上岗前做自我检查，按规定着装，仪容、仪表端庄、整洁，做好上岗签名。

（2）精神饱满，站姿端正，真诚微笑，在大堂内执行安全保卫任务。

（3）遇不明身份者，须问清情况。建立岗位记事本，发现可疑情况，不论如何处理，都应有记录。做好交换岗和交接班的口头与书面汇报。

（4）严格执行各项规章制度，严格工作作风，树立安保的良好形象。

3. 门卫流动岗、广场外安保工作程序

（1）上岗前做自我检查，按规定着装，仪容、仪表端庄、整洁，做好上岗签名。

（2）精神饱满，勤巡逻，勤观察，勤思考，发现衣冠不整者和其他闲杂人员阻止其入内。

（3）维护大厦门口交通秩序，指挥和疏导进出车辆，引导要及时，手势要规范。

（4）遇有运输车出入，进门时问清来车单位和目的，出门时要验看出门证（出门证由需方部门签证，各项手续完备才能放行）。

（5）建立岗位记事本，发现有异常情况，不论如何处理，都应有记录。做好交换岗和交接班的口头与书面汇报。

（6）发现垃圾及时请清洁员工打扫，保持工作环境的整洁。

4．巡视稽查安保工作程序

（1）上岗前做自我检查，按规定着装，仪容、仪表端庄、整洁，做好上岗签名。

（2）巡视范围包括主楼各层楼面、裙房、员工通道、男女更衣室、各处通道。

（3）按责任路线巡视检查，上楼或下楼，呈 S 形巡视，发现问题及时解决。遇重大问题通知领班，巡视中严防"死角"。

（4）巡视中应思想集中，通过"看、听、闻、问"，发现问题及时向领班汇报。巡视时还得注意消防设施及器材。

（5）巡视时见使用人要主动打招呼问好，有礼貌地回答使用人的查询，实行文明服务。

（6）建立岗位记事本，发现有异常情况，应记录备案。做好交换岗和交接班的口头与书面汇报。

（7）接到治安、火警报警，应及时赶到现场，了解情况，作出正确处理。

5．地下车库安保工作程序

（1）上岗前做自我检查，按规定着装，仪容、仪表端庄、整洁，做好上岗签名。

（2）精神饱满，进行车库安全服务，停车合理，指挥规范，队形整齐。

（3）经常巡视已停车辆，发现车辆门、后盖未锁或玻璃窗未摇上的要及时予以锁好、摇上。

（4）外来车辆实行停车收费，泊位在临时车道上，具体收费标准另定。

（5）建立岗位记事本，发现有异常情况应记录备案。做好交接岗和交接班的口头与书面汇报。

（6）在有客人出入的公共活动区域，设立禁止车辆停放的醒目标志，发现有车滞留，告知驾驶员立即开到指定地点停放。

▲居住区保安队奖罚规定

居住区保安队奖罚规定

1. 论功行赏

（1）抓获一名犯罪嫌疑人，奖励 300 元。

（2）在本辖区内，为社会治安综合治理作出重大贡献者，除向有关部门申报嘉奖、立功外，另奖 200 元。

（3）在追捕违法犯罪分子过程中，英勇负伤奖 300 元，负重伤奖 2000 元，并由物业公司负责全部医疗费。

（4）协助派出所或有关部门破获案件一宗奖 100 元。

（5）能遵守保安队学习和训练制度，学习训练成绩优秀、工作积极肯干者，经班或分队评选，奖 300 元。

（6）责任地段每季无发生治安案件的，奖全部责任人共计 200 元。

2. 违规处罚

（1）打人（追捕犯罪分子与自卫除外）、骂人，虐待捕获的犯罪嫌疑人，罚款 100 元，并承担受害人一切医疗费用，情节严重者送司法部门按法律程序处理。

（2）以查物证或其他借口为由，敲诈勒索人民群众钱物的，一次罚款 300 元，情节特别严重者由保安队开除并送有关部门依法处理。

（3）在责任地段内发案一宗，每一责任人罚款 50 元。

（4）工作不负责任，擅离职守，工作时间干与工作无关的事，一次罚款 30 元，两次罚款 80 元，三次开除出队。

（5）在执勤时喝酒、会客、看书、看报、抽烟、坐下、躺下、闲谈等，一次罚款 10 元，两次罚款 20 元，三次 30 元，屡教不改者劝其离队。

（6）有事不请假、上岗迟到早退，每次罚款 10 元；无故旷工不上岗，每旷工一天罚款 50 元，并扣发当日工资，旷工两天加倍处罚，旷工三天自动离队除名。

（7）在逮捕违法犯罪分子时，畏缩不前，贪生怕死，致使犯罪分子伤害到群众、保安员和其他人员，或让犯罪分子逃脱，罚款 200 元，并按情节轻重给予纪律处分或开除出队。

（8）对保安员擅自留人在保安队宿舍留宿者，一次罚款 30 元，两次罚款 60 元；对在宿舍吵闹及超过睡觉时间未回宿舍者，一次罚款 5 元。

（9）发现情况不及时汇报者一次罚款 10 元。

以上奖罚各条均须经物业公司中至少两人以上联合调查证实后，方可执行奖罚，严禁一人单独执行奖罚；保安员对奖罚不服，认为不公正的，可直接向公司投诉，要求公正裁决。

▲居住区保安队纪律规定

居住区保安队纪律规定

第一条　讲文明礼貌，严禁打人骂人，严禁虐待捕获的任何犯罪疑犯。

第二条　执勤时必须穿统一的保安服（特殊情况例外）佩带装备、着装整齐。

第三条　执勤时禁止喝酒、吃零食、抽烟，不准看书、看报，不准背手、抄手或将手放在裤袋内，不准闲聊、嬉戏或干与执勤无关的事。

第四条　接受群众监督，不得敲诈勒索群众财物。

第五条　不允许在辖区范围以外查证、验物，但发现现行违法犯罪人员或赃物的除外。

第六条　不准将扣押物品擅自处理动用。

第七条　无论什么时候，接到上级通知要立即行动。

第八条　要有连续作战的精神，提高警惕，时刻准备打击不法犯罪分子。

第九条　不能行使公安人员职权，但有在辖区内盘查检查物证的权利。

第十条　要有为人民服务的精神，积极、热情地为群众做好事。

第十一条　要遵守保安队的各项规章制度。

▲酒店楼宇安保管理制度

酒店楼宇安保管理制度

1. 住宿验证登记制度

境内人员凭身份证填写《旅客住宿登记单》；境外人员凭护照、旅行证等填写《临时住宿登记单》。酒店总台服务人员对登记住宿的旅客，既要主动热情、快速敏捷，又要坚持做到"三清、三核对"，即字迹写得清、登记项目清、证件查验清；核对证件照片与住宿旅客本人是否相符，核对登记年龄、证件年龄和旅客实际年龄是否相符，核对证件印章和证件期限是否有效。服务人员还应告知客人贵重物品的存放办法。

2. 长包房管理

长包房应由酒店（通常由酒店营销部）和承租者签订《客房租赁合同书》和《治安防火责任书》，签约前要查验承租者的相关证件，严格控制长包房卡的发放。

用作办公的长包房限一房一卡，持卡人为签约人；用作住宿或住宿兼办公的，按登记住宿的人发卡，并切实加强对长包房客户的日常服务与管理。

3. 客房、楼层安全管理制度

（1）严格执行迎送客人程序。

（2）客人退房时，应及时进房检查，若发现客人遗留物品，按照客人失落物品处理程序进行处理。

（3）若发现其他问题和异常情况，应立即向客房部报告。

（4）若发现客房楼层有异声、异味和其他不正常情况，应及时查明情况，并迅速报告安保部和客房部。

（5）发现访客超过晚十一时仍未离开客房的，应提醒访客离房。

（6）酒店楼宇的各类人员，都要熟悉安全出口的方位、消防器材的放置位置和使用方法，以保证在紧急情况下能熟练地疏导客人和使用消防器材灭火。

（7）客房内严禁放置易燃、易爆物品和化学危险物品。

（8）发生火警时，首先要沉着报警，讲明地点、燃烧物质、火势情况和自己的姓名及工号，然后按照"先救人后灭火"的原则进行救人灭火。

▲酒店楼宇巡逻稽查制度

酒店楼宇巡逻稽查制度

第一条 坚守岗位，忠于职守，按规定时间和路线进行巡逻，发现可疑情况要及时处理并做好记录。

第二条 文明巡逻，依法执勤，不说和不做有损于安保人员形象的话和事。

第三条 预先熟悉巡逻区域的所有通道、要害部位、重点设施，特别是消防设备及其使用方法，做到心中有数。

第四条 发现火警或接到火警指令，应立即赶赴现场，弄清情况，及时扑救并报告消防指挥中心或安保部。

第五条 巡逻时拾得的钱物应及时上交。

第六条 除规定时间休息外，巡逻员不得进入办公室休息。

▲酒店楼宇要害部门的安保管理制度

酒店楼宇要害部门的安保管理制度

酒店要害部门是指对酒店全局起决定作用和对员工、宾客安危有重要影响的部门，其中包括锅炉房、空调机房、电梯机房、发电机房、配电房、电话总机房、电脑房、行李房、金库和油库等。

第一条　要害部门的工作人员要忠于职守，坚守岗位，认真履行岗位职责，严格按照技术作业规程进行操作。与此同时，要积极做好安全防范工作，确保安全。

第二条　由安保部主管要害部门的安全工作，并会同有关部门共同负责。

第三条　凡要害部门的从业人员，均要熟悉消防设备和器材的名称、性能、配置位置、使用方法以及有关安全消防知识，以保证在发生火情时能迅速、高效地使用这些器材。

第四条　未经所属部门经理同意，非该部门工作的人员不得进入要害部门。经批准进入要害部门的，应进行登记，并注明出入人、出入时间、出入原因及审批人姓名。

第五条　要害部门严禁私自乱拉电线，严禁带入和存放易燃、易爆等危险物品，严禁吸烟，严禁乱堆、乱放杂物，影响道路畅通。

第六条　定期检查、保养要害部门的各种机械设备、仪表仪器、线路管道和阀门开关，以保证正常运作。

第七条　严格执行交接班制度。

▲突发事件反应预案

突发事件反应预案

为了增强各租赁单位及管理部全体员工对突发事件的反应能力，做到遇突发事件不慌不忙，有步骤、有秩序地实施各项紧急措施，以确保大厦内国家财产及使用人的安全，特制定大厦突发事件（爆炸、抢劫、盗窃及自然灾害事故）反应预案。

1. 报案程序

各租赁单位及物业管理部全体员工，凡发现大厦内发生爆炸、抢劫、盗窃及自然灾害事故，一定要保持清醒的头脑，及时采取边报告边排险的有效措施。一般按部门主管、总值班、安保部门顺序报告，在特殊紧急的情况下可先报安保部门（或监控中心）。总值班、部门主管遇特殊情况,如发现案犯正欲逃跑等危急情况,可先通知大堂内安保及门卫安保采取封闭措施,而后及时报告有关领导、部门。

2. 各级职责

（1）管理部主任、总值班职责。

①接到报警后立即赶到现场,指挥安保部门和有关部门共同做好现场保护。

②根据现场情况组织人员抢救危难伤号（保护现场）。

③遇有案犯在逃等特殊情况,立即指挥有关人员进行堵截捉拿。

④指挥安保等部门人员配合公安部门做好案件侦破工作。

（2）安保部门职责。

①接到报告后,除一人留守安保部门进行联络外（夜间除外）,其余应迅速赶到现场,在管理部（总值班）的领导下组织有关人员保护好现场。

②根据现场情况协助领导做好排险救难工作。

③夜间接到重大抢劫、盗窃、爆炸等恶性案件的报告后,立即通知安保人员,及时关闭所有大门,人员只准进、不准出。

④对现场情况作一定了解后,视情况报告公安部门。

⑤遇案发情况,组织巡逻队、大堂内外安保,对可疑人员（案犯）进行围、追、堵、截。

⑥协助公安部门做好案件侦破审结工作。

（3）租赁单位职责。

①如发现自己所在楼层有爆炸、抢劫、盗窃及自然灾害等事故,应保持镇静,立即报告管理部或安保部门,见机行事。

②做好现场保护工作,劝阻周边地区的人员不得进入。

③遇重大凶杀、盗窃等现场,立即通知安保部,及时抢救重号、伤员,封闭现场。严禁任何人进入现场,等候大厦管理部、安全保卫部门前来协同处理。

④各租赁单位有职责协助大厦安保部和配合公安部门做好案件的侦破工作。

（4）电话总机职责。

①接到各类报警电话立即报告管理部主任、安保部门。

②在整个案件处理过程中起好上传下达的作用,确保案发现场电话线路的畅通。

③发生重大恶性案件要保持沉着冷静,确保大厦内外电话线路畅通完好,不出现临阵脱岗现象。

（5）巡逻队、监控室职责。

①接到报警后火速赶到现场,发现安保主管尚未到现场应立即通知,并与有关人员做好现场保护。

②安保人员应及时奔赴各处要道,协助各大门警卫、应接共同做好对嫌疑人员

的布控。

③发生重大灾情事故，负责事故现场周围的巡逻防范。

④夜间发生重大抢劫、杀人、盗窃、爆炸等突发事件时，立即会同各大门警卫封锁大门，人员只准进、不准出，查实无疑经安保部门同意后才可离去。

⑤监控中心发现可疑人要进行定点录像，捕捉各类疑点，掌握第一手资料，对画面上的不明人与事，要正确及时地通知安保部门和巡逻队，起到监控中心的应有作用。

（6）部门主管（包括夜间值班领导）职责。

①接到部门员工的报告立即赶到现场，视情况报告管理部主任（总值班）、安保部门，同时组织人员做好现场保护。

②根据管理部主任（总值班）、安保部门的处理意见，指挥部门员工迅速做好排险救难工作。

③遇有案犯在逃等紧急情况，配合安保人员组织部门员工进行堵截捕捉。

（7）管理部所有员工的职责。

①当大厦内发生重大事件时，各部员工应立即报告各部领导或安保部门，见机行事。

②做好现场保护工作，及时对重伤员进行抢救。

③遇重大凶杀、抢劫等现场，一经发现立即报告安保部门，如场内无重伤人员，立即封闭现场，严禁任何人进入现场，等部主任和安保部门前来处理。

④遇发生盗窃案件立即封闭现场，除部主任、安保部门同意外，严禁他人进入现场。

（8）大堂内安保及各门卫流动岗的职责。

①接到一般行窃、抢劫、流氓滋事等报案后，立即加强对离楼人员的盘问、观察，注意从中发现可疑人员。

②如发现可疑人员立即通知安保部门，并采取可行措施，防止可疑人员逃跑。

③发生重大案件（包括自然灾害事故、爆炸、行凶抢劫、杀人、盗窃等），大堂内外安保必须坚守岗位，听从安保部门统一调配，离开本岗时要招呼其他人员照应一下。

▲突发事件的处理

突发事件的处理

1. 火灾处理程序

（1）接到或发现火警时，立即拨打119并向服务中心报告。

（2）安全交通部主任接到火警通知后，立即到现场指挥灭火救灾工作。

（3）指派一名主任协同管理人员负责楼内住户的疏散工作。

（4）信息中心立即通知有关人员到指挥部集结待命。

（5）保安人员立即控制大门的出入口，对所有的人员，只许出，不许入。

（6）通知工程部变电室断电，启动备用消防电源。

（7）通知空调机房，关闭空调系统，开启防、排烟系统及加压风机。

（8）通知水泵房，随时准备启动加压水泵。

（9）消防队到达后配合其工作。

（10）通知有关工程人员将消防系统恢复正常。

2．对爆炸物及可疑爆炸物的处理

（1）保安人员发现或接到各类可疑物品时，要立即向主管领导及服务中心报告，并留守现场，防止任何人再接触可疑物。

（2）主管领导立即组织人员赶到现场，向有关人员了解情况，当初步确认可疑物品为爆炸物件时，立即对附近区域的人员进行疏散，并设置临时警戒线，任何人员不得擅自入内。

（3）立即向公安机关报案，并向公司领导通报。

（4）对附近区域进行全面搜寻，以消除隐患。

（5）待公安人员到现场后，协助公安人员排除爆炸物隐患，并进行调查。

（6）如果爆炸已经发生，保安人员要立即赶到现场扑救火灾，协助抢救，运转伤员，稳定客人情绪，保护好现场，安置疏散人员。

3．接报刑事案件的处理

（1）接报人员首先要问清报案单位、报案人姓名，并要求在场人员不得动用现场的任何物品，做好现场保护。

（2）向公安机关报案，等待警车到达现场。

（3）将报案情况向主管领导及服务中心通报。

（4）保安人员到现场后对现场进行保护，劝阻、疏散围观人员，对现场及外围人员进行观察，并记录在心。

（5）对焚物现场要迅速组织人员扑救，并最大限度地将现场保护完好。

（6）配合公安人员向当事人员及现场有关人员了解案情。

（7）受伤人员的伤势在向公安机关请示后，及时送往医院救护。

（8）向警方介绍情况并协助破案。

4．接报治安事件的处理

（1）接到斗殴、流氓、暴力事件报案时，要问清发案地点、人数、闹事人是否带有凶器，立即向派出所报案。

（2）通报主管领导及服务中心，并立即赶赴现场、控制事态、劝阻疏散围观人群。

（3）协助公安机关制止双方的过激行为，分别将各方带到保安部，进一步了解情况，做好笔录，并提出对事件的处理意见。

（4）派人清查损坏物品的数量。

5. 对精神不正常或蓄意闹事人员的处理

（1）如发现可疑人员时，要采取观察、交谈等方式探明来人是否有精神病。

（2）对于蓄意闹事人员，应通过劝说、诱导或强制等方法，制止或制服来人，以免事态扩大，造成不良影响。

（3）迅速将来人带到保安部门，查明来人身份、来意、工作单位及住址，并劝其离开本区域。

6. 停电处理程序

（1）保安员发现或接报停电时，立即通知服务中心。

（2）由服务中心指派保安、工程人员到现场保护、检查系统，若属供电局责任，立即联系。

（3）若属服务中心维修范围立即抢修。

（4）供电正常后，报告服务中心。

7. 对水浸（跑、冒、漏）的处理程序

（1）保安员发现或接报跑、冒、漏水时，立即通知服务中心，并采取措施。

（2）服务中心接报后，通知工程部有关人员赶到现场。

（3）到现场后立即制止水源及范围扩大，断电并进行抢修。

（4）清洁水灾影响的范围。

（5）报告服务中心。

（6）工程有关人员确认准确后，恢复正常供电。

8. 气体泄漏处理程序

（1）保安员发现或接报有燃气等泄漏时，立即通知服务中心和燃气公司。

（2）由服务中心通知保安员、工程人员到现场（关闭对讲机，不可使用任何电话，电动工具，机械玩具）。

（3）到现场后将所有门窗打开，进行通风，检查有关系统。

（4）控制事态后，通知服务中心。

（5）如无法控制事态，则立即疏散客户到安全地点（将房门锁好，带好钥匙）。

（6）必要时经请示有关领导后，通知消防部门。

（7）事情处理完毕后，报告服务中心。

▲大厦承租区域安全协议书

大厦承租区域安全协议书

依照《中华人民共和国外国人入境出境管理法》和《××市人民政府关于外国企业常驻代表机构聘用中国雇员的管理规定》等法律规定的精神，为了维护首都的安全和正常的社会秩序，保障境外商客的合法权益，结合本大厦的实际，特制定安全协议如下。

第一条　公司租用或购买大厦写字间，设立办事处，应有合法有效的《登记证》或《营业执照》。

第二条　公司代表和境外雇员应持合法的身份证件（护照或其他身份证件）和中国政府主管部门颁发的居留证、工作证、就业证等。

第三条　公司聘用的雇员、临时雇员、服务人员均应持有合法证件（本人身份证、工商局颁发的且已在公安外管部门备案登记的雇员证）。

第四条　在写字间常驻办公的中外人员务必到本大厦保安部办理相关手续，填表注册，领取《出入证》。

第五条　写字间（办公室）不允许留人过夜，如有特殊需要，事先向大厦管理公司和保安部通报。

第六条　贵重的物品和钱款存放在办公室，要配保险箱，或采取其他特殊的保安措施。

第七条　不携带有易燃、易爆、剧毒、腐蚀性和放射性等危险品进入大厦。携大件物品外出，应持有雇主证明。

第八条　举行大型活动，要在一星期前通知物业管理公司和保安部。

第九条　发生安全方面的问题，及时向大厦保安部报警。遇有紧急情况下，保安部有权力破门进入租户室内。

第十条　根据有关法规和公安部门的要求，大厦保安部随时对承租户进行安全、消防检查。本大厦客户和有关人员要给予配合。

第十一条　为了本大厦和各公司及人员的安全，中外人员必须遵守大厦所有的安全制度。

承租公司：____（盖章）　　　　　　　　　　____大厦（盖章）

　　　　　　　　　　　　　　　　　　　　　　年　　月　　日

▲别墅小区防盗措施

别墅小区防盗措施

第一条 各业主或租户应于晚上休息前或外出时将所有窗户关好。

第二条 如遗失钥匙或当装修工程竣工后，住户需更换新的大门锁。

第三条 对于自称为公共机构或政府人员之访客，必须要求其出示身份证明文件。

第四条 避免将贵重财物放在家中，如有必要，应将所有贵重物件，摄影存底。

第五条 晚上外出时不要将所有灯光熄掉。

第六条 为贵重物件购买保险。

第七条 如发现有可疑人物，应即通知物业管理公司保安部求助。

第八条 对一层楼宇热水炉间、洗衣间、卫生间、厨房间的活动窗，加装防盗不锈钢窗栅，以防盗窃者进入。

▲酒店楼宇动火作业安全管理制度

酒店楼宇动火作业安全管理制度

第一条 酒店和外来施工单位在酒店禁止烟火区域内，需要动用明火作业时，须事先向安保部提出申请，填写《动火作业申请表》。

第二条 安保部根据明火作业的范围，并按照《三级动火审批制》的规定加以核准或报上级领导和主管部门批准。原动火单位因未完成任务需要延长动火时间的，必须重新办理动火审批手续。

第三条 动火前必须做到以下几点。

（1）防火、灭火措施不落实的，不动火。

（2）周围的易燃物品未清除的，不动火。

（3）附近难以移动的易燃结构未采取安全防火措施的，不动火。

（4）凡储存有易燃、易爆物品的仓库、场所，未经排除危险的，不动火。

（5）未配备相应灭火器材的，不动火。

第四条 动火后必须做到"四要"、"一清"，即要指定现场安全负责人，进行安全监护；要严格按照技术规程进行操作；要严密注意动火情况，一有不安全苗头，立即停火；要及时扑灭作业中发生的火警和爆炸事故；动火完毕，必须立即清理现场火种，火种不清除不可撤离动火现场。

第五条 动火作业者必须持有特种作业安全操作证，才能上岗操作，并需严格按操作程序和相关规定进行操作。

第六条 动火申请部门应委派现场监护人负责动火现场的消防安全检查，安保部则要加强现场巡视，以确保动火安全。

▲酒店楼宇易燃易爆物品的安全管理制度

酒店楼宇易燃易爆物品的安全管理制度

第一条 易燃易爆物品是指油漆、香蕉水、汽油、柴油、氧气、乙炔气、酒精、石蜡等。易燃易爆物品应设专用仓库储存，由专人管理。

第二条 在仓库的显要地方，应放置专用消防器材。

第三条 仓库内严禁吸烟，严禁使用明火，严禁火种入库。

第四条 仓库使用的照明灯必须是防爆灯，其开关必须安装在库房外的保护盒内。

第五条 除电源为电池的计算器外，仓库内不得使用其他电器设备。

第六条 易燃、易爆物品入库，必须先行检查登记，入库后要定期进行检查。

第七条 易燃、易爆物品入库后，要分类、分项存放；遇水燃烧、爆炸的化学物品，不得存放在潮湿和容易积水的地方；通道之间要有一定距离，更不准超量储存。

第八条 严禁无关人员进入仓库。

第二节　现代物业治安保卫管理表格

▲保安交接班记录表

保安交接班记录表

班次：　　　　日期：　　　　编号：

接班人姓名	交班人姓名	接班时间	岗　位
交班情况 （完好打"√"， 损坏打"○"， 损失打"×"）	1. 对讲机＿＿台 2. 灭火机＿＿瓶 3. 防毒面具＿＿个 4. 雨伞＿＿把 5. 雨鞋＿＿双 6. 大衣＿＿件	7. 记录本＿＿本 8. 钥匙＿＿条 9. 值班桌＿＿张 10. 凳子＿＿张 11. 信件＿＿封	
本班发生的事件			
处理的情况			
未办完的事件			
下一班应注意的问题			
接班班长		交班班长	
领班意见			
备　注			

▲保安月岗位安排表

保安月岗位安排表

时　间		岗位及人员		
		大堂岗	巡逻岗	道口岗
1～5日	8：30～16：00			
	16：00～24：00			
	24：00～08：30			
6～10日	8：30～16：00			
	16：00～24：00			
	24：00～08：30			
11～15日	8：30～16：00			
	16：00～24：00			
	24：00～08：30			
16～20日	8：30～16：00			
	16：00～24：00			
	24：00～08：30			
21～25日	8：30～16：00			
	16：00～24：00			
	24：00～08：30			
26～30日	8：30～16：00			
	16：00～24：00			
	24：00～08：30			
备　注				

▲保安工作周检表

保安工作周检表

评分岗位 / 受评检人员 / 评检项目 标准评分	着装					礼仪					岗位执行					内务卫生					主管评分					总分
	A	B	C	D	E	A	B	C	D	E	A	B	C	D	E	A	B	C	D	E	A	B	C	D	E	
	20	18	16	14	12	20	18	16	14	12	20	18	16	14	12	20	18	16	14	12	20	18	16	14	12	
中控室																										
地下停车场																										
阁塔楼																										
地面 1 号停车场																										
地面 2 号停车场																										
巡逻岗																										
班长																										

检查人：　　　　　　　　审核人：

▲保安工作月检表

保安工作月检表

年　月　日

岗位	姓名	检　查　内　容					总分
		着装	礼仪	岗位执行	班长评分	主管评分	

审核人：_____

备　注：（1）每项检查内容的检查结果共分五等，其中 1 等为"91～100 分"，

2 等为"81～90 分"，3 等为"71～80 分"，4 等为"61～70 分"，

5 等为"60 分以下"。

（2）每项检查内容的评分结果为本月《保安工作周检表》汇总而得出。

▲来客登记表

来客登记表

日期	来客姓名	来客单位	人数	进入时间	事项	备注

▲来宾出入登记表

来宾出入登记表

访问时间：　　年　月　日　时　分	
来宾姓名：　　　　　　证件号码：	
来宾服务单位：	
来宾地址：　　　　　来宾电话：	
来访事由：	
受访者签名：	
离开时间：　　时　分	
备注：	

▲摩托车出入登记表

摩托车出入登记表

年　月　日

进场时间	车牌号码	车型	保管卡号	值班人	出场时间	值班人	备注

▲自行车出入登记表

自行车出入登记表

年　月　日

进场时间	车型	保管卡号	值班人	出场时间	值班人	备注

第六章　现代物业消防与车辆管理制度与表格

第一节　现代物业消防与车辆管理制度

▲消防管理制度

消防管理制度

第一条　加强消防宣传教育，使公司员工充分认识防火的重要性，增强防火意识。

第二条　宣传教育的内容包括：消防规章制度、防火的重要性、防火先进事迹和案例等。

第三条　宣传教育可采取印发消防资料、图片，组织人员学习，请专人讲解，实地模拟消防演练等方式进行。

第四条　义务消防员的培训工作由保安部具体负责，各部门协助进行。

第五条　保安部全体员工均为义务消防员，其他部门按人数比例培训考核后定为公司义务消防员。

第六条　保安部主管负责拟订培训计划，由保安部领班协助，定期、分批对公司员工进行消防培训。

第七条　消防培训的内容。

（1）了解公司的消防要害重点部位，如配电房、保安部、煤气库、货仓、机票室、锅炉房、厨房、财务室等。

（2）了解公司各种消防设施的情况，掌握灭火器的安全使用方法。

（3）掌握火灾时扑救工作的知识和技能，以及自救知识和技能。

（4）组织观看实地消防演练，进行现场模拟培训。

第八条　培训后，进行书面知识和实际操作技能考核，合格者发给证书，并评选优秀者给以奖励。

第九条　防火检查是为了发现和消除火警隐患。本公司须切实落实消防措施，预防火灾事故。

第十条　防火检查类别。

（1）保安部人员巡视检查，发现隐患后要及时指出并加以处理。

（2）各部门人员分级检查，第一级是班组人员每日自查，第二级是部门主管重点检查，第三级是部门经理组织人员全面检查或独自进行抽查。

（3）当地消防监督机关定期检查。

第十一条　防火检查的内容。

（1）员工对防火安全的意识和重视程度。

（2）各部门安全防火规章制度、操作规范、防火设备。

（3）各部门人员按安全防火规范的程序进行操作。

（4）各种设备、物品（尤其是易燃易爆品）的存放是否符合防火的安全要求。

第十二条　公司员工一旦发现失火，并能自己扑灭时，应根据火情的性质，就近使用水或灭火器材进行扑救。

第十三条　火势较大，在场人员又不懂扑火方法时，应立刻通知就近其他人员或巡查的保安员灭火。

第十四条　若火势发展很快，无法立刻扑灭时，应立刻通知消防部门，执行火灾处理的扑救管理制度。

▲消防管理规定

消防管理规定（1）

第一条　为加强消防管理，预防和减少火灾危害，保障公私财产和客户的生命安全，根据《中华人民共和国消防条例》和有关规定，特制定本规定。

第二条　消防管理要贯彻"预防为主，防消结合"的方针，本着自防自救的原则，实行科学的严格管理。

第三条　搞好消防工作是所有员工应尽的责任，因此，所有员工都有宣传教育宾客执行和维护大厦消防管理规定的责任和义务。

第四条　消防工作实行逐级防火责任制，总经理对大厦消防工作负全责，并授权保安部与各部门签订《消防安全责任书》，把消防火灾作为整个管理工作一个重要组成部分，层层落实，使防火工作做到经常化、制度化。

第五条　保安部是指导防火的职能机构，分管消防的经理具体负责实施监督检查消防措施的落实。

第六条　由保安部制定《大厦防火应急方案》，组建大厦消防队，经常开展训练、定期考核，各部门应积极配合，确保各班次岗位有义务消防队员参加。

第七条 凡新建、扩建、改建工程，必须符合有关消防法规的要求，经公安消防部门审核批准，并报保安部备案，方可交付施工。

第八条 新建、扩建、改建工程施工现场的消防管理工作，由负责组织部门与施工单位签订管理合同，确保工作消防安全，室内装修应采用非燃或难燃材料。

第九条 凡施工或安装、维修设备需动用明火作业时，施工单位必须事先向保安部提出申请，凭保安部签发的《动火许可证》方可实施，同时严格执行动火制度，采取防火措施，做好灭火准备。

第十条 严禁储存易燃易爆等化学物品，必须存放的，应事先经保安部批准，选择适当地点，指定专人负责，制定安全措施，限量保存，严禁宾客携带上述物品进入大厦。

第十一条 严禁焚烧可燃物品、燃放烟花爆竹，严格对吸烟场所、用火用电场所进行管理，防止引起火灾。

第十二条 不准使用电炉、电熨斗、电烙铁等电加热器具，未经允许不得安装复印机、电传机、打字机等办公设备，若确因工作需要，要求增加电加热等电器设备时，须经服务部经理审批，报保安部备案。

第十三条 工程部和长驻公司要按照有关电力技术规范的规定，定期检查电气设备、开关、线路和照明灯具，凡不符合安全要求的，要及时维修或更换。

第十四条 全体员工必须掌握消防器材的使用方法，熟悉疏散路线，遇有火灾时，应采取"先宾客、后自己"的疏散原则。

第十五条 工程部应定期检查各种线路和管道系统的仪表、阀门和电线接头等处，对不符合安全要求的，要及时维修或更换。

第十六条 要经常保持走道、楼梯、出入口畅通，严禁堆放物品。疏散标志和指示灯、应急灯、防火门要经常检查保证完整好用。

第十七条 保安部负责与有关部门确定防火重点部位，建立防火档案，有关部门要制定《重点部位防火规定和措施》，会同保安部进行经常性的安全检查，对出现的不安全因素和隐患，保安部发放《火险通知书》，限期解决。疑难问题，要书面上报公司以便采取有效措施，防止发生火灾。

第十八条 为方便火警报告，保安部消防监控室应设有内部火警电话。

第十九条 消防监控室昼夜值班，随时观察、记录仪器设备的工作情况及时处理火警信号。

第二十条 员工一旦发现火情，必须及时报警，并迅速采取扑救措施，其他部门的人员应坚守岗位，随时听候指令，需要时应尽快引导宾客安全转移，做好疏散工作。

第二十一条 起火部位所在领导、保安主管和消防领班在接到火警报告后，应立即带领义务消防队员和组织起来的员工及时直赴火场扑救火灾。

第二十二条　除应设有自动报警和自动灭火系统外，还应设置轻便灭火器材和救生器具。

第二十三条　由保安部统一管理、检查、更换各类防火器材，包括供宾客和服务人员自救用的安全绳、缓降器、防毒面具等避难救生器具，任何部门及个人不得损坏或擅自变更设备安放位置。

第二十四条　工程部要随时检查自动报警和自动灭火系统，发现问题及时维修或更换，确保完整好用。

第二十五条　不得任意改装消防水泵、消防给水管道、消防水箱和消火栓等设施，更不得挪作他用。

第二十六条　消防给水系统需大规模停水维修时，必须经公安消防部门批准。

消防管理规定（2）

为了加强本区消防工作，保护小区的公共财产和广大业主的生命财产的安全，根据《中华人民共和国消防条例》和本市有关消防规定，特制定管理规定如下。

第一条　认真贯彻"预防为主，防消结合"的方针，服务中心经理为消防责任人，服务中心全体员工均为兼职消防员，其职责如下。

（1）认真贯彻执行消防法规和上级有关消防工作的批示，并展防火宣传，普及消防知识，学习使用消防器材，每月学习、训练一次。

（2）经常检查、记录消防器材设备完好情况，确保消防器材设备装置处于良好状态；检查防火通道，时刻保持畅通；检查防火安全公约的履行情况，及时纠正消防违章和消除火险隐患。

（3）接到火灾报警后，在向消防机关准确报警的同时，迅速奔赴现场，启用消防设施进行扑救，并协助消防部门查清火灾原因。

（4）按小区楼宇整栋为单位实行防火责任制，组织业主制定防火安全公约，责任到户，由楼长督促履行。

第二条　本区内居民均有防火的责任和义务，为了自身和他人的安全，应遵守以下公约。

（1）尽量不让学龄前儿童及需要照顾的老、弱、病、残人单独在家。

（2）不准把扫把、拖把、衣物等可燃物晒在阳台防盗网上，晾衣物应不超出阳台外立面，并且晾干后及时收入户内。

（3）安全使用天然气，烟头及火柴余灰要随时熄灭，出门时关闭天然气总阀门。

（4）不得把烟头及其他带火物品投向户外。

（5）教育小孩不要玩火和在本居住区内燃放烟花、爆竹。

（6）使用天然气时，将窗户打开，保持室内空气流通，一旦发生漏气时，亦可免气体积聚，有漏气现象时，不得使用门铃和室内电话。

（7）发生火警，应立即告知服务中心，并报警，然后关闭电闸和天然气阀门，迅速离开住所。

（8）发生火灾，切勿搭乘电梯逃生，应使用楼梯走廊逃生；烟雾浓密时，应尽量贴近地面爬行，并以湿毛巾遮盖面部，免受烟雾熏晕。

（9）遇强雷电天气，尽量关闭所有电器，拔掉电源插座，以免烧坏电器或发生火灾。

第三条　本居住区内不应有下列妨碍消防安全的行为。

（1）损坏、挪用消防器材，挪用消防水源。

（2）未经审批进行室内装修。

（3）进行室内装修需要增设电气线路时，乱拉乱接电气线路。

（4）用不符合防火要求，未经防火处理的材料进行装修。

（5）烧焊等作业，未先向服务中心申请，审批后未在安全状态下作业，未办理手续和非持证作业人员进行动火作业。

（6）占用、堵塞本居住区任何消防通道，楼梯通道、天台出口和其他安全疏散口；在楼道、天台进行喷油漆等作业。

（7）封闭或损坏安全疏散指示、事故照明设施或消防等标志。

（8）在户内存放易燃易爆物品。

（9）在小区内以至冰箱内存放乙醇等易产生爆炸的化学品。

（10）在阳台堆放燃油、油漆其他可燃性溶剂，泡沫塑料类、纸布类等易燃易爆物品。

第四条　其他

各住户必须服从消防机关和本服务中心有关消防方面的管理、监督，不得刁难、辱骂或以暴力威胁等手段妨碍消防监督工作人员依法执行公务。纵火者，则追究刑事责任。

▲防火责任制

防火责任制

一、总则

"三级安全、消防检查"制度是防止企业案件及灾害事故发生的有效保障，同时也体现出安全保卫责任制层层落实、人人有责的精神。

二、三级安全、消防检查

1. "三级安全、消防检查"的含义

"三级安全、消防检查"是指企业内部的安全消防制度落实由各级人员负责完成，即：第一级是企业月、季、年全面检查；第二级是部门或单位周检查；第三级是班、组日检查。

2. "三级安全、消防检查"制度的具体要求

（1）企业月、季、年度检查。

①保安部、工程部对各部、室单位进行月、季、年全面安全消防大检查，主要是针对各部门或重点部位落实安全、消防规章制度，以及员工的安全知识掌握等情况进行检查，发现问题及时纠正。

②保安部、工程部查出的隐患、漏洞、制度不落实等问题，应下发《安全、消防隐患通知书》，并责令限期改正。凡因检查不到位而未发现问题或发现问题只是口头提出，造成上级单位或公安、消防等机关在抽查时指出新的问题或同样问题，保安部和工程部应承担部分责任。

③保安部、工程部应对每次检查写出书面报告（包括拟采取的安全整改措施），上报公司主管领导，以便领导掌握安全工作状况。

（2）部门或单位周检查。

①各部、室、单位的经理，每周要对所辖的区域、部位、岗位进行检查。对查出的隐患要立即督促整改并做好记录。

②部门对在检查中发现的问题无力解决时，应速报公司主管领导和有关部门给予解决，一时难以解决的，部门应采取临时安全保障措施，严防发生问题。

③凡因失职或不负责任而没有检查到位或根本没有进行检查的，或在安全保卫工作中做得很好，常年未发生各类案件事故的，根据大厦安全奖惩制度对部门给予处罚或表彰奖励。

（3）班、组日检查。

①各班、组成员应于每日上下班前对照所接岗位或下交岗位的安全消防进行交接班，发现有违反安全、消防规定的，应立即整改，并做好记录。

②对各班、组长要在每日上下班前，负责检查自己所管辖的班、组和区域内的安全消防是否符合规定要求；检查交接班记录，各种登记册等，并教育员工遵守安全规范。

③各班、组成员要对班、组长负责，班、组长要对主管负责，主管要对部门经理负责，部门经理要对公司负责，凡未按要求进行检查或草草检查应付差事而造成事故的要予以处罚。安全工作做得好，常年未发生案件、事故，表现突出的班、组或员工，则应予以奖励。

3. "安全、消防检查"的具体项目

（1）对历次检查发现的安全隐患和漏洞的整改情况，特别是保安部下发的"隐患通知"提出的问题是否改正。

（2）是否切断非工作状态、非特殊电器设备的电源。

（3）吸烟地方是否放置烟蒂容器，能否两次灭烟。

（4）财务负责账目、现金的管理人员是否有安全消防意识和知识。

（5）是否在下班前清除岗位、区域的垃圾、废纸等易燃物品。

（6）专用和客用钥匙等存放是否安全，有无遗失或转借他人使用。

（7）员工的安全消防知识和可操作能力情况。

（8）消防器材的保养、保洁情况和完好可用情况。

（9）各种安全、消防有关规定和责任制是否落实。

（10）各种安全表格、登记记录是否齐全并按要求填写。

（11）员工是否遵守安全操作程序。

（12）不准吸烟的区域、岗位是否有烟蒂。

（13）是否乱设乱拉电器设备及电线，且在电源附近堆放易燃品。

（14）是否在不该动用明火的地点动用明火。

▲防火安全制度

防火安全制度

第一章 总 则

第一条 本制度根据《中华人民共和国消防条例》及公安消防机关颁布的有关消防法规，结合本公司具体情况制定。

第二条 本制度旨在加强本公司的防火安全工作，保护通信设备、企业财产及工作人员生命安全，保障各项工作的顺利进行。

第三条 本公司的防火安全工作，实行"预防为主，防消结合"的方针，由防火安全领导小组负责实施。

第二章 防火安全的组织与机构

第四条 公司均实行防火安全责任制，设防火责任人。本公司的防火责任人由总经理担任，分公司防火责任人按有关要求由各部门行政主要领导担任。

第五条 为确保各项防火安全措施的落实，公司成立防火安全领导小组，负责本公司的防火安全工作；各分公司设立相应的防火安全领导小组。此外，各生产班组和要害工作部位设负责抓消防工作的兼职防火安全员。

第六条　必要时，公司要建立义务消防队，以防在万一发生火灾而专业消防队未到达前，能起到控制火势蔓延或把火扑灭在初起阶段的作用。

第三章　防火安全职责

第七条　公司全体员工都应增强消防意识，并负有安全防火的责任和义务。

第八条　公司防火责任人和各分公司的防火责任人分别对本公司和本部门的防火安全负责。

第九条　各级防火安全责任人的职责如下。

（1）贯彻上级的消防工作指示，严格执行消防法规。

（2）将消防工作列入议事日程，做到与生产经营同计划、同布置、同检查、同总结、同评比。

（3）执行防火安全制度，依法纠正违章行为。

（4）协助公安机关调查火灾原因，提出处理意见。

第十条　防火安全领导小组的职责如下。

（1）处理本公司防火安全工作。

（2）制定公司的防火安全制度。

（3）组织防火安全检查，主持整改火险与事故隐患。

（4）组织交流经验，评比表彰先进。

第十一条　各施工生产班组和要害工作部位的兼职防火安全员在防火安全领导小组领导下，落实本工作部门的防火安全措施。

第十二条　义务消防队接受防火安全领导小组的指挥调动，认真履行消防职责。

第四章　防火安全措施

第十三条　公司的防火安全工作，要本着"预防为主，防消结合"的原则，防患于未然。

第十四条　各部门在生产和工作中，均须严格执行国家和市消防机关颁布的有关防火规定，并根据自己的实际情况，采取具体措施。

第十五条　防火安全领导小组应经常对全体员工进行防火安全教育，并组织义务消防队进行消防训练。

第十六条　完善逐级检查制度，及时发现和消除火险隐患。各施工生产班组、要害部门的兼职防火安全员，应在每日下班和交接班前，对本工作部位进行一次防火安全检查，其他各部门每星期做一次检查，各分公司的防火责任人应每月对本单位的防火安全工作做一次检查，本公司防火安全领导小组每半年进行一次检查，每季度进行一次抽查。

第十七条　各办公大楼原设计安装的消防设施，如消防龙头、水管、烟感报警器，以及其他消防器材要保证有效，此外，还应给各施工和要害部门及本部门其他工作地点配置相应的充足的消防器材。上述消防设备及器材不得借故移作他用。

第十八条　对从事电工、烧焊、易燃易爆等特殊工种的人员，要按规定进行防火安全技术考核，取得合格证后方可上岗操作。

第十九条　施工作业中需用明火的，事前应按规定由动火单位填写《临时动火作业申请表》，并按不同级别进行审批。一级动火作业指可能发生一般性火灾事故的作业，由安全技术和保卫人员提出意见，经本单位的防火责任人审批；二级动火作业指可能发生重大火灾事故的作业，由保卫室提出意见，经防火责任人审核，报总公司保卫部主管审批；三级动火作业指可能发生特大火灾事故的作业，由责任人提出意见，经总公司保卫部审核，报公安消防监督机关审批。要严格办理审批手续，待批准并发给《临时动火许可证》后方可进行动火作业，并要在动火前做到"八不"，动火中做到"四严"，动火后做到"一清"，下班前要严格执行检查制度，确认安全后方可离开。全体员工不论在宿舍或工作区，一律不许使用电炉等电器。

第二十条　仓库的库存物资和器材，要按公安部公布的《仓库防火安全管理规则》的要求堆放和管理，对易燃易爆等有害物品，要按规定妥善管理。

第二十一条　任何人发现火险后，都要及时、准确地向保卫部门或消防机关报警（火警电话119），并积极投入扑救。单位接到火灾报警后，应及时组织力量，配合消防机关进行扑救。

第五章　奖励与惩罚

第二十二条　防火安全工作要定期检查评比，并对取得下列成绩的单位或个人，给予适当的表彰和奖励。

（1）进行消防技术革新，改善防火安全条件，促进安全生产的。

（2）坚持执行防火安全规章制度，敢于同违章行为作斗争、保障生产安全的。

（3）不怕危险，勇于排除隐患，制止火灾爆炸事故发生的。

（4）及时扑灭火灾，减少损失的。

（5）其他对消防工作者有贡献的。

第二十三条　对无视防火安全工作，违反有关消防法规，经指出仍拒不执行的单位或个人，应视情节给予处分，必要时可给予经济处罚。

第二十四条　因玩忽职守造成火灾事故的，应追究直接责任者和所在部门防火责任人的责任，触犯刑法的，还应上报司法机关追究刑事责任。

第二十五条　本制度自颁布之日起执行。

▲大厦突发火警火灾反应预案

大厦突发火警火灾反应预案

为了增强全体员工及各租赁单位对突发火警火灾事件的反应能力，做到遇火警火灾事件不慌不忙，有步骤、有秩序地实施各项紧急措施，以确保大厦的国家财产及使用人的安全，特制定大厦突发火警火灾反应预案。

1. 报警程序

物业管理部全体员工及各使用人，凡发现大厦内有火警火灾发生，一定要保持清醒的头脑，及时采取边扑救、边报告的有效措施。一般先报消防中心或就近安保人员，当消防中心接警后，立即通知领班和安保人员，赶赴现场进行扑救，然后通知总值班、安保经理及有关领导。

2. 各岗位职责

（1）管理部主任、总值班职责。接到报警后，立即赶到现场，指挥安保部和有关部门，共同做好抢救人员、保护和疏散物资。

维护好火场秩序，当公安消防队赶到后，要配合公安消防队并给予一切便利。

（2）安保部职责。接到报警后，除一人留守消防中心进行监控联络外，所有人员迅速赶到现场，并带上工具。

（3）工程部职责。工程部在接到报警后，要密切和安保部加强联络，准备随时切断电源，打开备用电源，随时准备开启消防供水，要保证足够的消防用水，并要使各风口、管道的防火阀门全部关闭，阻止火势的蔓延，并使消防电梯到底层待命，其他客梯一律禁止使用，当公安消防需要了解情况，要能及时拿出大楼图纸以供查阅。

（4）电话总机职责。接到报警后，先与安保部消防中心取得联系，随时了解火势情况，并逐级通知各个部门、总值班、管理部主任以及其他单位的领导等，在整个火灾处理过程中要起到上传下达的作用，确保通信设备的线路畅通。

（5）管理部各员工职责。当大厦发生重大火灾，各部门员工要保持镇静，立即报告各级领导或安保部。见机行事，力所能及地协助安保做好救人、保护和疏散物资。自觉维护大厦的秩序，保护客人迅速撤离，防止有人破坏灭火工作的正常进行。

▲火灾处理应急方案

火灾处理应急方案

第一条　一旦发现火灾苗头，如烟、油、味、声等异常状态时，每一位员工都有责任立即向消防监控室报警，请其查明真相。

发现火情的人应保持镇静，并采用以下灭火措施。

（1）立即通知消防监控室。

（2）采用电话报警时讲话声音要清楚，要说明起火地点，燃烧物质的种类，是否有人被围困，火势的情况以及是否正在采取扑救措施等，然后通报自己的姓名和部门，并注意倾听监控室的补充询问，认真回答，得到允许后方可挂断报警电话。

（3）不要在火场附近区域高叫"着火了"，以免造成混乱。

第二条　消防监控室报警。

（1）消防监控室接到火情报警后，应立即派人到现场核实，然后迅速通知安全部。

（2）如客人打电话询问，请告知客人："火情正在调查中，如果需要采取其他措施，我们将会用广播紧急通知您"。

（3）详细记录火灾扑救工作的全部过程。

第三条　电话总机报警。

电话总机室接到消防监控室的火情通知后，如果消防监控室无特殊要求，应立即按照下列顺序通知有关人员和部门。

（1）报告总经理。

（2）通知各部室经理。

（3）火情期间，电话员必须坚守在电话机旁，沉着冷静地接通各种线路，直至接到撤离现场的指令。

▲灭火工作程序

灭火工作程序

第一条　大厦总经理、主管安全工作的行政副总经理接到火情报警后应采取如下措施。

（1）应立即赶赴火场，并与保安部经理和工程部经理一同研究灭火方案。

（2）指挥义务消防员参加灭火战斗。

（3）根据火势变化，及时制定相应对策。

（4）火势难以控制时，应及时向市消防局"119"报告火警。

（5）总经理和主管安全工作的行政副总经理根据火场情况，决定是否启用警铃和事故广播的报警方式。

第二条　安全部领班接到火情报警后应采取如下措施。

（1）应立即携带万能钥匙赶赴火场，会同工程部经理，根据实际火情协助总经理制订灭火举措。在总经理未到达火场之前，组织并指挥义务消防队员进行灭火工作。

（2）负责组织人力保护好火灾现场，配合消防部门调查火灾发生的原因。

（3）起草火灾事故报告，及时上报有关部门。

第三条　警卫队领班接到火警通知后应采取如下措施。

（1）立即布置事故现场的警戒工作，并带领警员赶赴火灾现场，参加灭火工作。

（2）带领警员，协助有关部门做好人员救护、疏散及物品的营救工作。

（3）火灾扑灭后，负责布置好火灾现场的保护工作，禁止无关人员入内。

第四条　警卫人员的职责应采取如下措施。

（1）岗上警员应保持高度的警惕性，加强警戒，对进出人员严加控制。

（2）要害部门的警卫人员必须严于职守，未接到总经理下达的全体员工撤离火场的命令不得擅自脱岗。

（3）负责疏导客人从安全出口处撤离。

（4）灭火期间要注意安全，发现有人被围困时，应先营救被困人员脱离危险场所。

（5）火灾扑灭后，听从火场指挥人员的安排和布置，保护好火灾现场。

第五条　工程经理接到大厦火情通知后应采取如下措施。

（1）立即检查本部门各个控制系统岗位，启、闭消防设施达到自动灭火状态。

（2）组织本部门义务消防队员立即赶赴火场，扑灭火灾。

（3）组织本部门义务消防队员，负责处理火场区域的水电等技术问题。

第六条　工程部其他系统工作人员职责。

（1）空调系统：接到火情通知后，立即关闭起火区域的空调机组。

（2）配电室（高压、低压）：接到火情通知后，密切注意火场附近的电力运行情况，随时准备切断火场的电力供给，当接到切断火场电源指令后，应立即按指令控制设备。

（3）电梯监控：接到火情通知后，立即将消防电梯降到首层，并亲自控制，专供灭火工作使用，同时停止火场区域的其他电梯的运行。

（4）水系统：接到火情通知后，立即做好消防用水的供应工作，并做好供水设备的抢修工作。

第七条 服务部接到火情通知后应采取如下措施。

（1）立即通知火场区域及附近区域的客人从安全通道撤离。

（2）关闭火场附近的门窗及通风设施。

（3）利用消防设施扑救、控制火灾。

（4）抢运火场区域及附近受火灾威胁区域的贵重物品到安全场所，并会同安全部警卫人员看管物品。

（5）楼层服务员应反复认真地检查火场区域及附近区域的各个房间，关闭门窗及空调，并保证每一位客人均能安全撤离火场。

第八条 财务部接到火情通知后应采取如下措施

（1）应采取相应对策，通知所有人员整理好各种现金、账目、单据等物品，做好疏散准备工作。

（2）接到疏散指令时应整理好自己负责的贵重物品，关闭电脑，携带分管的重要资料，锁好房门，及时赶至通知的集合地点（不能带走的文件应统一锁在保险柜内，将钥匙保管好）。

第九条 餐饮部接到大厦火情通知后应采取如下措施。

（1）应立即通知本部门各岗位服务员做好各个方面的准备工作。

（2）坚守岗位，随时听候和传达火情指挥中心下达的命令。

（3）接到火场指挥中心的疏散指令时，应及时组织服务员妥善引导客人从安全出口处撤离。

（4）餐厅管理人员应立即派专人协助收银员保护好现金、单据及其他贵重物品。

（5）遇本部餐厅有火情时，应积极组织人力对火势加以控制和扑救。同时立即向消防中心报告火警。

（6）立即通知有关人员切断和熄灭煤气开关及一切火种，关闭火场内的空调和门窗及电源开关。

第十条 其他要求。遇有火情时除对各部门的专项要求外还应遵守以下规定。

（1）大厦灭火指挥中心是指在大厦遇有火情时，由总经理以及保安部经理组成的临时灭火指挥小组。火情期间，对于灭火指挥中心下达的各项指令，各部均须无条件执行，各部负责人应随时向指挥中心汇报执行情况。

（2）大厦消防监控室是火情扑救期间的另外一个指挥场所，是传达灭火指挥中心的命令和转达各方面的执行情况的枢纽部门。火情期间，该处下达的命令各部室也应该严格按要求认真执行，并将完成情况向该处汇报。

（3）火情期间，领导不在大厦内时，由秘书或主管带领本部员工统一执行灭火任务。

（4）火情期间，非着火区域的部门员工均应遵照灭火指挥中心的命令要求尽职尽责（特殊情况除外）。

（5）大厦内无论哪个区域发生火灾，该区域内工作人员均须按照报警、灭火、疏散客人、抢救物品的程序投入灭火工作。

（6）员工在接到灭火的指令后，首先应当关闭自己工作地点的窗户，锁好房间后再积极投入灭火工作中。

（7）大厦内发生火情时，各部员工应迅速扑救火灾、疏散人员和抢救贵重物品。危急关头各部员工均应以疏散人员为重。

（8）火灾发生后，每一位员工都要牢记自己的首要职责是保护客人的生命安全。

（9）当火灾扑灭后，各部员工应将本区域内的报警和灭火系统恢复至正常状态，清点本区域的轻便灭火器材并将使用情况上报大厦安全部，及时更换、补充被使用过的灭火器材。

（10）火灾扑灭后，各部由经理负责会同有关部门统计经济损失情况以及人员伤亡的情况，并如实上报至灭火领导小组和总经理办公室。

（11）财务部门要在24小时内报告投保的保险公司。

▲大厦火警及消防措施

大厦火警及消防措施

第一条　发生火情时。发现火情，应保持镇定。

（1）按压本层手动报警器按钮。

（2）使用靠近消防警铃的消火栓。

（3）通知大厦管理部门，同时拨打大厦火警电话。

（4）各办公室内的负责人在组织其员工疏散到安全地点后，应及时查点人数。

（5）切勿使用电梯。

第二条　防火措施。

（1）离开办公室时，请检查所有电源开关是否关闭。

（2）确信办公室内没有遗下未熄灭的烟蒂及其他火种。

（3）不得将易燃、易爆等危险品带进大厦。

（4）不得在楼内，特别是楼梯或走廊处堆放垃圾杂物，确保消防通道畅通。

（5）客户室内范围的任何电器插座或电线如有损坏，请通知前台。

（6）为了大厦的安全以及自身安全和设备的安全，请执行大厦《消防安全用电须知》。

（7）客户不得在室内随意加接电源及使用电加热器。如果您需要安装设备或增改电气线路，不要由非专业技术人员来做此项工作，请同前台联系。

第三条　报警系统及安全通道。

（1）烟雾报警器。当楼层内及房间内有烟雾时，报警器均向中控室报警。

（2）手动报警器。应熟知消防用手动报警器的位置，每一区域的走廊墙面都有手动报警器一个，只需打破上面的玻璃，即可报警。

（3）消防设施。大厦内设有自动喷淋系统和消火栓、灭火器。

①设施：消火栓。

使用：将水龙带拉出，将手轮按顺时针方向旋转即可。

②设施：灭火器。

使用：拔掉插销，握好皮管、对准火源，用力压手把即可喷出。

（4）出口。客户应熟知出口位置，每层走廊的两端各有一出口。

（5）安全楼梯。楼层每个区域均有两个出口通往安全楼梯。每个门口装有防烟门，以防止烟雾渗进楼梯间。应确保防烟门关闭，但切勿上锁。

第四条　疏散。倘若发生火情，请遵照公司负责人的指示疏散，并做好以下几点。

（1）互相谦让，避免惊慌。

（2）贵重物品及重要文件立即锁好。

（3）停止使用电器。

（4）关闭所有电源开关。

（5）切勿使用电梯，因为火警期间电梯随时停电。

（6）从最近的安全楼梯步行离去。请勿奔跑和四处游荡。

（7）服从本大厦管理人员或消防员的指挥。

（8）疏散时办公室内指定专人负责查点人数。

▲酒店楼宇消防设施安全检查制度

酒店楼宇消防设施安全检查制度

第一条　各种消防设施应由工程设备部负责、安保部配合进行定期检查，发现故障及时维修，以保证其性能完好。

第二条　安保巡逻员每天必须对巡逻区域内灭火器材安放位置是否正确，铁箱是否牢固，喷嘴是否清洁、畅通等进行检查，发现问题应及时报告工程设备部修复或更换。

第三条　工程设备部会同安保部对消防栓箱门的开启、箱内水枪、水带接口、供水阀门和排水阀门等，每月进行一次放水检查，发现问题，应及时纠正。

第四条　消防中心要经常检查消防报警、探测器（温感、烟感）等消防设施，发现问题，应及时报工程设备部进行维修。

第五条　消防设施周围严禁堆放杂物，消防通道应随时保持畅通。

第六条　消防中心每三个月检查一次二氧化碳灭火器的重量及其存放位置，对温度超过 42℃ 的，应采取措施。

第七条　消防中心应定期检查灭火器，重量减少十分之一以上的，应补充药剂并充气，对放置在强光或高湿地方的，应马上移位。

第八条　每天都要检查安全门的完好状态，检查安全、消防通道是否畅通，如发现杂物或影响畅通的任何物件，应即采取措施加以排除。

第九条　所有消防安全检查均应记录归档。

▲消防系统维护制度

消防系统维护制度

第一条　水泵每星期试运行一次，每次以不少于 10 分钟为宜。

第二条　水泵轴承每季加油一次（如无油杯的加黄油）；电动机轴承每半年加油一次。

第三条　每周检查一次闸阀、止回阀，看开关是否灵敏，密封是否良好，如有毛病应及时进行维修。

第四条　供电、照明、控制信号线路应随时保持良好的应急状态。

第五条　每周检查消防带一次，如发现有潮湿应及时进行晾晒，如有霉坏应及时更换，以利应急使用。

第六条　灭火器的药剂应每年定期更换或补充一次。

第七条　每周检查水泵接合器、消防栓是否完好，检查消防器材是否损坏丢失。

▲别墅小区消防管理规定

别墅小区消防管理规定

第一条　认真贯彻消防法规，开展防火宣传，经常检查各类消防器材设备的完好率和防火安全工作，及时消除火险隐患。

第二条　别墅小区内所有消防设施不准擅自移动，不准用于其他作业，未经物业管理公司批准而擅自更动和使用消防设施者，给予罚款处理，情节严重者要负全部经济和法律责任。

第三条　别墅小区内禁止燃放烟花爆竹，禁止装载各类易燃易爆物品和剧毒物品的车辆进入小区。别墅内不得储存上述危险物品。

第四条　安全使用煤气，不得随意拆装煤气表和灶具及私接各种煤气管线，煤气泄漏及时报修。未经批准别墅内严禁动用明火作业。

第五条　业主或租户进行室内装修，需增设电器线路时，必须符合安全规定，严禁乱拉、乱接临时用电线路；使用易燃或可燃材料的，必须经消防机关批准，按规定进行防火处理。

第六条　别墅小区内进出的通道和道路必须保持畅通无阻，任何住户不得占用或封堵，禁止在设立禁令的道路上停放车辆。

第七条　别墅小区如发生火灾，各住户应及时扑救，同时即刻使用房内报警器，向保安部或拨火警电话119报告火情，同时切断电源，关闭着火房间通向走道的门等。

第八条　火警发生后，除灭火人员外，其他人应迅速有序地转移至安全地带。

▲车辆管理制度

车辆管理制度

第一章　车辆管理

第一条　公司公务车证照的保管，车辆年审及车辆保险、养路费的购买缴纳等事务，统一由总经理办公室负责管理。公司车辆由总经理办公室主任指派专人驾驶、保养，并负责维修、检验、清洁等。

第二条　本公司人员因公用车须事前向总经理办公室主任申请调派，总经理办公室依重要性顺序派车。不按规定申请，不得派车。

第三条　车辆驾驶人必须有驾照。

第四条　未经总经理批准，公司车辆不得借予本公司之外的人员使用。

第二章　车辆保养

第五条　费用报销。公务车油料由总经理办公室统一购买油票，外出购油及维修须经总经理办公室主任批准后，凭发票实报实销。

第六条　车辆维修、清洗、打蜡等应先填写"车辆维修申请单"，注明行驶里程，核准后方可送修。

第七条　车辆应由总经理办公室主任指定特约修理厂维修，否则维护费一律不准报销。可自行修复的，报销购买材料零件费用。

第八条　车辆于行驶途中发生故障或其他耗损急需修复、更换零件时，可视实际需要进行修理，但无迫切需要或修理费超过 2000 元时，应征得总经理办公室主任的批准。

第九条　如因驾驶员使用不当或车管专人疏于保养，致使车辆损坏或机件故障，其所需的修护费，应依情节轻重，由公司与驾驶人或车管责任人负担。

第三章　违规与事故处理

第十条　在无照驾驶、未经许可将车借于他人使用而违反交通规则或发生事故的，由驾驶人负担损失，并予以记过或免职处分。

第十一条　违反交通规则，其罚款由驾驶人负担。

第十二条　各种车辆如在公务途中遇不可抗拒之车祸发生时，应先急救伤患人员，向附近警察机关报案，并立即报告总经理办公室主任及主管，如属小事故，可自行处理后向总经理办公室主任报告。

第十三条　因意外事故造成车辆损坏，其损失在扣除保险金后，再视实际情况处理。

第十四条　发生交通事故后，如需向受害当事人赔偿损失，经扣除保险金额后，其差额视责任具体处理。

第十五条　发生责任事故造成经济损失时，按事故的性质给予扣减工资之处罚。

（1）一般事故（经济损失在 2000 元以下者）：按经济损失的 10% 处罚。

（2）重大事故（经济损失在 2000~5000 元者）：按经济损失的 8% 处罚。

（3）特大事故（经济损失在 5000 元以上者）：按经济损失的 6% 处罚。

（4）机件责任事故：按经济损失金额的 20% 处罚。

第四章 驾驶员岗位责任制

第十六条 在办公室主任的领导下，认真做好对公司领导和各公务部门的驾驶服务。

第十七条 凭用车申请单出车，未经领导批准不得用公车办私事。

第十八条 工作积极主动，服从分配，同事之间搞好团结互助，有事提前请假，不得无故缺勤。

第十九条 行车前要坚持勤检查，做到机油、汽油、刹车油、冷却水备齐；轮胎气压、制动转向、喇叭、灯光完好；确保车辆处于安全、可靠的良好状态。

第二十条 公司职工不得用公车学习汽车驾驶，否则，一切后果及损失由车辆保管者负责。

第二十一条 驾驶人应严守交通规则，交通违章按第三章第十一条处理。

第二十二条 对用车者服务应做到以下几点。

（1）不论用车者是否是本公司职工，司机都应热情接待，小心驾驶，遵守交通规则，确保交通安全。

（2）对于公司外客人，更应热情服务，以维护公司的良好形象。

（3）司机应在乘车人（特别是公司客人和干部）上下车时，主动打招呼，开关车门。

（4）当乘车人上车后，司机应向其确认目的地。

（5）乘车人下车办事时，司机一般不得离车。

（6）乘车人带大件物品时，司机应予以帮助。

第二十三条 离车注意事项。

（1）司机因故需离开车辆时，必须锁死车门。

（2）司机原则上应在车内用餐。

（3）车中放有贵重物品或文件资料，司机又必须离开时，应将其放于后行李箱后加锁。

第二十四条 出发前后工作。

（1）在出发前，司机应根据目的地选择最佳的行车路线。

（2）收车后，司机应填写行车记录，包括：目的地、乘车人、行车人、行车时间、行车距离等。

（3）随车运送物品时，收车后须向管理责任者报告。

第二十五条 个人形象。

（1）司机须保持良好的个人形象，保持服装的整洁卫生。

（2）注意头发、手足的清洁。

（3）注意个人言行。

（4）在驾驶过程中，努力保持端正的姿势。

第二十六条　本制度从×××年×月×日起实施。

▲车辆管理办法

车辆管理办法

1. 车辆管理

（1）公司公务车的证照及其稽核等事务统一由管理部负责管理，配属各营业部的车辆由主管指派专人调派，并负责维修、检验、清洁等工作。

（2）本公司员工因公用车须事先向车管专人申请调派，车管专人依重要性顺序派车，不按规定办理申请者，不得派车。

（3）每车应设置车辆行驶记录表，并在使用前核对车辆里程表与记录表上前一次用车的记载是否相符，使用后应记载行驶里程、时间、地点、用途等。管理部每月抽查一次，发现记载不实、不全或未记载者，应呈报主管提出批评，对不听劝阻屡教屡犯者应给予处分。

（4）每车设置车辆使用记录表，由司机于每次加油及维修保养时记录，以便公司了解车辆受控状况。每月初连同行驶记录表一并转管理部稽核。

2. 车辆使用

（1）使用人必须具有驾照。

（2）公务车不得借非本公司人员使用。

（3）使用人于驾驶车辆前应对车辆做基本检查（如水箱、油量、机油、电瓶、轮胎、外观等）。如发现故障、配件失窃或损坏等现象，应立即报告，否则最后使用人要对由此引发的后果负责。

（4）驾驶人须严守交通规则。

（5）驾驶人不得擅自将公务车开回家，或作私用，违者受罚。

（6）车辆应停放于指定位置、停车场或适当的位置。

（7）为私人目的借用公车应先填车辆使用申请单，注明私用，并经主管核准后转管理部稽核。

（8）使用人应爱护车辆，保证机件、外观良好，使用后并应将车辆清洗干净。

（9）私用时若发生事故，而导致违规、损毁、失窃等，除扣掉保险赔额后全部费用由私人负担。

3. 车辆保养

（1）车辆维修、清洗、打蜡等应当填车辆使用申请单，注明行驶里程，核准后方得送修。

（2）车辆应由车管专人指定厂商保养，特约修护厂维修，否则修护费一律不准报销。自行修复者，可报销购买材料零件的费用。

（3）车辆于行驶途中发生故障或其他耗损急需修理更换零件时，可视实际情况需要进行修理，但无迫切需要或修理费超过2000元时，应与车管专人联系，请求批示。

（4）由于驾驶人使用不当或车管专人疏于保养，而致车辆损坏或机件故障时，所需修护费，应依情节轻重，由公司与驾驶人或车管专人负担。

4．违规与事故处理

（1）在下列情形之一的情况下，违反交通规则或发生事故，由驾驶人负担，并予以记过或免职处分。

①无照驾驶。

②未经许可将车借于他人使用。

（2）违反交通规则，其罚款由驾驶人负担。

（3）各种车辆如在公务途中遇不可抗拒的事故，应当急救伤患人员，向附近交通管理部门报案，并立即通知管理部及主管联合协助处理。如属小事故，可自行处理后向管理部报告。

（4）意外事故造成车辆损坏，在扣除保险金额后再视实际情况由驾驶人与公司共同负担。

（5）发生交通事故后，如需向受害当事人赔偿损失，经扣除保险金额后，其差额由驾驶人与公司共同负担。

5．费用报销

（1）公务车油料及维修费以相关凭证实报实销。

（2）私车公用依凭证报销。

▲公务车管理规定

公务车管理规定

第一条　适用范围。

本规定适用于公司所有车辆从申请使用到开车前后应办的所有手续，如检查、保养、修理，直至使用中违反交通法规及事故损害处理等事务。

第二条　申请用车程序及资格。

（1）外勤出差或其他公务，需用车时，所在部门负责人填写外勤申请单交到总务处，由总务处按其所需注明使用何种车辆及驾驶人等，经该部门负责人签章后，呈副经理以上主管签查核准方可用车。

（2）驾驶人必须有驾驶一年以上经历或领执照后每天开车至本公司上下班时间达三个月以上，并经记录取后得总务处认定资格，方可聘用。

（3）使用前检查：驾驶人出发前，先检查车况，如车证、水箱、刹车系统、轮胎、油等，核对登记簿记载的公里数，如发现不符及损坏等情形，应向总务处报备，并在登记簿上注明，否则驾驶人负全责。使用后回公司时，必须把登记簿交回总务处保管人员，以便检查车况，如发现登记不符及损坏情形，应向副经理以上主管报告。

第三条　车辆损坏修理、遗失与赔偿。

（1）如是因执行公务时发生车辆损坏，应由使用（驾驶）人填写资产报损（废）单，经部门主管证明并上呈核定。经济损失的50%由使用（驾驶）人负担，但可以分三年逐月从工资中扣还；公司负担部分列为"料理费"或"其他损失"科目。车辆失窃寻回后，也按50%的比率负担实际支出费用。

（2）如是私用时发生车辆损坏，应由使用（驾驶）人完全负担修理费用，或购置同一年份同一规格牌号的车辆赔偿；如失窃寻回，其费用全部由使用（驾驶）人负担。

第四条　车辆保养与检查。

（1）每行驶5000千米由总务处送公司指定保养厂定期保养一次。

（2）每星期由车辆保管人员负责清洗一次。

（3）车辆长期闲置时，每周由车辆保管人发动一次、温车5分钟。

第五条　保持车内清洁。

（1）物料应放于行李箱，不得放在椅座上。

（2）运输精密仪器设备须放在椅座上时，应事先垫好衬物。

第六条　违规处理。因超速、超车、任意停车等各种违反交通规则而受处罚，罚款由驾驶人负责。如果指定驾驶人把车随便交由他人驾驶，发生违规、车损等而致使罚款或损失的，则由指定驾驶人负责全额赔偿。

第七条　驾驶人注意事项。

（1）凡无照驾驶者，一经查明属实，立即开除。

（2）无照驾驶发生车祸全部赔偿由驾驶者负责。

（3）有照驾驶如是操作不当发生车祸，由驾驶人自负全责。

第八条　使用后交车应办手续。

（1）填写行车登记簿、填里程表，然后交车。

（2）将车暂停放在办公大楼前，请总务处检查，如有损坏应在登记簿上注明，由副经理以上主管查核。

（3）总务处检查完毕后，在登记簿及派车单上签字，驾驶人将车开回车库，会计凭总务处检查后签字的派车单核发有关费用。

第九条　公务车辆由总务处统一管理、调度及保养维护。

第十条　公务车除上下班接送员工外，亦可供各部门执行公务使用。

第十一条　货车主要用于运送货品。

第十二条　各部门使用公务车，须提前一天填写派车单以便总务处统一调度。但临时紧急任务可除外。

第十三条　油费控制：按实际里程数，每8千米供应汽油1公升。

第十四条　公务车出厂凭派车单放行。

第十五条　公务车聘请专任司机驾驶，并应随时保持车辆清洁，定期实施保养。

第十六条　司机开车应遵守交通规则，因违规而被罚款项不得报销。

第十七条　公务车不得擅自用于私事。

第十八条　例假日及下班时间，公务车一律在公司内停放，任何人不得将车辆开回家中。

▲通勤车管理规定

通勤车管理规定

第一条　目的。本规定旨在加强公司正式员工、临时工及小时工的车辆通勤管理。本规定未涉及事项，按其他有关规定处理。

第二条　适用范围。本规定适用于公司所属正式员工、临时工及小时工，经公司许可利用通勤车辆通勤上班的情况。

第三条　车辆的定义。本规定的车辆是指乘用车、自动二轮车、带动力的自行车及其他车辆。

第四条　车辆通勤的承认。利用私车通勤者，应在《车辆通勤申请书》中填写有关项目，提交给总经理，并得到总经理的承认。

第五条　车辆通勤的许可条件。

（1）基本条件。

①交通不便，公司认为有必要利用通勤车辆上班。

②因身体原因，公司认为利用其他交通工具通勤困难。

③公司认可的其他情况。

（2）乘用车。

①加入人身保险××元，车辆保险××元者。

②车辆在公司登记，持有登记证，并有明显标志。

③对他人或公司造成损害时，愿承担一切责任。

（3）自动二轮车和带动力自行车。

①加入人身保险××元，车辆保险××元者。

②车辆在公司登记，持有登记证，并有明显标志。

③对他人或公司造成损害时，愿承担一切责任。

（4）其他车。

①车辆在公司登记，持有登记证，并有明显标志。

②对他人或公司造成损害时，愿承担一切责任。

第六条　利用车辆通勤者，在遵守交通法规的同时，在下列情况下，禁止使用通勤车辆上班。

（1）无证驾驶或不携带驾驶证驾驶。

（2）生病或过度疲劳时驾驶。

（3）饮酒后驾驶。

（4）预计驾驶车辆上班会迟到时。

（5）道路交通法规或其他法令禁止驾驶时。

（6）公司禁止利用车辆上班时。

第七条　事故的责任与赔偿。利用通勤车辆上班途中如发生事故，公司不承担任何责任，也不支付任何赔偿。

第八条　停车场使用。车辆通勤者必须使用公司指定的停车场，不允许在非指定场所停车。使用公司停车场时，必须支付相应的停车费。

第九条　禁止私人车辆用于执行公司业务。

第十条　同车通勤许可。原则上禁止同车通勤（指两人或多人同车上班）。在特殊情况下，如符合下列条件，且填写《同车通勤申请书》后，并经总经理同意后可同车通勤。

（1）满足第五条第（1）、（2）项规定。

（2）搭乘者加入××元以上的保险。

（3）搭乘者加入交通伤害保险。

（4）搭乘者及家属与驾驶者及公司签订《同车通勤协议》，保证对意外交通事故不提出异议。

（5）同车通勤时，必须向总经理报告通勤路线和所需时间，不允许时间过长和中途下车。

第十一条　车辆通勤许可的取消。通勤者发生以下情况时，公司取消其车辆通勤许可资格：

（1）违反车辆通勤许可条件。

（2）因饮酒等重大过失而发生交通事故。

（3）滞纳停车费。

（4）其他公司认为有必要取消的理由。

第十二条　车辆通勤者的义务。

（1）车辆通勤者的情况发生变更时，必须迅速报告公司。

（2）当发生交通事故，在向交通管理部门报告的同时，应迅速报告公司总经理。

（3）为预防因交通事故造成的赔偿和损失，应尽量加入各种保险。

（4）必须严格遵守交通规则。

第十三条　附则。

（1）本规定的制定与修改由企划管理室主任提出草案，公司经理裁决，由公司总经理颁布执行。

（2）本规定自正式颁布日起执行。

▲业务用车管理规定

业务用车管理规定

第一条　本公司各类业务车的使用管理均以本规定为准。

第二条　本规定所指的业务车包括轿车、货车、商务用车、宣传车等。

第三条　各类业务用车的管理由总务部负责，而日常的运营管理由主管部门负责。

第四条　公司如认为业务上确有必要，可为各部门配置专车。应指定专人负责运营管理。负责人名单应报总务部。

第五条　除日常为接送公司干部而用车外，用车须经主管上级批准，并与总务部联系。

第六条　公司车辆调配者为保证公司业务的顺利运转，应准确把握车辆的运营状况和用途，实行科学地有计划地配车。

第七条　公司业务用车禁止私用或个人专用。但公司干部的用车另行规定。

第八条　驾车外出者外出前，必须将目的地、行车路线、需要时间等报告科长。

第九条　驾车外出者必须严格遵守交通规则，避免交通事故的发生。

第十条　驾驶者使用的车辆应注意保养与维修。

第十一条　驾驶者在驾驶时间外，应按时休息和饮酒适度。

第十二条　为提高车辆运营效率，各主管部门和总务部应对驾驶者进行经常性教育与指导。

第十三条　当业务用车发生事故时，驾驶者应首先作应急处理，然后迅速与公司联系，依据公司的决定，作妥善处理。

▲交通安全管理规定

交通安全管理规定

第一条　为加强本公司交通安全工作管理，落实交通安全责任制，认真贯彻交通安全工作"安全第一，预防为主"的方针，特制定本规定。

第二条　统一领导，部门负责，建立健全交通安全领导组织机构。

（1）公司总经理全面负责公司交通安全工作。

（2）各部门主要领导全面负责本部门交通安全工作。

（3）各部门确定一名交通安全员，负责本部门交通安全工作的检查和实施。

（4）公司办公室确定一名交通安全员，负责本部门公司机动车辆管理、交通安全工作的实施情况检查，以及同交通管理部门和地区安全委员会的日常工作联系。

（5）由公司交通安全负责人、各部门的交通安全负责人和车管主任组成公司交通安全工作领导小组，领导、部署和检查公司的交通安全工作。

（6）公司交通安全工作领导小组的日常办公地点设在公司办公室，办公室主任为交通安全工作领导小组常务副组长。

第三条　公司和各部门主要领导，须将交通安全工作列入工作议事日程，定期召开交通安全工作小组会议和安全员会议，检查交通安全工作落实情况，宣传交通安全法规和交通行为规范，认真贯彻执行公司安全委员会的规章制度和会议精神，经常沟通与交通管理部门和地区安全委员会的联系，征求他们对交通安全工作的指导和帮助。

第四条　认真贯彻《××市交通安全责任暂行规定》和交通安全法规，实行岗位责任制和目标管理，做到逐级落实，交通安全工作有布置、有检查、有落实，并把交通安全工作同公司各部门的业务工作和经营效益结合起来进行评比检查。

第五条　建立奖惩机制，半年小结和年度评比时，对模范遵守交通安全规则、成绩突出的公司员工和司机给予精神鼓励和物质奖励。对违反交通安全规定、发生违章和交通事故的，给予通报批评、处分和经济处罚。

第六条　机动车管理。

（1）公司和各部门的司机必须服从公司交通安全工作领导小组的管理，严格遵守交通法规和行为规范，杜绝酒后驾车等种种严重违章行为，服从交通民警的指挥，保证安全行车。

（2）爱护车辆，保持车辆整洁，对零部件进行定期检查、维修和保养，使车辆随时保持良好状态，确保行驶安全。杜绝病车、故障车勉强上路行驶。

（3）车辆实行专人驾驶保管、车管干部主管监督检查的制度，严禁不经领导批准将车辆交给非专职司机驾驶，严禁交给无驾驶证人员驾驶。

（4）公司非专职司机驾驶机动车辆，须经公司交通安全领导小组领导批准。

（5）认真执行车辆回库制度，因特殊原因不能回库，须经公司领导批准，并确认车辆在外停放安全。

第七条　自行车管理。

（1）骑自行车的员工必须严格遵守交通法规，遵守总公司和地区安委会对非机动车管理和行驶的有关规定，遵守骑车人交通行为规范，服从交通管理人员的检查与纠正。

（2）保持自行车牌号齐全，使车辆部件处于良好状态。

（3）上班时自行车必须停放在指定的地点，并放整齐。

第八条　个人交通安全管理。

（1）公司员工要认真学习交通法规，自觉执行行人交通行为规范，服从公司交通安全小组和地区安委会的管理，服从交通民警和交通执法人员的指挥、检查和纠正，做遵守交通安全的模范。

（2）公司的临时工作人员交通安全方面须服从公司交通安全领导小组领导，认真执行各项交通法规和交通行为规范。公司交通安全领导小组有责权对执行交通法规成绩突出的人员给予表扬和奖励，对违反交通法规、不服从管理的人员给予通报批评。

第九条　公司机动车、非机动车及行人发生违章和交通事故，按地区和公司安委会有关规定予以惩处。

第十条　本规定解释权属于公司交通安全领导小组。

▲自行车库管理制度

自行车库管理制度

第一条　公司自行车库只存放本公司员工上下班用自行车，超过一周不取的车辆，行政部自行处理，长时间出差时，要向管理人员打招呼。

第二条　凭工作证件存放车辆。

第三条　要按规定位置放置车辆。

第四条　爱护车室内公用设备，损坏赔偿。

第五条　保持车室内卫生，不扔废弃物。

第六条　要文明存车，服从管理员管理，按顺序存放，不得损坏他人车辆。

▲车辆卫生制度

车辆卫生制度

第一条　保持车辆外壳完整无损，车身漆皮光亮，无浮尘，无泥、水痕迹，无油污，前后挡风玻璃无破损裂痕，玻璃明亮，电镀件光亮完好，轮胎及装饰框清洁、完好。

第二条　车厢内无浮尘杂物，脚垫齐全无脚印，头垫椅套平整清洁，不缺不破，每三日需更换一次。

第三条　车厢内不得放置杂物（书报、杂志、玩具等），不得放置装饰品及迷信用品，不得张贴任何宣传广告品。

第四条　引擎无浮尘无油污，行李箱整齐清洁，不能放任何物品在行李箱内，司机自用清洁物品应放在固定位置。

▲安全行车和车辆保管制度

安全行车和车辆保管制度

第一条　严格遵守交通规则，做到不抢道、不闯红灯、不逆向行驶，保证安全行车。

第二条　下班司机完成公务后，车辆要开回公司停车场或公司指定的地址停放，不得在其他地方停放。

第三条　司机要爱护车辆，加强对车辆的保养，平时要做到勤检查、勤扫、勤抹、勤洗，保证车况良好，车表洁净光亮，车内清洁舒适。

▲停车场门卫管理制度

停车场门卫管理制度

停车场（库）门卫一般需设两人，一人登记收费，一人指挥车辆出入和停放，其职责是有以下几点。

第一条　指挥车辆的进出和停放。

第二条　搞好停车场（库）的清洁卫生。

第三条　严格履行交接班制度。

第四条　车管员必须坚持原则，凡利用工作之便与车主拉关系，受贿赂，放松管理的，违者一经发现从严处理。

第五条　值班人员要勤巡逻、多观察，发现问题，及时处理或上报，不准做与执勤无关的事。

第六条　不准私带亲戚朋友在车库留宿，无关的闲杂人员要劝其离开。

第七条　检查停放车辆的车况，发现漏水、漏油等现象要及时通知车主。

第八条　对进出车辆做好登记、收费和车况检查记录。

第九条　对违章车辆要及时制止并加以纠正。

第十条　定期检查消防设施是否完好有效，如有损坏，要及时通报维修更换。不准使用消防水源洗车。

▲住宅区机动车辆管理规定

住宅区机动车辆管理规定

第一条　所有外来车辆进入物业辖区必须服从物业管理公司的管理，未经管理处许可，不得进入住宅区。

第二条　禁止2.5吨以上货车或大客车进入住宅区。

第三条　禁止车辆在住宅区内乱停乱放，须按指定的地点停放，并收取停放费。

第四条　长期停放住宅区的，应向管理处申请，领取物业管理公司颁发的准停证。

第五条　驶入住宅区的车辆应减速行驶，不得鸣笛，如损坏路面、公用设施者，应按价赔偿。

第六条　凡装有易燃、易爆、剧毒品或污染性物品的车辆不准进入住宅区。

第七条　不准在住宅区内学习驾车、试车。

第八条　车辆必须按规定的路线行驶，不得逆行，不得在人行道、绿化道上行驶，不得高速行驶，不得鸣号。进出车场（库）最高时速不得超过5公里。

第九条　车辆必须按指定的地点停放，不得超越车位或跨位，并按规定收取停车费。行车通道、消防通道及非停车位严禁停车，任何违章停放的车辆将被拖移，领回车辆时除需按章收取保管费外，另应交付拖车费。

第十条　长期在物业辖区内停放车辆，必须在物业管理公司办理定位租赁立户手续，领取停放证（须付押金），凭证出入，对号停放，并按月缴纳停放费。停放车辆必须办理保险。

第十一条 停止使用车位时应及时办理注销手续。如发生丢失或私自转让停放证（位），须按章扣留押金并取消停放证。

第十二条 车辆停放后，必须锁好车门，关好车窗，并注意车位清洁，不乱扔烟头杂物。

第十三条 漏水、漏油车辆不准停放，携带易燃、易爆、剧毒、腐蚀及污染品的车辆不准停放，未经清洗的车辆不准停放。

第十四条 车辆如损坏路面或公共设施，应照价赔偿。

▲车辆在小区内行驶停放规定

车辆在小区内行驶停放规定

第一条 遵守交通管理规定，爱护居住区的道路公用设施，不乱停车辆。

第二条 车辆长期停放，须向服务中心办理停车证，临时停放存车费按政府有关规定缴费。

第三条 停放车辆服从管理人员指挥，注意前后左右车辆安全，在规定位置停放。

第四条 停放好车辆后，必须锁好车门，调好防盗系统至警备状态（静音），车内贵重物品须随身带走。

第五条 机动车辆在本区行驶，时速不得超过 15 千米。

第六条 机动车辆在本居住区内行驶禁止鸣笛。

第七条 不准在居住区内任何场所试车、修车、练习。

第八条 不准碾轧绿化草坪，损坏路牌、各类标志，不准损坏路面及公用设施。

第九条 不准在人行道、车行道、消防道上停放车辆（机动车辆只能在停车场停放，非机动车辆只能在自行车库内停放）。

第十条 除执行任务的消防车、警车、救护车等，其他车辆一律按本规定执行。

▲停车场管理规定

停车场管理规定

第一条　出租车接送本区住户不经准许不得进入居住区，若出租车司机属来访者必须办理来访手续，换证出入，方可停车。

第二条　大货车、集装箱车、拖拉机不得驶入居住区。

第三条　车辆进场，凭停车证出入。

第四条　本停车场不仅凭证出入，同时认人放行；车辆必须由专人驾驶，若非车主驾驶，必须由车主陪同驾驶者前来讲明，方可出场。

第五条　不得在停车场试刹车、练习驾驶大型车、修车；有滴漏机油等必须清洗干净。

第六条　不得损坏车场设施。

第七条　严禁运载剧毒、易燃、易爆物品和其他不安全物资的车辆进场。

第八条　按时缴费，不得拖欠。

▲摩托车、助动车、自行车管理规定

摩托车、助动车、自行车管理规定

第一条　按时办理摩托车缴费手续，并领取车号牌。

第二条　骑摩托车进出车库时应出示车号牌。

第三条　摩托车人员应服从管理员的管理，并接受检查。

第四条　进入物业辖区内的摩托车、助动车、自行车等车辆均须服从物业管理公司的管理，不得乱停乱放。

第五条　需要长期寄放车辆的车主，必须办理立户登记手续，领取寄放证，凭此证享受按月收费待遇，无证车辆按临时停车对待，收取临时寄放费。

第六条　车辆进入保管范围时，车主应向车管员领取车号牌挂于车上，按车位号寄放。当车辆离开时，必须将车号牌交还车管员，没有交还或牌号不符时，该车不得离开保管范围，违者车管员有权扣留，或送派出所处理。

第七条　无牌照车辆丢失时，管理处不负赔偿责任。

▲别墅小区车辆交通管理规定

别墅小区车辆交通管理规定

第一条　车辆进入小区必须持车辆通行证，无证车辆须停车登记，由保安人员核准后放行。

第二条　禁止4吨以上货车或30座以上客车进入别墅小区。

第三条　进入小区的车辆必须遵守小区内交通标志和服从别墅管理人员的指挥。

第四条　车辆驶入小区应减速行驶，不准鸣笛，如损坏路面或公共设施，必须按价赔偿。

第五条　车辆进入小区后不得乱停乱放、违例泊车，凡占用公共道路，影响交通者罚款20~50元。

第六条　严禁在别墅小区内学习驾驶车辆，一经发现，该车将会被截停，拖至指定地点停放并将罚款100元。

第七条　严禁车辆驾驶员在小区道路上随意乱抛车上废物及垃圾，一经查实，将负责支付清洁费。

第八条　为杜绝意外事故，保证小区安全，严禁携带易燃、易爆、剧毒及各种腐蚀品的车辆进入小区。

第九条　非住户的自行车、摩托车不得驶入小区，一律停放在别墅区大门外。业主或租户聘用员工的车辆到管理处领取车牌，凭车牌出入小区大门。

第二节　现代物业消防与车辆管理表格

▲消防设施安全运行巡查记录

××城消防设施安全运行巡查记录

巡查日期：

巡查地点	安全运行状况	设备完好率	巡查时间	巡查记录员签名	备注

保安员：　　　　　管理处：

▲消防设施、设备检查表

××湾消防设施、设备检查表

楼层								
单位名称								
报警控制箱								
烟感器								
消火栓								
防火防烟门								
疏散通道								
安全出口指示灯								
喷淋灭火系统 水流报警箱								
楼层供水阀								
喷头								
警铃								
消防广播								
电视监控系统								
灭火器								
疏散路线图								
备注								

检查人： 　　　　　　　　　　检查时间：

注：若无问题打"√"，若有问题则记录下来，不够写，可加附页。

▲消防应急器材检查表

消防应急器材检查表

单位名称：　　　　　　　　　　　　　　　　　年　月　日

序号	应急器材名称	规　格	数量	检查状态	备注

▲消防自动报警系统开启记录表

消防自动报警系统开启记录表

开启时间	年　月　日　时　分		
开启事由			
使用前加封日期		使用后加封日期	
备　注			
管理处主任		保安部部长	值班员
时　间		时　间	时　间

▲中控室交接班记录表

中控室交接班记录表

编号：

交班人		接班人		交班人		接班人	
交接时间	年　月　日　时　分			交接时间	年　月　日　时　分		
运行记事				运行记事			
备注				备注			

▲中控室消防设备监控运行记录表

中控室消防设备监控运行记录表

第　页

日　期			星期	时间		报警或故障信号	设备编号	设备运行状态	记录人
年	月	日		时	分				

▲车辆登记表

车辆登记表

使用人姓名		驾驶员姓名		
牌照号码		车　　名		
车身号码		车　　型		
购车日期		初检日期		
复检日期				
保险记录	保险公司	保险证号码	保险期限	保险内容
购置价格		经销商		
附属品	□收音机　□放音机　□热风　□冷风			
驾驶员	住址		电话	
	住址		电话	

▲停车场（库）交接班记录

停车场（库）交接班记录

部门：　　　　　　　　　　　　　　　编号：

交班人		接班人		交班人		接班人	
交接时间	年　月　日　时　分			交接时间	年　月　日　时　分		
运行记事				运行记事			
备注				备注			

▲车辆请修报告单

车辆请修报告单

（表一）　　　　　　　　填表日期：　　年　月　日

车型			车号		驾驶员姓名	
请修项目	估计金额					
	维修预算					
	累计已动支预算					
	尚余预算					
损坏原因						
审核意见						

主管：＿＿＿＿＿　管理员：＿＿＿＿＿＿　请修人：＿＿＿＿＿

（表二）　　　　＿＿＿＿年＿＿月＿＿日　　编号：＿＿＿

车号		里程数		责任人	
请修项目					
估计金额					
修理厂					
损坏原因					
审核意见					

主管：＿＿＿＿　复核：＿＿＿＿　管理员：＿＿＿＿　请修人：＿＿＿＿

▲车辆保养修理记录表

车辆保养修理记录表

年 月　日	项　目	金　额	保养前 路码表数	经手人（签章）	主管（签章）
合计					

本月 费用	汽油金额	保养金额	修理金额	总计

▲车辆费用报销单

车辆费用报销单

申请人			单位			车号	
报支期间						车型	
项目	张数	金额	（单据粘贴处）				
小计							

主管：_____　领款人：_____　填表日期：_____

▲车辆费用支出月报表

车辆费用支出月报表

_____月份

税捐保险费		修理保养费		过桥费		汽油费		上月里程	
说明	金额	说明	金额	说明	金额	说明	金额	本月里程	
								行驶里程	
								本月总费用	
								每公里费用	
								每公里汽油费用	
合计		合计		合计		合计	备注		
汽油费明细	日期	金额	经手人	日期	金额	经手人	日期	金额	经手人	日期	金额	经手人

经理：_____　会计：_____　填表：_____

第七章　现代物业绿化、卫生管理制度与表格

第一节　现代物业绿化、卫生管理制度

▲居住区绿化管理规定

居住区绿化管理规定

（1）爱护花草，人人有责。
（2）不准损坏和攀折花木。
（3）不准在树木上敲钉拉绳晾晒衣物。
（4）不准在树木上及绿地内设置广告招牌。
（5）不准在绿地内违章搭建。
（6）不准在绿地内堆放物品。
（7）不准往绿地内倾倒污水或乱扔垃圾。
（8）不准行人和各种车辆践踏、跨越和通过绿地。
（9）不准损坏绿化的保护设施和园林建筑小品。
（10）凡人为造成绿化及设施损坏的，根据政府的有关规定和公共契约的有关条文进行罚款处理，如属儿童所为，应由家长负责支付罚款。

▲居住区绿化养护管理规定

居住区绿化养护管理规定

为搞好居住区的绿化养护管理工作，保持小区环境优美，特制定此规定。

第一条　小区的绿化，指区内花草、树木、园林建筑小品等，属小区公用设施组成部分，其更新、改造和完善工程由服务中心负责，并按有关绿化达标要求管理区内绿化。

第二条　服务中心采用各种形式开展宣传，使"保护绿化，美化居住区"成为居民共识，形成良好风气。

第三条　下列行为应禁止。

（1）占用绿化地段。

（2）践踏绿化草地、林带。

（3）攀折花木，毁损涂污园林建筑小品。

（4）行人和车辆在绿化带上行驶，碰坏绿篱和栅栏。

（5）在绿化区内堆放物品，设置广告招牌。

（6）在花木、建筑物、雕塑小品上拉绳晾晒衣物。

（7）在绿化地上倾倒垃圾，抛洒杂物。

第四条　对违反园林绿化规定，不听劝阻、刁难或殴打管理人员情节严重的，送交有关部门处理。

▲绿化养护、管理的操作细则

绿化养护、管理的操作细则

1. 浇水

根据季节、气候、地域条件、绿地面积大小、花木品种、生长期决定浇水量。

2. 施肥

根据土质、花木生长期、花木品种和培植需要，决定施肥的种类和数量。比如，植物长叶期要多施氮肥，开花期多施磷肥。

3. 除杂草、松土

杂草指非人工培植的草类，必须根据管辖区域大小决定除草量；松土也类似。

4. 修剪整形

必须根据树木形态、观赏效果、树木品种和生长情况等因素来进行修剪整形。修整树木一般在冬季。修剪强度一般分为两种三级（见下表）。

花木修剪强度

重修剪	轻截	一年生枝条长度	1/5～1/4
	中截	一年生枝条长度	1/3～1/2
	重截	一年生枝条长度	3/4～2/3
轻修剪	轻疏	全树枝条	10%
	中疏	全树枝条	10%～20%
	重疏	全树枝条	20%以上

5. 除病虫

根据病虫害发生规律实施综合治理，或可施药，或可创造有利于花木生长的良好环境，提高花木的抗病虫害能力。

6. 树木等技术管理

例如涂白（冬季）、护围（含立支柱）、洗尘等。

▲小区绿化管理规定

小区绿化管理规定

为了保持小区环境优美，搞好绿化工作，特制定此规定。

第一条　人人都有权利和义务管理和爱护小区的花草树木。

第二条　不准攀折花木，不准在树木上晾晒衣服等物和扎铁丝、铁钉等，不准在绿化地倒污水和修建淤泥、砖瓦杂物，不准损坏花木的保护设施及花台。

第三条　不准行人和各种车辆跨越和通过绿化带，不得碰坏绿篱栅栏。

第四条　不准在绿化范围内堆放任何物品，不准在树木上及绿化带内设置广告招牌。

第五条　凡人为造成花木及保护设施损坏的，根据有关规定处理如下。

（1）对乱砍或碰断树木主干的，每株罚150元；对攀爬树木、剥树皮，造成损伤的，每株罚15元，爬墙虎每支6元。

（2）攀摘花朵、枝条的，每朵（枝）罚款1元，乱放材料或其他物品损坏花木的，每枝罚款2元，破坏草坪每平方米罚款8元。

（3）撞坏铁栏栅，每米罚款150元；对在绿化地带上晾晒衣物、被褥者，由管理人员收回管理处，并对其进行教育。

违反上述规定的罚款，一律由本人支付，未成年的由家长支付。

第六条　为了做好这项工作，对检举破坏绿化的人员，应给予罚款的30%作为奖励，奖罚由物业公司管理处执行。对违反园林绿化规定，不听劝阻、殴打管理人员的，按情节轻重，依法从严处理。

▲大厦绿化布置及养护、清洁的操作程序

大厦绿化布置及养护、清洁的操作程序

第一条　每天从底层开始按顺序检查，养护、清洁全部花卉盆景。

第二条 捡去花盆内的烟蒂杂物，擦净叶面枝杆上的浮灰，保持叶色翠绿、花卉鲜艳。

第三条 发现花草有枯萎、凋谢现象，应及时剪除调换。

第四条 定时给花卉盆景浇水，操作时溅出的水滴及弄脏的地面要随手擦净。

第五条 养护和清洁花草时，要小心操作，不影响其他人的正常活动。

第六条 对庭院或花园内的树木花草，进行定期修剪整理和喷药杀虫。花卉盆景要定期浇水、施肥养护及调换。

第七条 对大堂、楼面、餐厅等公共场所的绿化花草布置安排和摆放位置作出规划。

第八条 根据限定的调换时间，定期撤换各种花卉盆景。

第九条 遇重大任务时，根据有关部门的通知进行重点绿化布置。

▲草地保养管理规定

草地保养管理规定

第一条 本公司园艺要每月用旋刀剪草地一次，每季度施肥一次，入秋后禁止剪割。

第二条 春、夏季的草地每月剪两次，长度一般控制在 20 毫米，冬季每月或隔月剪草一次，当月培土一次，隔周施水、肥一次。

第三条 割草前应检查机具是否正常，刀具是否锋利。滚筒剪每半月磨合一次，每季度将折底刀打磨一次，圆盘剪每次剪草须磨刀三把，每剪 15 分钟换刀一把。

第四条 草地修剪应交替采用横、竖、转方法，防止转弯位置局部草地受损过大，割草时行间叠合在 40% ~ 50%，防止漏割。

第五条 避免汽油机漏油于草地，造成块状死草，注意启动气垫机，停止时避免机身倾斜，防止草地起饼状黄印，注意勿剪断电机拖线，避免发生事故。

第六条 工作完毕后，要清扫草地，并做好清洗机具和抹油等保养工作。

▲盆景保管规定

盆景保管规定

第一条 本公司所有石山盆景逐一挂铁牌、编号，并拍照入册，做到盆景、名称、编号牌、照片对号存档，确保妥善管理。

第二条　盆景及时编号拍照入册，出现损失后及时报告，存档备查（并应由管理者、领班、经理共同签名确认）。

第三条　室内换盆景，每次出入应登记编号，并注明摆放起止时间、地点及生长状态。

第四条　所有盆景每年应全面盘点，由主管、领班及保管者盘点后共同签名交部门存档备案。

▲树木花卉管理制度

树木花卉管理制度

第一条　科学施肥。施肥时间宜在每年第二、三两个月。

第二条　合理浇水。树木叶面水分蒸发量大，尤其是夏季，因此必须进行人工浇水。水质以河、湖水最好。浇水宜在早晚，浇灌时要注意不让树木生长处或树穴中积水，以免根系窒息而死亡。

第三条　松土除草。杂草与树木争夺养分，而且影响环境美观，在松土时应将杂草除掉，这有利于消灭虫蛹，防止病虫灾害。

▲别墅绿化管理规定

别墅绿化管理规定

为保护别墅小区绿化设施，创造优美舒适居住环境，现对别墅小区绿化管理规定如下。

第一条　要爱护别墅小区绿化设施和花草树木，不准攀折花木，不准在树木和绿化隔离带及花台上晾晒衣物，不准践踏草坪和乱倒污水。

第二条　在绿化区域内，未经同意不准堆放任何物品，不准设置广告牌。

第三条　任何车辆不准在草坪上行驶，不得损坏绿化设施。不准用绿化专用水龙头清洗车辆。

第四条　凡人为造成花木草坪及绿化设施损坏者，将根据政府规定和损坏程度分别给予罚款处理。

第五条　违反上述规定的罚款由管理处执行，未成年者的罚款由其监护人（家长）支付。

第六条　所有屋宇于接收六个月内，不论居住与否或有否装修，私人花园必须植上草皮、花木或作适当处理，亦需要经常维修，以免蚊虫滋生及影响本园外观。若物业管理公司发出通知后两星期内，有关业主或租户未将其屋宇花园野草清除，物业管理公司有权代为清理，而有关业主或租户需支付所有费用。

▲卫生管理准则

卫生管理准则

第一条　本公司为维护员工健康及工作场所环境卫生，特制定本准则。

第二条　凡本公司卫生事宜，除另有规定外，皆依本准则实行。

第三条　本公司卫生事宜，全体人员须一律确实遵行。

第四条　凡新进入员工，必须了解清洁卫生的重要性与必要的卫生知识。

第五条　各工作场所内，均须保持整洁，不得堆放垃圾、污垢或碎屑。

第六条　各工作场所内的走道及阶梯，至少每日清扫一次，并采用适当方法减少灰尘的飞扬。

第七条　各工作场所内，严禁随地吐痰。

第八条　饮水必须清洁。

第九条　洗手间、更衣室及其他卫生设施，必须保持清洁。

第十条　排水沟应经常清除污秽，保持清洁畅通。

第十一条　凡可能寄生传染菌的原料，应于使用前适当消毒。

第十二条　凡可能产生有碍卫生的气体、灰尘、粉末都应作适当处理。

第十三条　各工作场所的采光必须合适。

第十四条　各工作场所的窗户及照明器具的透光部分，均须保持清洁。

第十五条　凡阶梯、升降机上下处及机械危险部分，均须有适度的光线。

第十六条　各工作场所须保持适当的温度，并根据不同季节予以调节。

第十七条　各工作场所须保持空气流通。

第十八条　食堂及厨房的一切用具，均须保持清洁卫生。

第十九条　垃圾、废弃物、污物的清除，应符合卫生的要求，清除后放置于指定的范围内。

第二十条　公司应设置常用药品并存放于小箱或小橱内，以便员工取用。

第二十一条　本准则经总经理核准后施行，修改时亦同。

▲清洁设备操作、领用制度

清洁设备操作、领用制度

1. 操作

（1）擦地机、抛光机、地毯清洗机、吸水机、吸尘器等设备均须按照使用说明正确操作，正确使用。

（2）高压水枪不能在脱水情况下操作。

（3）设备用完后，按要求做好清洗、保养工作。

2. 领用

（1）领用设备必须填写领用登记表。

（2）领用设备时，领用人自行检查设备的完好程度，因检查不细，造成病机出库而影响工作的，由领用人自行负责。

（3）使用设备时如发生故障，不得强行继续操作，违者罚款。

（4）因使用不当，发生机具、附件损坏者，按规定赔偿。

（5）归还设备时，必须保证设备完好无损，内外干净，如有损坏应及时报修，并在领用簿上注明损坏情况。

（6）凡不符合上述领用要求的，保管人员有权拒收，由此而影响工作的，由领用人负责。

▲清洁工安全操作规程

清洁工安全操作规程

第一条　确保安全操作，牢固树立"安全第一"的思想。

第二条　室外人员在推垃圾箱时，应小心操作，以免压伤手脚。

第三条　在操作与安全发生矛盾时，应先服从安全，以安全为重。

第四条　清扫人员在不会使用清洁机器时，不得私自开动机器，以免发生意外事故。

第五条　清扫人员应该严格遵守防火制度，不得动用明火，以免发生火灾。

第六条　清扫人员在灌开水时，应思想集中，以免烫伤。

第七条　清扫人员不得私自拨动任何机器设备及开关，以免发生事故。

第八条　清扫人员在使用机器时，不得用湿手接触电源插座，以免触电。

▲环境清洁管理操作细则

环境清洁管理操作细则

1. 各部门岗位职责

（1）部门主任（经理）职责。

①按照公司管理方针目标，负责公共清洁卫生计划，组织安排各项清洁服务工作。

②检查和指导公共卫生区域领班、清洁员的工作，确保达到标准。

③编制部属的班次和安排休假，督导工作表现与行为。

④分配及控制所有清洁、保洁用品及其用量，并监督保管和储藏。

⑤接洽各类清洁服务业务，为公司创收。

⑥定期向公司总经理汇报工作，汇报完成任务的情况。

（2）领班职责。

①直接指挥下属员工进行分区域的清洁卫生，对主管领导负责。

②检查员工每日出勤情况，如有缺勤，及时安排补位清洁。

③检查员工所辖范围的清洁卫生情况，并进行当班考核。

④检查员工所使用的工作器具和保养设备的完好情况，督促员工爱护工具和设备。

⑤编制使用清洁用品、物料的计划，控制清洁卫生成本。

⑥及时做好清洁器具、公共区域的水、电、照明等材料的采购和维修报告。

（3）清洁员岗位职责。

①遵守《员工守则》，一律着工作装上岗。

②服从上级安排，按规定标准和操作程序，保质保量地完成本人负责区域的清洁工作。

③工作完毕，不得擅自离岗，以保持区域内的清洁。

2. 清洁管理的操作细则要求

清洁管理的操作，可分每日管理、每周管理和每月管理。

（1）每日管理。

①每天清扫2次指定区域内道路（含人行道）。

②每天清扫1次指定区域内绿化带（含附属物）。

（2）每周管理。

①拖洗各层公共走廊1次。

②抹擦用户信箱1次。

③每周涂一次电梯表面保护膜。

④每周对手扶电梯进行一次打蜡。

⑤每周抹擦、打扫一次公用部位窗户、空调风口百叶（高层）处。

⑥拖擦 2 次地台表面。

⑦清扫一次储物室、公用房间。

（3）每月管理。

①清扫 1 次公用部位天花板、四周墙体。

②抹擦 1 次公用部位窗户（小区）。

③抹擦 1 次公用电灯灯罩、灯饰。

④每月对地台表面进行一次打蜡。

⑤抹擦 2 次卫生间抽气扇。

⑥两个月清洁 1 次地毯。

▲小区卫生管理规定

小区卫生管理规定

为了保持小区干净整洁，使住户享有优雅舒适的生活环境，特制定本规定。

第一条　各住户须使用本市统一标准化垃圾袋，早上将垃圾袋置垃圾道或门外（低屋住户置于楼下垃圾池），以便清洁人员清倒（垃圾袋由管理处代售）。不准把私人垃圾桶长时间摆放在门口、走廊或梯间，违者经三次劝告不听，给予罚款并没收垃圾桶。

第二条　不准乱倒垃圾、杂物、污水和随地大小便。凡乱倒乱抛垃圾、淤泥、污水、污物、污染公共场所和随地大小便者，罚款 10～2000 元并清扫现场。

第三条　不要把垃圾、布屑、胶袋等杂物投入下水道，如因使用不当而导致堵塞或损坏，住户应负担全部修理费用。

第四条　小区内的任何公共地方，均不得乱涂乱画乱贴，违者应负责粉刷费用。如属小孩所为，应由家长负责。

第五条　凡在公共场所乱贴广告、标语、乱竖指路牌、广告牌者，除责令其限期拆除外，并罚款 10～100 元。

第六条　凡住户养狗者，须经批准，并到有关部门登记注册，否则，予以罚款处理。

第七条　住户或单位装修完毕，应立即清扫，不得将废物弃于走廊及公共场所。

▲大厦清洁工作检查规程

大厦清洁工作检查规程

1．检查目的

为保证大厦环境清洁卫生，使清洁公司进行清洁卫生、垃圾清运工作有标准依据。同时，为给物业助理每天监督检查提供标准依据，以及对清洁公司的工作效果有一个客观评价标准，特制定本规程。

2．检查内容

（1）硬质地面台阶及其接缝是否洁净，上蜡是否光亮，地毯是否清洁，有无污点和霉坏，梯脚板墙脚线、地脚线等地方有无积尘、杂物、污渍，广场砖、车库地面是否干净，花基、花坛内是否有烟头、杂物，绿化牌、庭园灯是否干净、光亮。

（2）墙面大理石、瓷片、砖是否干净、明亮、无污迹。

（3）玻璃幕墙、门、窗、镜面、玻璃围栏、触摸屏、扶梯玻璃是否洁净透亮。

（4）金属制品，如电房门、梯门、支架、热水器、消防门、烟灰缸、水龙头、不锈钢栏杆等是否用指定的清洁剂擦过，是否光亮无锈迹和污迹。

（5）天花光管、指示牌、光管盘、灯罩等设施是否干净无尘，无蜘蛛网。

（6）电梯轿厢、各层电梯门轨槽、显示屏、扶梯、梯厅是否干净无尘，轿厢是否干净无杂物、污渍。

（7）洗手间皂盒、干手器、纸盒等设施是否干净、无损坏，洗手间内有无异味，便器、洗手盆有无水锈，台面干净无水迹，厕纸是否齐全。

（8）检查开水间垃圾桶、门边柜、茶渣柜是否干净无异味。

（9）大堂烟缸、废纸及垃圾桶内的其他脏物是否按规定及时清除，防滑红地毯是否干净、清洁，接待台、保安室等设施是否干净无杂物。

（10）垃圾清运是否准时，是否日产日清，清运是否干净，垃圾清运过程中散落地面的垃圾是否清扫干净，是否每周将垃圾桶内外清洗一次。

▲大厦地下车库、天台、转换层的清洁规定

大厦地下车库、天台、转换层的清洁规定

大厦地下车库、天台、转换层清洁要求的标准是：地下车库地面无油渍、污

渍，无纸屑等杂物，墙面无污迹。天台、转换层及裙楼平台无积水、杂物，管线无污迹。根据这一标准，其清洁必须做到：

（1）每天早晨和下午分两次用扫把清扫这三个地方一次，清除地面和排水沟内的垃圾。抹净指示牌、射灯、围栏等。

（2）用长柄刷冲刷地面的油污、油渍。

（3）每隔两小时巡回清洁一次地下车库，清除杂物。

（4）每周冲刷地面一次，并打开地下车库的集水坑和排水沟盖板，彻底疏通、清理一次。

（5）每月用清洁液、毛巾擦拭一遍消防栓、消防指示灯、车位挡、防火门等公共设施。

（6）地下车库和转换层管线每两个月用鸡毛掸子或扫把清扫灰尘一次。天台、裙楼天台的水管线每两个月冲刷一次。

▲大厦大堂的清洁规定

大厦大堂的清洁规定

第一条　每天上午上班前及下午分两次重点清理大堂，平时每小时保洁一次，重点清理地面和电梯轿厢内的垃圾杂物。

第二条　用扫把清扫大堂地面垃圾，用长柄刷沾洗洁精清除地面污渍，后用拖把拖地面一次。

第三条　每天对大堂地面进行循环拖抹、推尘、吸尘。

第四条　清扫电梯轿厢后，用湿拖把拖两遍轿厢内地板。

第五条　用干毛巾和不锈钢油轻抹大堂内各种不锈钢制品。包括门柱、镶字、电梯厅门、轿厢等。

第六条　用湿毛巾拧干后，擦抹大堂门窗框、防火门、消防栓柜、内墙面等设施。

第七条　清倒不锈钢垃圾筒，洗净后放回原处。

第八条　用湿拖把拖两三遍台阶，出入口的台阶每周用洗洁精冲刷一次。

第九条　用干净毛巾擦拭玻璃门，并每周清刮一次。每周地面补蜡及磨光一次。

第十条　每月擦抹灯具、风口、烟感器、消防指示灯一次。

第十一条　每月对大理石地面打蜡一次；地砖地面和水磨地面，每月用去污粉、长柄手刷彻底刷洗一次。

▲大厦楼层通道地面与墙面的清洁规定

大厦楼层通道地面与墙面的清洁规定

1. 通道地面清洁

大厦楼层通道地面清洁要达到的标准是：大理石地面目视干净、无污渍，有光泽。水磨石地面和水泥地面目视干净，无杂物，无污迹。根据这个标准，其清洁必须做到以下几点。

（1）每天上午对各楼层通道地面拖抹、推尘、吸尘一次。

（2）每月用长柄手刷沾去污粉对污迹较重的地面彻底清刷一次。

（3）每月用拧干的湿毛巾抹净墙根部分踢脚线。

（4）大理石地面每周抛光一次，每月打蜡一次。

2. 瓷砖、喷涂和大理石墙面清洁

（1）墙面清抹每周一次，墙面清洗每月一次。

（2）瓷砖外墙每四年清洗一次，马赛克墙面每六年清洗一次。

（3）外墙面的高空清洁作业，由专业清洁公司负责。

（4）用铲刀、刀片轻轻刮掉墙面的污垢、脏渍。

（5）把毛巾浸入放有洗洁精的水盆，拿起拧干后沿着墙壁从上往下来回擦抹。

（6）把另一条毛巾用清水洗后拧干，彻底清抹一次墙面，直到干净。

（7）用干拖把拖干地面。

（8）大理石墙面的，不能用任何酸性溶剂洗，否则将造成大理石分解；瓷砖墙面则禁止用碱类、盐酸类，因为这些除污剂会损坏瓷砖表面的光泽。

3. 乳胶漆墙面的清洁

（1）乳胶漆墙面每月清洁一次。

（2）用鸡毛掸子或干净的拖把轻轻拂去墙面的灰尘。

（3）用干毛巾清擦墙面的污迹，擦不掉的污迹用细砂纸轻轻擦掉。

（4）用铲刀铲掉墙面上黏附的泥沙、痰迹。

（5）扫净地面灰尘，再用湿拖把拖净地面。

▲消杀管理规定

消杀管理规定

1. 需要消杀的地方及时间间隔

（1）每月要求专业消杀单位对楼宇、绿化带进行一次彻底的消杀活动，每季对化粪池进行一次消杀工作，并由物业部跟踪记录。

（2）每周要求清洁公司对垃圾桶、垃圾中转站、卫生间、车库、排水渠等进行一次消杀活动，每周对开水间、热水器、过滤器进行清洁、消毒一次。

2. 进行消杀活动时要注意的问题

（1）使用高效低毒消杀用品，并按比例配制，用背式喷雾器适度喷洒在消杀地点。喷洒时要注意做好预防措施，穿长衣、长裤，配戴口罩，完工后换衣裤，并用肥皂洗手。

（2）大堂、楼层消杀活动一般在非办公时间进行，如特殊情况须在办公时间进行的，须先征得物业部同意后方可进行。

（3）尽量在顺风处对广场外围进行喷洒，以减少对行人的直接接触。

（4）根据实际需要可以增加喷洒次数，并注意将被杀死的害虫尸体及时清除。

（5）每次消杀后由物业部助理进行检查并记录在《消杀记录表》上交物业部存档。

▲大厦日常保洁规定

大厦日常保洁规定

1. 大堂

（1）操作程序。

①大堂保洁的原则是：以夜间操作为基础，白天进行日常保洁。

②夜间定期对大堂进行彻底清洗、抛光，定期上蜡。操作时，上蜡区域应有示意牌或围栏绳，以防别人滑跤。

③日常保洁要求每天对地面进行清扫，大堂内的玻璃、墙面、台面、椅子、沙发、灯座等，要经常保持光亮、干净。

④操作过程中，根据实际情况，适当避开客人和客人聚集的区域，待客人离散后，再予以补做；要重点拖擦客人进出频繁和容易脏污的区域，并增加拖擦次数。

⑤遇下雪或下雨天，要在大堂进出口处放置踏垫，铺上防湿地毯，并树立"小心防滑"的告示牌和增加拖擦次数，以防客人滑跤及将雨水带进大楼。

（2）卫生标准。

①保持大理石地面无脚印、无污渍、无烟蒂、无痰迹、无垃圾。

②大堂内的其他部位，如墙面、台面、栏杆、椅子、沙发、灯座等，保持光亮、整洁。

③玻璃大门无手印及灰尘，保持干净、光亮、完好无损。

④大堂内不锈钢烟缸，保持光亮，无烟灰迹、痰迹。

2. 公共区域

（1）操作程序。

1）扶梯。

①用拖把把扶梯擦干净，若拖把拖不到，要用揩布擦干净。

②将扶手从上到下擦干净。挡杆或玻璃挡面，做到无灰尘、手印。

③要及时将扶梯四周的墙面及消防器材上的灰尘掸净。

④要保持每个楼面的楼梯进出口处干净、整洁。

2）电梯及电梯厅。

①每日夜间对电梯厅及电梯内的墙面和地面进行全面的擦拭清扫，如梯门、轿厢四壁、梯内镜面、天花板、照明灯以及对地毯吸尘等。

②白天不停地、循环地对电梯厅的地坪进行保洁，保持电梯干净、整洁。

③经常清理烟灰缸内的垃圾和烟头。

④夜间定期对电梯进行清洁、保养，包括对电梯门壁进行打蜡上光。

⑤每天早上换一次地毯，必要时可增加更换次数。

3）室外场地。

①清扫地面的灰尘和垃圾。

②每星期对室外场地进行两次大面积的冲洗，冲洗后及时扫干净，保证无积水。

③不停地、循环地清扫室外场地，保持地面无灰尘、无垃圾、无烟蒂。

④所有垃圾集中到总垃圾箱里。

⑤保持室外场地的各类标牌、栏杆、墙面、灯座的清洁。

⑥保持室外场地上的下水道干净、畅通。

（2）卫生标准。

①地面保持清洁、光亮，无污迹、水迹、脚印。

②走道四角保持干净，没有垃圾。

③烟灰缸保持清洁，无污痕。

④茶水间保持清洁、整齐，保证整个大厦所有部门的茶水供应，保证饮用水的

卫生，注意安全用电，防止烫伤。

⑤楼面垃圾间内垃圾箱放置整齐，把垃圾袋套在垃圾箱上；四周无散积垃圾，无异味。

⑥墙面及走道设施、门框、通风口、灯管保持干净，无积灰。

⑦安全扶梯台阶保持清洁，无污物、垃圾；扶杆上保持光亮，无积灰。

⑧保持电梯梯门光洁、明亮，轿厢及四壁地面干净、整洁。

⑨室外场地的地面，做到无垃圾、灰尘、烟蒂、纸屑，使人感到宽广、舒畅。

3. 卫生间

要求卫生间每日清扫4次，每天第一次保洁工作必须在8∶00前做好。

（1）操作程序。

①先用清洁剂清洗小便池，并喷上除臭剂。

②按顺序擦拭面盆、水龙头、台面、镜面。

③墙面要用清洁剂清洁。

④地面用拖把拖干，保持地面干燥、干净。

⑤配备好卷筒纸和洗手液。

⑥检查皂液器、烘手器等设备的完好情况。

⑦喷洒适量空气清新剂，保持卫生间内空气清新。

⑧检查是否有遗漏处，不要遗忘清洁工具。

（2）卫生标准。

①卫生洁具做到清洁，无水迹、头发、异味。

②墙面四角保持干燥、无蛛网，地面无脚印、杂物。

③镜子保持明净，无灰尘、污痕、手印、水迹。

④金属器具保持光亮，无浮灰、水迹、锈斑。

⑤卫生用品保证齐全，无破损。

⑥保持卫生间内空气清新。

4. 会议厅

（1）操作程序。

①按顺序擦拭窗台、窗框、门、扶手。

②依次清洁墙面、护墙板、踢脚线。

③擦拭茶几、桌子，用吸尘器吸去沙发上的灰尘。

④用吸尘器进行地面、地毯吸尘。

⑤喷洒适量的空气清香剂。

⑥检查有没有遗漏处，收拾清洁工具，并关好门。

（2）卫生标准。

①保持室内的窗、窗台、窗框干净、整洁，无破损。

②保持室内墙面、天花板整洁、完好，无污渍、浮灰、破损、蛛网。

③保持地面、地毯整洁、完好，无垃圾、污渍、破洞。

④保持室内各种家具放置整齐、光洁、无灰尘。

⑤保持室内灯具清洁、完好，无破损。

⑥保持室内空调出风口干净、整洁，无积灰、霉斑。

⑦室内各种艺术装饰挂件挂放端正，清洁无损。

⑧定时喷洒空气清香剂，保持室内的空气清新。

5. 地下车库

（1）操作程序。

①定期清除地下车库内的灰尘、纸屑等垃圾。

②将墙面以及所有箱柜和器具上的灰尘擦掉。

③及时清除地下室进出口处的垃圾，以避免下水道堵塞。

④经常查看车库内的卫生清洁情况，不允许在地下车库堆放物品及垃圾。

⑤经常用拖布拖去灰尘，保持场地清洁。

（2）卫生标准。

①保持地下车库道路畅通，无堆积垃圾及物品。

②保持地面无灰尘、无垃圾。

③保持地下车库空气流畅，无异味，定期喷洒药水。

6. 玻璃及不锈钢

（1）操作程序。

①工作前，准备好所有工具，如刮窗器、沾水毛刷、玻璃清洁剂、水桶等。

②用沾水毛刷将稀释后的清洁剂搅匀，来回涂在玻璃表面，用刮窗器按45度从上到下、从左到右，及时将水刮下，最后用揩布把四周及地下的水迹揩干。

③如遇玻璃表面较脏，则在进行第二步操作前，先用水涂在玻璃上，用刀片轻轻地刮去表面污垢。

④不锈钢应用绒布擦，并用不锈钢光亮剂定期上光。

⑤爱护清洁工具，注意保养，不得用损坏的工具擦洗玻璃。

（2）卫生标准。

①玻璃无灰尘、水迹，保持干净、光亮。

②玻璃上的污斑、手印应及时清除，保持清洁。

③不锈钢无灰尘、水迹、污迹、手印。

▲外墙清洁规定

外墙清洁规定

一、擦窗机的操作程序

1. 准备工作

（1）查看作业现场，确定作业方案。重点查看屋顶状况，确认能否安装吊篮，吊篮在屋顶移动有无障碍；霓虹灯、广告字牌等是否妨碍作业等，并确定作业方案。

（2）天气预报无大风、雨雪及高温、低温报告，现场测试风力小于4级。

（3）擦窗机性能状况良好，工作位置地面设置好围栏和安全告示牌，并由安全员进行现场监督。

（4）准备清洗工具，如水桶、水枪、毛滚、胶刷、毛巾、百洁布（旧磨盘）、刷子、铲刀、刮刀以及清洁剂、溶剂等。

（5）2名操作人员携带清洗工具和用品进入吊篮后，系好安全带。

2. 操作过程

（1）先用水枪喷射墙面，除去浮尘。

（2）将毛滚浸入桶中，待充分吸入清洁剂后均匀地涂抹于墙面或玻璃面。稍后，即用刮片上下和左右刮玻璃、窗框表面及边角位置，交叉对拉，不漏涂，再用毛巾擦拭干净。注意不要划伤玻璃。

（3）一个位置结束后将吊篮放至下部同一位置进行清洁，当纵向从上到下一个位置清洁完毕后，再横向左或右移动至相邻一个位置从上到下清洁。

（4）全部作业完成后，收拾整理机器设备和工具，撤去地面拦护绳和告示牌，将地面水迹擦净。

（5）进行设备的清洁保养，清除灰尘、滴漏的液体以及可能打滑的其他物质。

（6）对因故障待修的设备，挂上标志牌，在恢复正常状态前禁止使用。

3. 安全操作规程

为了贯彻执行国家安全法规，确保职工人身安全及设备正常运转，必须制定吊篮高空作业安全操作规程，具体要求如下。

（1）作业者必须是年满18周岁的男性公民，且经过专门技术训练，懂得吊篮工作原理及性能，经考试合格方可上岗作业。

（2）作业者必须经过身体检查和定期检查，确认无危及安全的疾病后方可进行工作。

（3）作业者应严于职守，不做与工作无关的事。

（4）作业者在工作期间必须统一穿工作服，戴安全帽及手套，系好安全带（包括室内活窗内的清洁人员）。

（5）作业者如遇身体不适或没休息好，不得参加高空作业。

（6）作业前应将现场围栏装好并由专人进行安全检查，对吊篮各部位如吊篮紧固件、连接件、提升机、安全保护装置、钢丝绳、电缆线等要逐一检查，确认无隐患后方可工作。

（7）作业前对屋面结构悬挂装置的连接件、紧固件、牵引绳进行检查，确认无隐患后方可工作。

（8）严禁在吊篮作业中修理或移动吊篮悬挂机构及制动器等。

（9）在移动屋面某部分结构时，吊篮中严禁站人；在吊篮跨越障碍移动中，必须用缆绳稳定吊篮以防止碰撞到其他地方。

（10）严禁用吊篮做垂直运输工作，更不能在超负荷下工作，3 米吊篮作业人员不得超过 2 人，6 米吊篮不得超过 4 人。

（11）在吊篮工作时要设法使吊篮稳定，以防大的晃动；在 4 级风以上，如风向对吊篮有影响应停止工作。

（12）雨天应防护好电器部件，以防漏电，并经常检查电缆的破损情况。

（13）指挥人员必须集中精力从事专项指挥工作，不得兼做其他工作。

（14）爱护设备及工具，提升机每工作 24 小时注油一次。悬挂钢丝绳每工作 56 小时全面检查一次，每月检查一次提升机制动器。

（15）作业后应将工具、器具进行清洗和晾晒，不准乱扔、乱放，按指定位置集中放置。

（16）作业后应将吊篮停放或悬挂在安全地点，并上好安全锁，防止损坏其他物品。

二、吊板的操作程序

1．准备工作

（1）勘察现场，确保建筑物顶部必须有固定吊板绳和安全绳的牢固构件，绳子下垂经过位置不得有尖锐棱角锋口，如有尖锐棱角锋口必须经过特别安全处理。在高压电源区无法隔离时，不得进行工作。

（2）天气情况与擦窗机工作要求相同。

（3）准备清洗工具，如吊板、吊板绳、安全绳、水枪、配置好的清洁剂、刮板、抹布等。对吊板绳与安全绳应做详细检查，直径不得小于 16 毫米，中间不得有断裂及结扣。将吊板绳（工作主绳）扎捆在牢固构件上，绳扣必须打死结，且有两个结点，安全绳结点不得与吊板绳结点同一。

（4）操作人员穿戴劳动防护衣、安全帽、鞋，按规定系好安全带，将自锁器单独悬挂于安全绳上。

（5）现场安全监督员到位。

2. 操作过程

（1）操作人员坐于吊板规定位置，将所有用具扎连在吊板上。

（2）缓缓将吊板下放，到达第一次工作位置。

（3）用水枪对准工作位置喷水，初步除去尘灰，然后将清洁剂涂在墙面上，稍后用刮板或刷子擦拭，最后用抹布将墙面擦干。

（4）边下滑边作业，直至一趟作业完毕。降至地面后，卸下水桶、吊板等，再上屋顶开始第二次作业。

（5）整个工作过程中，安全监督员应自始至终作现场安全监督。

（6）将吊绳、安全绳收好，并检查一遍被损情况。如发现绳子被损，应作报废处理；如绳子完好，则送回仓库，放置于干燥通风的地方，并作绳子使用记录。

（7）将其他工具擦拭干净，自锁器在弹簧处加润滑油。

3. 安全操作规程

为了贯彻执行国家安全法规，确保工作人员人身安全及设备正常运转，必须制定吊板高空作业安全操作规程，具体要求如下：

（1）作业者必须是年满 18 周岁的男性公民，并且经过身体检查和安全技术培训，经考核合格方可作业。

（2）严禁作业者在工作期间及午饭休息时喝酒，严禁在高空及吊板上打闹嬉笑或投掷物品。

（3）作业者在使用吊板前，必须将工作服、安全带、安全锁装好，否则不得上吊板工作。

（4）在使用吊板前，必须选择安全可靠的铆点，将两根大绳系好，并且由专人验收符合要求后方可使用。操作时，铆点必须设专人看管。

（5）大绳与建筑物棱角锋锐接触部位，必须加胶皮等绳套，以保护绳索。

（6）必须在班前对使用频繁的大绳、吊板、安全锁进行检查，发现异常，停止使用。

（7）不得任意拆掉吊板及安全带上的各种部件，更换新绳时要注意加绳套。

（8）吊板作业者不准穿戴棉大衣和手套。风力超过 4 级，不准上吊板作业。

（9）吊板作业所带物品，必须绑扎牢靠，以防掉落。

（10）大绳在搬运过程中，禁止使用有钩刺的工具，并防止日晒雨淋。

（11）大绳及吊板应存放在干燥通风的仓库内，严禁接触高温、明火、强酸和尖锐的物体。

▲灯具的清洁规定

灯具的清洁规定

第一条　关闭电源，一手托起灯罩，一手拿螺丝刀，拧松灯罩的固定螺丝，取下灯罩。如果是清洁高空的灯具，则架好梯子，人站在梯上作业，但要注意安全，防止摔伤。

第二条　取下灯罩后，用湿抹布擦抹灯罩内外污迹和虫子，再用干抹布抹干水分。

第三条　将灯罩装上，并用螺丝刀拧紧固定螺丝，但不要用力过大，防止损坏灯罩。

第四条　清洁灯管时，也应先关闭电源，打开盖板，取下灯管，用抹布分别擦抹灯管及盖板，然后重新装好。

▲地毯的清洗和地面打蜡规定

地毯的清洗和地面打蜡规定

一、地毯的清洗

1. 地毯干洗（粉末清洗法）

（1）准备机械器材，包括刷地机、刷盘、吸尘器、加压式喷雾器、长把刷、局部除污工具以及粉末清洁粉、预先处理剂等。

（2）清理作业区域的碍事物品，进行吸尘作业。

（3）用地毯清洁剂清除地毯污迹，如有油污多的地方，要先喷洒预先处理剂，使油污溶解。

（4）在准备作业区域内均匀布洒粉末清洁精。每平方米布洒量为100克左右（大约手捧一把）。为防止粉末干燥，一次布洒面积以10平方米为好。

（5）在刷地机上装好刷盘，按机器使用要领进行操作，依次从里到外对地毯进行刷洗。

（6）用机器刷完后，待粉末干燥后再回收（30分钟左右）。

（7）用长把刷把进入纤维内的粉末刷出，再用吸尘器将粉末回收。

（8）作业结束后，确认作业效果，收拾机器工具。

用此方法不会使地毯因潮湿而引起收缩。

2. 地毯湿洗（喷吸清洗法）

（1）准备机械器材，包括地毯清洗机、刷盘、吸尘器、局部除污工具防污垫布以及地毯清洗剂、预先处理剂等。

（2）清理作业区域内碍事物品，进行吸尘作业。

（3）用地毯清洁剂清除地毯污迹，地毯上如有油污多的地方，要先喷洒预先处理剂，使油污溶解。

（4）使用地毯清洗机自动喷水、擦洗、吸水、吸泡，从里到外清洁地毯，不要留下空当。

（5）用起毛刷刷起并理顺地毯绒毛。

（6）用吹风机送风干燥，或自然晾干；自然晾干需 6 小时后方可走动，故此操作应放在夜间进行。

（7）作业结束后，将机器工具洗净、揩干、存放。

此方法适用于地毯污脏严重、需全面清洗的情况。

清洗地毯要求达到鲜明的清洁感，保持保洁前的毛感性。

二、地面打蜡

地面打蜡是对大理石、木质地板等最主要的清洁和保养手段，它可以起到使地面光亮和减轻磨损的作用，尤其是大理石极易磨损，一般情况应 1～2 个月打蜡保养一次，每天抛光一次。

打蜡要求达到表面光亮，无污迹和脚印，墙壁下贴脚线、门框下部及家具脚部无蜡迹。

（1）准备好抛光机、吸水器、去蜡水、面蜡、底蜡、刷地机、清洁剂等器具，并检查好器具的安全性能。

（2）打蜡前将需要打蜡的区域里可移动的物品，轻轻地搬离该区域。

（3）地面先吸尘，将去蜡水稀释后，均匀地涂在地面上，用机器擦洗、吸干。

（4）用刷子摩擦地面，要全都摩到，使原来大理石表面的蜡质全部溶解。

（5）用吸水器吸干地面，再用清水洗两次，并吸干、拖干净，使地面光亮、清洁，无污迹。

（6）待地面干后将底蜡用蜡拖均匀地涂在地面上，纵横各一次，等地面干后再打 1～2 次底蜡，打蜡时应做到均匀，防止起泡。

（7）最后上一次面蜡，并用抛光机抛光。

（8）检查一遍工作质量，确认合格后将原搬离的物品轻轻搬回原处，收拾好工具，并清洗揩干，做好记录。

▲垃圾的管理规定

垃圾的管理规定

1．垃圾的存放

大厦和各个场所应视情况分别设置垃圾筒、垃圾箱、垃圾车、字纸篓、茶叶筐等临时存放垃圾的容器。但需注意以下几点。

（1）存放容器要按垃圾种类和性质配备。

（2）存放容器要按垃圾的产生量放置在各个场所。

（3）存放容器要易存放、易清倒、易搬运、易清洗。

（4）有些场所的存放容器应加盖，以防异味散发。

（5）存放容器及周围要保持清洁。

2．垃圾收集清运的操作程序

（1）及时清除楼面上所有的垃圾，收集清运时，用垃圾袋装好，并选择适宜的通道和时间，只能使用货运电梯。

（2）在清除垃圾时，不能将垃圾散落在楼梯和楼面上。

（3）要注意安全，不能将纸盒箱从上往下扔。

（4）要经常冲洗垃圾间，保持整洁，防止产生异味及飞虫。

（5）配合做好清运垃圾工作。

3．垃圾房的卫生标准

（1）无堆积垃圾。

（2）垃圾做到日产日清。

（3）所有垃圾集中堆放在堆放点，做到合理、卫生，四周无散积垃圾。

（4）可作废品回收的垃圾，要另行放开。

（5）垃圾间保持清洁，无异味，经常喷洒药水，防止虫害。

（6）按要求做好垃圾袋装化。

▲室外地面的清洁规定

室外地面的清洁规定

第一条 每天6：30和13：30两次，用扫把、垃圾斗对室外地面进行彻底清扫，清除地面果皮、纸屑、泥沙和烟头等杂物。

第二条　每天 8：00 ~ 11：00、15：00 ~ 17：00 每隔半小时巡回清扫保洁一次。

第三条　发现污水、污渍、口痰，须在半小时内冲刷、清理干净。如地面粘有口香糖、泡泡糖要用铲刀消除。

第四条　果皮箱、垃圾桶每天上、下午清倒一次，并用长柄刷子沾水洗刷一次。

第五条　沙井、明沟每天揭开铁算盖板彻底清理一次。

第六条　室外宣传牌、雕塑每天用湿毛巾擦拭一次。

第七条　每月用水冲洗有污迹地面、墙面一次。

▲楼层公共区域清洁管理规定

楼层公共区域清洁管理规定

第一条　本公司楼层的环境卫生是指走廊、电梯间、楼层服务台的工作间、消毒间、楼梯等。

第二条　走廊卫生工作包括走廊地毯、走廊地面和走廊两侧的防火器材、报警器等。

第三条　电梯间是客人等候电梯的场所，也是客人接触楼面的第一场所，必须保持清洁、明亮。

第四条　楼层服务台卫生是一个楼层各种工作好坏的外在表现，必须保持服务台面的整洁，保持整理好各种用具，并保持整个服务台周围的清洁整齐。

第五条　工作间是物品存放的地方，各种物品要分类摆放，保持整齐、安全。

第六条　防火楼梯要保持畅通且干净。

第七条　消毒间是楼层服务员刷洗各种玻璃和器皿的地方，这里的卫生工作包括地面卫生、箱橱卫生和池内外卫生以及热水器擦拭等。

▲酒店楼宇大堂清洁工作规定

酒店楼宇大堂清洁工作规定

第一条　要配有专人不停地拖扫大堂地面，保持无灰尘和脚印；还应注意大堂的边边角角的清洁卫生工作，定期上蜡或磨光。

第二条　要每 2 小时擦拭一次沙发、茶几、烟灰缸、总服务台的柜台面和摆设，以保证其无尘、无污迹。

第三条　如有口香糖、泡泡糖等造成的污渍，则应作特殊的清理。

第四条　玻璃。擦窗工在早班一上班，先要将大堂玻璃门擦净，然后擦其他地方的玻璃、镜子等。擦净的玻璃要保持无尘、无污迹。

第五条　铜、不锈钢等金属装饰。在晚班大清洁后，要在金属上擦以铜油或不锈钢清洁剂，早班和中班一般只需用干抹布抹去灰尘和手印。

第六条　墙面和墙上装饰。墙面大面积的清洁工作，一般在晚上进行。

▲酒店楼宇环境的清洁工作规定

酒店楼宇环境的清洁工作规定

第一条　定时清扫地面，保持清洁，还要注意将地面上由车辆等所带来的泥沙、灰尘清除干净。

第二条　保持墙面整洁。要定期将墙面积灰清除干净。

第三条　保持绿化地带整洁。草、木要及时修剪，并经常去除其中的杂物、枯枝、败叶，并定期去除杂草。

第四条　保持各种装饰件的整洁。要每天清洁各种金属装饰物或器皿，并定期用镍铜油擦拭干净。

第五条　对喷泉、水池，也要定期将其中的水放干，清洁池底及池壁。

▲酒店楼宇公共盥洗间的清洁工作规定

酒店楼宇公共盥洗间的清洁工作规定

1. 日常的一般性清洁工作

（1）保持清洁用具的干净、完好。

（2）要及时清除洗手盆、台面、水龙头和镜子上的灰尘、杂物，擦去污迹和水迹，使其保持干净明亮。

（3）及时擦去地面上的水迹和脚印，保持地面干净。

（4）及时补充各种卫生用品；及时将垃圾筒里的杂物倒净，不能使杂物超过垃圾筒的三分之一。

（5）为了保持空气的清新，还需要经常喷洒空气清洁剂，等等。

2. 日常的大清洁

每一工作班，除须做以上日常的一般性清洁工作外，还至少要做一次大清洁。

（1）地面边角处容易积污垢，必须用湿抹布抹干净。

（2）将墙面、垃圾筒等擦洗清洁、抹干。

（3）坐厕内和小便池内，须用马桶清洁剂刷洗干净，并喷洒消毒剂；用清洁剂擦洗墙面、地面后，还要对地面进行磨光、上蜡。

（4）用湿拖把拖净地面。

除此外，还要定期进行更彻底的大扫除。

▲酒店楼宇清洁设备的使用和保养规定

酒店楼宇清洁设备的使用和保养规定

1. 吸尘器

（1）使用前需先检查电源线及插头是否完好，以防触电。

（2）操作时，要正确操作，如吸尘器散发异味或发出不正常的响声，应立即关机，进行检查、校正。

（3）在吸尘过程中，如遇有物体阻挡，切不可用力拉吸尘管，以防被拉断。

（4）绝对不能吸水，以防烧坏电机。

（5）使用完毕时，须先关掉电源，然后将吸尘器内的垃圾清除掉，并将电源线有规则地绕放好。

（6）将吸尘器放置在通风、干燥处，以备下次使用。

2. 吸水机

（1）使用吸水机前，须检查电源及电源插头是不是好的，以防触电。

（2）操作时，如机器发生异常的响声或有异味时，应立即停机，检查、修复。

（3）在吸水过程中，如有物体阻挡，切不可用力拉吸水管，以防吸水管被拉断。

（4）不能吸有较强碱性或酸性的水，以防腐蚀机体。

（5）在倒水时，要小心轻放，防止水筒碰撞变形而失去真空吸水的能力。

（6）使用完毕时，须先切断电源，然后将电线擦干，绕放好。

（7）吸水器内的垃圾、积水必须清除后擦干，放在通风、干燥处，以备下次使用。

▲商业楼宇环境卫生管理规定

商业楼宇环境卫生管理规定

第一条　定期清洁楼宇周围的场地，做到无纸屑、无泥垢、无痰迹，其他附属构件无灰尘。如有喷水池，应保持池内无漂浮物等。

第二条　定期擦洗楼墙外体、门窗，定时和随时擦拭保持洁净，橱窗的玻璃及里面的展示商品、构件保持原有的状况。

第三条　楼宇内部的公用部位如电梯、自动扶梯、扶梯、过道的地面，卫生间、会议室、餐厅的地板，桌椅，消防箱等每日定时擦拭并随时保持洁净。

第四条　承租户铺内的柜台、陈列物件及商品等按物业管理公司规定应由承租户自己保持整洁。

第五条　定时将公用部位的广告牌（或箱）、指示牌、灯饰等擦拭洁净。

第六条　楼宇内外的广告牌、条幅、悬挂物、灯饰等凡属商户铺内的，可由商户提出设计要求或制作，必须由物业管理公司统一安装在合理的位置。

第七条　柜台内或陈列架上的商品陈列应美观，不得凌乱或随意置放。

第八条　商户铺内生产的垃圾须袋装并放至指定的位置。

第九条　楼宇内外的主要卫生清洁时间应安排在非营业期间，营业期间的必要清洁应由清洁人员用抹布擦拭，而后用长柄拖布拭净。

第十条　在雨雪天，进门处及其他公用过道的卫生应多注意。

▲清洁工工作标准

清洁工工作标准

1. 主要职责

（1）对分管的楼内走道、楼梯部位、写字间以及包干场地，每天按时按量吸尘或做好保洁工作，达到"三亮、四无"标准（镜子、门玻璃、不锈钢电梯门亮，楼面无异味、无污垢、无蛛网、无堆积物）。

（2）对公共场所、盥洗室、公共部位废物箱、痰盂，每天清扫或清洗两次。按时喷洒药水、放置卫生药品，保持干净，做到无污、无臭、无虫。

（3）对各部门的废品垃圾，每天清除一次并做好防火工作。

（4）协助有关人员做好卫生用纸、清洁卫生用具和药物的发放。

2. 工作程序

（1）上班前按规定着装，并检查清洁器具是否安全、完好。

（2）乘工作电梯（货梯）到达各自负责的清洁工作区域，进行擦拭、吸尘等清洁工作。

（3）大楼客户室内的清洁，应根据大楼客户的要求，优先安排，按时清洁。进入客户内清洁应按有关规定执行。

（4）大楼公用部位的清洁，应先清洁洗手间，安放卫生纸，再清理其他部位，先让上班客人方便使用，而后再仔细擦拭镜面、不锈钢器具、踢脚纸、门框及把手等部位，最后吸尘，保持楼面的清洁舒适。

（5）电梯厅、消防梯的清洁，应由上至下分层清洁。电梯地面每周抛光一次，随时注意擦去客人走动而留下的脚印，如有客人站立在大堂影响清洁工作，应主动有礼貌地招呼："先生，对不起，请让一让。"

（6）清洁领班应自上而下对大楼公共部位的清洁工作进行检查，每日若干次，及时指出需注意或需重新清洁的地方，督促清洁工做好工作。

3. 质量要求

（1）设立完备的大楼清洁（环境清洁、厕所清洁、公共区域清洁等）岗位，在规定时间内，始终保持有岗、有人、有服务。

（2）上岗的工作人员必须仪容端庄、仪表整洁、微笑待客、礼貌服务。

（3）定岗、定人、定时进行大堂、厕所、公共区域的清洁服务工作，服务规范、程序完善。

4. 各清洁部位质量要求：

（1）地板。

①大理石、花岗岩、木质地板经过清洗、打蜡、抛光和综合保洁后，做到表面平整、光亮、无污迹。

②水泥地、地砖、地板经清洗和综合保洁后，表面做到干净、无污迹，保持材料的本色。

③地毯地坪清洗后表面无任何污迹，日常保洁做到每日吸尘一次，小规模的污点及时清除，以保持其清洁度。

（2）墙面。

①大理石、花岗岩墙面经清洗、打蜡、手工抛光后，保持表面光洁，无粗糙感。

②面砖、墙纸、乳胶涂料、镜面、金属材料等组成的墙面保持无污迹、无积灰（因材料损坏形成污斑不计在内）。

（3）天花板、吊平顶、玻璃、金属、电梯、木质器材等。

①风口、指示牌、喇叭、顶灯、外露管道等顶部设施保持无污迹、无积灰。

②玻璃在清洗后，时刻保持其光亮，无水印、手印和别的污迹。

③不锈钢镜面、钢质装饰品，毛面及不锈面保持光亮如新，见本色。

④自动扶梯台阶无积灰、无污迹。两侧玻璃光亮，无水印、手印和别的污迹。挡板光亮无污迹、无积灰。自动扶梯的不锈钢光亮，无水印、手印和污迹。橡胶卷动带无积灰与污点。

⑤客梯与服务电梯的电梯门和内部不锈钢要求光亮，无手印、污迹。门轨道无污迹，无积尘。

⑥木质器材做到表面无尘、无划痕、无污迹。

（4）卫生间。

①镜面光亮无灰尘，化妆台台面无水迹，无洗手液滴。

②门及护板表面无尘、无划痕、无污迹。

③不锈钢光亮见本色。

④烘手器、小便池要洁净无灰尘，特别注意擦拭烘手器后部。

⑤坐厕要畅通，不得有异物，不得有便渍、水锈和异味，特别应注意出水口不能有水锈。

⑥小便池内无尿碱、烟头、痰迹等异物，及时更换避味球。

⑦墙、地面光亮照人，特别应注意擦拭小便池附近地面的尿液。

⑧门转轴、闭门器和门通风孔无积灰。

⑨定时清理垃圾筒内污物，垃圾筒表面无污迹、水迹。

⑩水龙头光亮见本色，无水迹、水印。

⑪提供给客人的物品要摆放整齐，清洁工具不暴露于客人视线内。

▲别墅小区环境卫生管理规定

别墅小区环境卫生管理规定

第一条　业主或租户的生活垃圾必须置于垃圾袋内，每天上午 9：00 与下午 3：00 以前将垃圾袋放在大门外，由清洁人员清倒处理，请不要乱扔乱抛垃圾袋。

第二条　进入别墅小区的人员要保护环境整洁，不准随地吐痰，不准乱扔果皮、烟蒂、杂物等，严禁随地大小便。违者将按公共卫生条例罚款 10~500 元并负责清扫现场。

第三条　业主或租户饲养宠物必须获得政府有关部门批准，并保证不会扰及其他住户，宠物在公共区域所造成人身伤害事故及影响清洁卫生之后果，由饲养住户承担全部经济和法律责任。

第四条　别墅的公共区域不得张贴海报广告类的资料。建筑物外墙上均不得乱涂、乱画、乱写，违者应负责清洗粉刷费用。

第五条　凡乱倒垃圾、污水、杂物，污染公共地方者必须负责清扫现场并受到罚款处理，如由此引起下水道堵塞或损坏，均应负责全部修理费用。

第六条　为保持环境整洁和宁静，住户不得于晚间 11：00 到早晨 7：00 之间在花园或公共区域内弹奏乐器、使用音响器材，以致骚扰邻居。

第七条　住户的私家花园除野餐烧烤用途外，不得生火及焚烧树叶或垃圾，对花木施肥时应用无毒及不刺鼻的肥料，以免引起空气污染。

第八条　要保持公共通道的整洁，住户请勿在道路上乱停放各种车辆，清洗车辆后，必须将污水清扫干净，并不得影响道路整洁和影响邻居环境卫生，违者将负责全部清洗费用。

第二节　现代物业绿化卫生管理表格

▲绿化员岗位安排表

绿化员岗位安排表

管理处　　　　　　　　班

员工姓名	岗位范围	主要工作任务	备　注

主任签字：

说明：（1）由班长安排定岗，报主任审批。

　　　　（2）此表由管理处保存一年。

▲绿化工作日检查表

绿化工作日检查表

单位：　　　　　　　　年　月　日

检查项目	合格	不合格原因	责任人（岗位）	检查人	处理结果

说明：（1）对照《绿化工作检验标准》发生不合格时在栏内简要记录。

　　　（2）由班长检查填写，月底交管理处存档，保存一年。

▲小区绿化管理检查记录表

小区绿化管理检查记录表

日期	绿化检查区域	记　录	检查员	备　注

▲小区消杀服务质量检验表

小区消杀服务质量检验表

检查项目 / 检查地点	灭蚊	灭蝇	灭鼠	灭蟑螂	不合格处理结果
垃圾池	□合格 □不合格	□合格 □不合格	□合格 □不合格	□合格 □不合格	
垃圾中转站	□合格 □不合格	□合格 □不合格	□合格 □不合格	□合格 □不合格	
污、雨水井	□合格 □不合格	□合格 □不合格	□合格 □不合格	□合格 □不合格	
化粪池	□合格 □不合格	□合格 □不合格	□合格 □不合格	□合格 □不合格	
沙井	□合格 □不合格	□合格 □不合格	□合格 □不合格	□合格 □不合格	
绿地、楼道	□合格 □不合格	□合格 □不合格	□合格 □不合格	□合格 □不合格	
自行车库	□合格 □不合格	□合格 □不合格	□合格 □不合格	□合格 □不合格	
天面雨篷	□合格 □不合格	□合格 □不合格	□合格 □不合格	□合格 □不合格	
食堂、宿舍	□合格 □不合格	□合格 □不合格	□合格 □不合格	□合格 □不合格	
游泳池	□合格 □不合格	□合格 □不合格	□合格 □不合格	□合格 □不合格	
停车场、设备房	□合格 □不合格	□合格 □不合格	□合格 □不合格	□合格 □不合格	
商业网点	□合格 □不合格	□合格 □不合格	□合格 □不合格	□合格 □不合格	

说明：1. 清洁班长每月对照《清洁工作检验标准》中消杀的检验标准进行检查并填写此表；

2. 合格打"√"，不合格记录其原因。

▲清洁区域分工安排表

清洁区域分工安排表

姓名	日期	地点	负责区域	上下班时间	备注

批准人/日期：　　　　　　　　　　编制人/日期：

▲清洁员岗位安排表

清洁员岗位安排表

单位：　　　　　　　　　　　　　　　　　年　月　日

清洁员姓名	岗位范围	主要工作任务	备注

定岗人：　　　　　　　　　　主任签字：

说明：（1）由班长安排定岗，报主任审批；

　　　（2）此表由管理处保存三年。

第八章　现代物业配套服务与业主用户管理制度与表格

第一节　现代物业配套服务与业主用户管理制度

▲信箱管理规定

信箱管理规定

第一条　物业公司的信箱由综合管理部负责管理。

第二条　每个进驻企业使用的信箱与公司租房的房号相同，每个信箱可领用锁匙一把，租用半套房的企业如需要使用信箱，可以书面形式向中心申请。

第三条　进驻企业办理退房手续时将钥匙交还到物业公司综合管理部。如未能将信箱锁匙如数交回，则每套锁匙按50元的价格赔偿，在租房履约保证金内扣除。

第四条　信箱如有人为损坏的，则按每个信箱200元的价格赔偿，在履约保证金内扣除。

▲全面便民服务规范

全面便民服务规范

一、电脑网络服务

1. 电子购物

专程进城购物对于居住在小区的住户来说，不是一件随心所欲的事，因此，我们将争取在短时间内实现电脑控制的电子购物，并首先实现电话购物，银行付款的购物方式。我们将与本集团公司所属的××百货商场合作，来实现这一目标，届时，小区的住户将可以坐在家中通过电脑"逛"商场、挑选商品，由商店送货上门，实现足不出户货自来的超级享受。

2. 电脑看病

远程电脑会诊治疗是先进的医疗方式。我们将与医院联合率先引入"电脑看病"方式，使住户通过自己家中的电脑或设在小区门诊点的电脑接受医生的治疗。

3. 电脑通信

我们将在小区内建立电脑互联网络，使住户可以坐在家中实现网络上的对话、咨询、请求服务、求救报警等，无论是与管理处还是其他住户之间都可以用这种通信方式沟通。

二、建立红十字会救护网络

与市属大中型医院联合在小区设立门诊点提供简单医护事项及紧急救护服务。

▲服务中心便民服务制度

服务中心便民服务制度

第一条　精神面貌：要做到细心、周到，体现服务中心员工高尚的精神境界。

第二条　上班纪律：上班时每天必须先到服务中心报到，然后外出工作，工作结束后，必须及时到服务中心签到。

上班时必须穿工作服，佩戴工作卡，以便接受客户的监督。

第三条　服务质量：确保客户满意，根据客户的要求，按质、按量、按时完成。在工作中严禁向客户索取财物、吃、拿等不良行为，一经发现，立即作辞退处理，情节严重者还将追究法律责任。

第四条　对外服务内容。

（1）代办服务：代订牛奶，接送小孩上下学，代办收订报纸杂志，代取邮件，代订车、船、机票，介绍家庭老师、保姆、钟点工等。

（2）维修服务：通下水道，修水龙头、水阀、信箱锁，换电表、水表、门锁，检查家用电器，安装检查空调机，修理门窗等。

（3）定点长期、周期性服务：打扫卫生、擦玻璃，室内绿化服务。

（4）洗车、打蜡服务。

（5）文化娱乐活动服务。

（6）医疗服务：设医疗保健中心，配备急救箱、急救药品等。

▲服务中心便民活动管理规定

服务中心便民活动管理规定

第一条 本规定所指的便民活动包括如下临时性、短时性活动。

（1）有益于居民身心健康的产品展销。

（2）住户日常需求量大的产品、特产，以及来自厂家、产地的直销。

（3）家居的重体力、高难度技术性劳动服务。

（4）为本小区福利筹资的义卖或削价展销。

（5）上级组织的有利于促进精神文明建设的活动。

第二条 凡在本小区开展便民活动，均须经过服务中心批准，在服务中心统一组织、安排下进行。主办单位应提前7天到服务中心社区文化部登记申请，经批准后在指定地方预告，以便住户依时参加。

第三条 开展便民活动的时间仅限于：节假日的早上8：00至下午6：00，每个项目持续时间不能超过3天。同时举行的便民活动不能超过3家。

第四条 便民活动内容必须健康，形式必须文明，应服从服务中心人员的现场指挥和管理，不能造成环境破坏或污染，不能影响或破坏社区秩序。每次活动完毕后主办单位应负责场地的清理和复原。

第五条 便民活动单位须向服务中心交纳场地费、管理费和卫生费。

第六条 便民活动如实交税或需工商部门批准的由主办单位自行办理。

▲服务中心接待来访投诉定期回访制度

服务中心接待来访投诉定期回访制度

第一条 接待来访投诉工作。

（1）接待来访投诉工作由信息中心值班人员负责，服务中心应广为宣传接待投诉的办公地点、电话，以便于住户投诉。

（2）任何管理人员在遇到住户来访投诉时，都应给予热情接待，主动询问，耐心、细致地做好解释工作，当住户有不理解小区的管理规章制度时，要晓之以理，动之以情，让住户理解并支持服务中心的工作。

（3）对住户投诉、来访中谈到的问题，接待人员应及时进行记录，并当天进行调查、核实，然后将处理结果汇报责任部门主任；不能解决的，要将问题和意见向有关部门汇报，由服务中心经理决定处理办法。

（4）当住户主动前来提合理化建议时，要详细、认真地做好记录，并及时向经理汇报，由经理决定采取或制订整改计划，并张榜公布整改措施和表彰"爱我小区"的住户名单，同时给住户优先评选"文明户"。

（5）责任部门在处理来访、投诉时，要热诚、主动、及时，要坚持原则，突出服务；不得推诿责任、为难住户或乘机索取好处，在处理完毕后应将结果回复住户和服务中心经理，做到事事有着落、件件有回音。

（6）全体管理人员要认真负责，做好本职工作，为住户提供满意的服务，尽量减少住户的投诉、批评。将住户的不满消解在投诉之前。

（7）当同行物业管理单位要求参观时，服务中心员工应给予热情接待，把小区情况做全面的介绍，通过互相学习，共同提高小区管理水平。

第二条　回访工作。

（1）回访要求。

①服务中心经理把对住户的回访列入职责范围，并落实到每年的工作计划和总结评比中。

②回访时，虚心听取意见，诚恳接受批评，采纳合理化建议，做好回访记录。

③回访中，对住户的询问、意见，如不能当即答复，应告知预约时间回复。

④回访后对反馈的意见、要求、建议、投诉，及时逐条整理综合、研究、妥善解决，重大问题向公司请示解决。回访处理率达100%。

（2）回访时间及形式。

①服务中心经理每年登门回访1至2次。

②服务中心各部门主任按区域范围分工，每季回访1次。

③每季度召开一次住户座谈会，征求意见。

④利用节日庆祝活动、社区文化活动、居民集会等形式广泛听取住户反馈。

⑤有针对性地对住户发放住户调查问卷，做专题调查，听取意见。

▲用户投诉处理制度

用户投诉处理制度

第一条　管理处将《用户投诉处理通知单》连同用户投诉或意见原件责成相应班组进行处理。

（1）由有关班组负责作出补救措施。

（2）作出补救措施的同时，还需采取纠正措施，按预定时间完成。

第二条　对重大问题的投诉，管理处不能处理的或需统一协调的问题，直接报总经理，由总经理处理决定。

第三条　对需采取纠正措施的问题要在《用户投诉处理通知单》中记录，以便跟踪检索。

第四条　在完成补救措施后，应将处理结果反馈给管理处，由管理处负责与用户联系，报告处理结果，直到用户满意为止。

▲业主投诉处理和分析制度

业主投诉处理和分析制度

第一条　凡业主对管理处管理、服务方面的投诉，不论采取何种方式如信函、电话或面谈，均由总调度室进行接待、记录，然后按照投诉内容反馈给各相关责任部门，各责任部门应做好相应记录。

第二条　各责任部门接到投诉后，在预定时间内向业主答复采取何种补救措施，答复时间最长不应超过3天。

第三条　各责任部门按照业主投诉的内容，安排相应人员解决问题，并将结果反馈给总调度室。

第四条　对重大问题的投诉，各责任部门不能处理的或需统一协调的问题，直接报管理处主任，由管理处主任作出处理决定。

第五条　总调度室应采用电话或其他形式跟踪投诉解决后是否仍存在问题，如有，仍需责成有关部门迅速处理。

第六条　对业主的投诉，分半年和年终进行分析总结，对反复出现的问题，应组织有关部门进行深入探讨并找出解决办法，防止重复发生。

▲业主意见调查和回访制度

业主意见调查和回访制度

第一条　事务部每年至少进行一次业主意见调查，业主意见调查应列明业主对以下方面的满意程度：

（1）供电管理；（2）供水管理；（3）消防治安管理；（4）卫生管理；（5）绿化管理；（6）公共设施管理；（7）维修服务；（8）服务态度。

第二条　事务部对回收的意见表进行统计分析，并将结果如调查表的回收份数、总的满意率以及分项满意率、业主对物业管理的意见（共性的意见）等书面报告管理处主任。

第三条　对各部门存在问题，管理处主任提出整改意见，责成有关部门限期解决。

第四条　对业主的误解，事务部应进行必要的耐心解释。

第五条　业主意见调查结果及整改方案应定期向业主委员会进行通报，接受监督。

第六条　管理处副主任及相关职能部门应定期对相关业主进行回访。

第七条　回访时，虚心听取意见，诚恳接受批评，采纳合理化建议，做好回访记录。

第八条　回访中，对业主的询问、意见，不能当即答复的，应告知预约时间答复。

第九条　回访后遇到的重大问题，应上例会讨论，找出解决方案，做到件件有落实，事事有回音。

▲用户投诉处理工作规程

用户投诉处理工作规程

第一条　受理解决投诉的部门。

（1）物业部主要负责用户投诉的记录以及把投诉内容转交有关部门处理。

（2）各职能部门负责物业部转来的本部门服务过程中出现的质量问题的处理。

（3）管理处经理负责向总经理汇报，解决超出自身权限的质量问题的投诉处理。

第二条　受理解决投诉的程序。

（1）物业部以书面通知的形式，公布公司的投诉电话和负责投诉的部门。

（2）物业部文员在接到用户口头或书面的投诉后，应首先向对方表示歉意，并耐心、仔细询问用户投诉的内容，认真填写《用户投诉簿》上的相关栏目。如属无效投诉，应向投诉人做好解释。

（3）对用户较严重的投诉，物业部应及时向管理处经理汇报，由经理组织相关人员落实解决措施，并限期进行处理，同时做好安抚工作；如超出管理处权限，管理处经理及时上报总经理，研究解决办法。

（4）相关部门在处理完投诉后，要迅速将处理结果报物业部，由物业部负责向投诉的用户反馈或验证处理结果，使用户的投诉有一个满意回复。要注意的是，对每一个投诉，在处理完毕或由于客观原因无法解决时，都应反馈给用户，做好解释工作，不能让用户存在遗憾与意见。

（5）相关部门在实施补救措施的同时，如发现潜在的质量问题，应及时向上级部门报告以便采取预防措施。

▲住宅区管理处回访制度

住宅区管理处回访制度

第一条　回访要求。

（1）物业管理处正、副主任把对住户（业主）的回访列入职责范围，并落实到每年的工作计划和总结评比中。

（2）回访时，虚心听取意见，诚恳接受批评，采纳合理化建议，做好回访记录。

（3）回访中，对住户（业主）的询问、意见，如不能当即答复，应告知预约时间回复。

（4）回访后对反馈的意见、要求、建议、投诉，及时逐条整理综合、研究、妥善解决，重大问题向公司请示解决。对住户（业主）反映的问题，做到件件有着落，事事有回音。回访处理率达100％，投诉率力争控制在1％以下。

第二条　回访时间及形式。

（1）物业管理处的正、副主任每年登门回访1至2次。

（2）小区事务助理按区域范围分工，每月回访1次。

（3）每季度召开一次楼长会，征求意见。

（4）利用节日庆祝活动、社区文化活动、公关活动等形式广泛听取住户反映。

（5）有针对性地对住户（业主）作专题调查，听取意见。

（6）物业管理处设投诉信箱、投诉电话，由专人接收，交管理处主任及时处理。

（7）随时热情接待来访，并做好登记。

第二节　现代物业配套服务与业主用户管理表格

▲业主意见征询调查表

业主意见征询调查表

姓名		住址		日期	
调查内容及评语				主要问题及建议	
治安工作情况	□优秀　□良好　□一般　□差				
维修及时情况	□优秀　□良好　□一般　□差				
维修质量情况	□优秀　□良好　□一般　□差				
环境卫生情况	□优秀　□良好　□一般　□差				
绿化工作情况	□优秀　□良好　□一般　□差				
水电供应质量情况	□优秀　□良好　□一般　□差				
服务人员礼貌、礼节方式	□优秀　□良好　□一般　□差				

调查部门：　　　　　　　　　　　　　　调查人：

说明：请您在相应的栏目□内打"√"，谢谢合作！

▲回访业主记录表

回访业主记录表

部门：　　　　　　　　　　　　　　号码：

住址	回访内容	处理结果	业主满意率				业主签名	回访人员签名	日期
			A	B	C	D			

注：表中 A 代表"优秀"、B 代表"良好"、C 代表"一般"、D 代表"差"。

▲访问客户记录

访问客户记录

被访人		地址		身份	
访问人		访问时间			
访问内容	访问记录			被访人签名	

管理处主任：　　　　　　　　　　　日期：

▲住户满意率统计表

住户满意率统计表

单位：（盖章）　　　　　年第　　　次　　　　　填表日期：

总户数		实发数		实发率		回收数		回收率		平均满意率	

序号	服务项目	总体评价						意见与建议			
		满意率		不满意率		非管理原因造成的不满意率					
1	房管	户	%	户	%	户	%				
2	保安	户	%	户	%	户	%				
3	车管	户	%	户	%	户	%				
4	清洁	户	%	户	%	户	%				
5	绿化	户	%	户	%	户	%				
6	维修	户	%	户	%	户	%				
7	社区活动	户	%	户	%	户	%				
备注	注意：在填写"意见与建议"栏时，每项意见或建议后面请加上括弧，并填上例数，如：1. ×××××（5例）										

填表人：　　　　　　　　　　　管理处主任：

▲业主投诉处理登记表

业主投诉处理登记表

序号	时间	投诉人	联系电话	投诉内容	受理人	处理结果	投诉人意见	备注

▲投诉登记表

投诉登记表

序号	投诉时间（日时）	来访人			投诉内容	处理表号码	处理情况
		姓名	联系电话	地址或单位			

注：接待人将内容登记在《投诉处理表》上并通知责任人取表进行处理，处理完后，验证人在此表上填上完成时间并签名。

▲投诉处理表

投诉处理表

单位：　　　　　　　　　　　班组：

投诉人		联系电话		地址	

投诉时间：　年　月　日　时　分	投诉类型
内容： 　　　记录人：　年　月　日	Ⅰ□ Ⅱ□ Ⅲ□

调查情况、结果：   　属有效投诉□　　无效投诉□　　调查人：　年　月　日
处理意见：   　　　　　　　　　　　责任人：　年　月　日
回访验证（上门/电话/信函）：   　　　业主（住户）签名：　　验证人：　年　月　日

投诉类型、责任人等内容具体见《业主（住户）投诉处理程序》。

第九章 现代物业档案资料管理制度与表格

第一节 现代物业档案资料管理制度

▲档案资料管理制度

档案资料管理制度

为加强企业档案资料管理，使公司所有员工都关心档案工作，特制定本档案资料管理制度。

第一条 档案资料管理各级职责。

（1）分管经理工作职责。

①必须把档案管理工作列入总经理任期目标责任制，并分解下达管理目标。

②要重视档案管理工作，积极解决档案管理工作经费及其他问题，每年至少要召开两次档案工作会议。办公室根据《档案法》和总经理的年度方针、工作目标制订每年工作计划。

（2）档案资料员工作职责。

①负责做好收件登记、编号、运转和检查未归档文件的催办工作。

②按规定程序及时、正确地办理各种资料的动态注记。

③配合物业主管做好发放《公房凭证》和签订《非居住用房租赁合同》工作。

④按时收集好各类档案资料，不散失，不遗留，做好立卷归档。分类要准确，装订要工整，要符合立卷标准。

⑤及时制订工作计划和做好工作总结，每月或每季提供给各级领导正确、可靠的统计表。

⑥严格执行查阅资料的规定办法和资料保密纪律。

⑦妥善保管好各类档案资料。

第二条 公、检、法部门或房管部门和上级主管机关因办案需要，需查阅有关房产资料，按规定凭介绍信查阅。

第三条　律师事务所要了解有关当事人资料的，凭律师事务所出具写明查阅内容和目的的介绍信，并出示《聘请律师合同书》，由资料员代为查阅，并根据不同情况采用口头或书面方式，把房产的性质和当时处理的结论进行答复。

▲立卷管理规定

立卷管理规定

第一条　对公司各部门处理完毕或批存的文件材料的立卷归档，依照此规定执行。

第二条　公司各部门应根据本部门的业务范围及当年工作任务，编制平时文件材料归卷使用的"案卷类目"。"案卷类目"的条款必须简明确切，并编上条款号。

第三条　公文承办人员应及时将办理完毕或经领导人员保存的文件材料搜集齐全，加以整理，送交本部门专（兼）职文书归卷。

第四条　专（兼）职文书人员应及时将已归卷的文件材料，按照"案卷类目"条款"对号入座"，放入平时保存的文件卷夹内，并在收发文登记簿上注明。

第五条　为统一立卷规范，保证案卷质量，立卷工作由相关部室兼职档案员配合，档案室文书档案员负责组卷、编目。

第六条　案卷质量总的要求是：遵循文件的形成规律和特点，保持文件之间的有机联系，区别不同的价值，便于保管和利用。

第七条　归档的文件材料种数、份数以及每份文件的页数均应齐全完整。

第八条　在归档的文件材料中，应将每份文件的正件与附件、印件与定稿、请示与批复、转发文件与原件、多种文字形成的同一文件，分别立在一起，不得分开。文电应合一立卷，绝密文电单独立卷，少数普通文电如果与绝密文电有密切联系，也可随同绝密文电立卷。

第九条　不同年度的文件一般不得放在一起立卷，但跨年度的请示与批复，放在复文年立卷；没有复文的，放在请示年立卷；跨年度的规划放在第一年立卷；跨年度的总结放在最后一年立卷；跨年度的会议文件放在会议开幕年立卷，其他文件的立卷按照有关规定执行。

第十条　卷内文件材料应区别不同情况进行排列，密不可分的文件材料应依序排列在一起，即：批复在前，请示在后；正件在前，附件在后；印件在前，定稿在后，其他文件材料依其形成规律或特点，应保持文件之间的密切联系并进行系统的排列。

第十一条　卷内文件材料应按排列顺序，依次编写页号。装订的案卷应统一在有文字的每页正面的右上角、背面的左上角打印页号。

第十二条　永久、长期和短期案卷必须按规定的格式逐件填写卷内文件目录。填写的字迹要工整。卷内目录放在卷首。

第十三条　有关卷内文件材料的情况说明，都应逐项填写在备考表内。若无情况可说明，也应将立卷人、检查人的姓名和日期填上以示负责。备考表应置卷尾。

第十四条　案卷封面，应逐项按规定用毛笔或钢笔书写，字迹要工整、清晰。

▲档案管理办法

档案管理办法

第一条　依据《中华人民共和国档案法》，结合公司实际情况，特制定本办法。

第二条　公司档案工作的基本原则是：集中管理与分散管理相结合，以集中管理为主，即公司文书档案由办公室集中统一管理，档案（已交办公室的除外）分别由有关部门管理，以便于及时利用，维护档案的完整与安全。公司各部门在各项活动中形成的具有参考价值的文件、材料，由承办单位、主办人负责将其中已办完的文件、资料及时归档。

第三条　公司办公室设立专门的档案工作接受上级部门档案处的业务指导、监督和检查，负责管理公司的文书、科技（部分）档案，其任务包括以下几点。

（1）搜集、整理、立卷、鉴定、保管公司的文书档案。

（2）积极开展档案的提供利用工作。

（3）进行档案鉴定。

（4）进行档案统计。

（5）保管部分科技档案。

（6）认真学习《中华人民共和国档案法》有关规定和档案工作理论、技术和业务知识，掌握归档的基本方法，保证档案质量。

第四条　归档。归档的文书包括以下几点。

（1）公司与有关单位的来往信件、各种协议书、合同等。

（2）公司会议原始记录、纪要和决定（包括发布的通知、通报、机构调整、任免、奖惩以及全公司的规章制度）。

（3）公司制订的计划、统计、预决算、工作总结。

（4）公司主持召开的各种专业会议形成的领导讲话、文件和会议总结、纪要。

（5）国际交流和合资企业来往文件、协议、报告和会谈纪要等文件材料。

（6）公司各部门的发文。

（7）其他具有保存价值的文件材料、重要的工作经验材料。

（8）外单位直接发送给公司各部门的抄送信件。

第五条　归档要求。

（1）归档的文件材料，应按照自然形成、保持历史联系的原则和归档要求特征及文件内容进行归档。

（2）在一个卷内要按问题或文件形成的时间，系统地排列。

（3）案卷标题要简明准确，整理好的案卷要确定案卷的保管期限，原则上分为永久、长期（15年以上）、短期（15年以下）三种。

（4）按归档要求进行装订、编号、填写卷内目录备考表。

（5）全部案卷组成后，要对案卷作统一排列并编写档号，然后逐卷登记，填写案卷目录。

第六条　档案借阅。

（1）借阅档案要履行借阅手续。调阅档案只限在档案室查阅，不能带出，必须带出档案室查阅的，要经过办公室主任批准。

（2）借阅时间，一般档案最长不超过10天，密级档案最长不超过一周。

（3）借档人不得转借、拆卸、调换、污损所借的档案，不得在文件上圈点、画线和涂改，未经批准不得复印档案。

（4）借档人确因工作原因需要复印文件或摘抄文件，须经办公室主任批准。

▲档案管理制度

档案管理制度

第一条　管理部门。

（1）文书结案后，原稿由各文书管理部门归档，经办部门根据实际需要留存影本。如因业务处理需要，原稿须由经办部门保管，应经文书管理部门主管同意后妥善保存，文书管理部门以影本归档。

（2）各分公司档案分类目录及编号原则，由各公司经理室或事业部经理室统一制定，总管理处各部门、中心档案则由各部门自行编定并报送总管理处。

第二条　文件点收。文件结案移送归档时，根据如下原则点收。

（1）检查文件的文本及附件是否完整，如有短缺，应立即追查归入。

（2）文件如经过抽查，应有管理部门主管的签认。

（3）文件的处理手续必须完备，如有遗漏，应立即退回经办部门科室。

（4）与本案无关的文件或不应随案归档的文件，应立即退回经办部门。

（5）有价证券或其他贵重物品，应退回经办部门，经办部门送指定保管部门签收后，将文件归档处理。

第三条　文件整理。点收文件后，应依下列方式整理。

（1）中文直写文件以右方装订为原则，中文横写或外文文件则以左方装订为原则。

（2）右方装订文件及其附件均应对准右上角，左方装订则对准左上角、理齐钉牢。

（3）文件如有皱折、破损、参差不齐等情形，应先补整、裁切、折叠，使其整齐划一。

第四条　档案分类。

（1）档案分类应视案件内容、部门组织、业务项目等因素，按部门、大类、小类三级分类。先以部门区分，然后依案件性质分为若干大类，再在同类中依序分为若干小类。

（2）档案分类应力求切合实用。如果因案件较多三级分类不够应用时，须在第三级之后增设第四级"细类"。如案件不多，也可仅使用"部门"及"大类"或"小类"两级。

（3）同一"小类"（或细类）的案件以装订于一个档夹为原则，如案件较多，一个档夹不够使用时，可分为两个以上的档类装订，并于小类（或细类）之后增设"卷次"编号，以便查考。

（4）每一档夹封面内首页应设"目次表"，案件归档时依序编号、登录，并以每一案一个"目次"编号为原则。

（5）档号的表示方式如下：

$A_1 A_2$——$B_1 B_2 C_1 C_2 D_1$——$E_1 E_2$

其中：$A_1 A_2$ 为经办部门代号，$B_1 B_2$ 为大类号，$C_1 C_2$ 为小类号，D_1 为档案卷次，$E_1 E_2$ 为档案目次。

第五条　档案名称及编号。

（1）档案各级分类应赋予统一名称，其名称应简明扼要，以充分表示档案内容性质为原则，并且要有一定范畴，不能笼统含糊。

（2）各级分类、卷次及目次的编号，均以十进位阿拉伯数字表示；其位数使用视案件多少及增长情形斟酌决定。

（3）档案分类各级名称经确定后，应编制"档案分类编号表"，将所有分类各级名称及其代表数字编号，用一定顺序依次排列，以便查阅。

（4）档案分类各级编号内应预留若干空当，以备将来组织扩大或业务增多时，随时增补之用。

（5）档案分类各级名称及其代表数字一经确定，不宜任意修改，如确有修改必要，应事先审查讨论，并拟定新旧档案分类编号对照表，以免混淆。

第六条　档案编号。

（1）新档案，应从"档案分类编号表"查明该档案所属类别及其卷次、目次顺序，以此来编列档号。

（2）档案如何归属前案，应查明前案的档号并予以同号编列。

（3）档号以一案一号为原则，遇有一档案件叙述数事或一案归入多类者，应先确定其主要类别，再编列档号。

（4）档号应自左而右编列，右方装订的档案，应将档号填写于案件首页的左上角；左方装订者则填写于右上角。

第七条　档案整理。

（1）归档文件，应依目次号顺序以活页方式装订于相关类别的档夹内，并视实际需要使用"见出纸"注明目次号码，以便翻阅。

（2）档夹的背脊应标明档夹内所含案件的分类编号及名称，以便查档。

第八条　保存期限。文件保存期限除政府有关法令或本企业其他规章特定者外，依下列规定办理。

（1）永久保存。

①公司章程。

②股东名册。

③组织规程及办事细则。

④董事会及股东会记录。

⑤财务报表。

⑥政府机关核准文件。

⑦不动产所有权及其他债权凭证。

⑧工程设计图。

⑨其他经核定须永久保存的文书。

（2）10年保存。

①预算、决算书类。

②会计凭证。

③事业计划资料。

④其他经核定须保存10年的文书。

（3）5年保存。

①期满或解除之合约。

②其他经核定保存5年的文书。

（4）1年保存：结案后无长期保存必要者。

（5）各种规章由规章管理部门永久保存，使用部门视其有效期予以保存。

第九条　档卷清理。

（1）档案管理人员应随时擦拭档案架，保持档案清洁，以防虫蛀腐朽。每年更换时，依规定清理一次，已到保存期限者，给予销毁。销毁前应造册呈总经理核准，并于目录表附注栏内注明销毁日期。

（2）保管期限届满的文件中，部分经核定仍有保存参考价值者，管档人员应将"收（发）文登记单"第五联附注在其保留文件上，并在第五联上注明部分销毁的日期。

第十条　调卷程序。

（1）各部门经办人员因业务需要需调阅档案时，应填写调卷单，经其部门主管核准后向管档人员调阅。

（2）档案管理人员接到调卷单，经核查后，取出该项档案，并于调卷单上填注借出日期，然后将档案交与调卷人员。调卷单按归还日期先后整理，以备催还。

（3）在档案室当场借阅者，免填调卷单。

（4）档案归还时，经档案管理人员核查无误后，档案即归入档夹。调卷单由档案管理人员留存备查。

第十一条　调卷管理。

（1）"调卷单"以一单一案为原则，借阅时间以一周为限，如有特殊情形需延长调阅期限时，应按调阅程序重新办理。

（2）调卷人员对于所调档案，不得抽换增损，如有拆开必要时，亦须报明原因，请管档人员负责处理。

（3）调卷人员调阅档案，应于规定期限内归还，如有其他人员调阅同一档案时，应变更调卷登记，不得私自授受。

（4）调阅的档案应与经办业务有关，如调阅与经办业务无关之案件，应经文书管理部门主管同意。

▲档案管理规定

档案管理规定

第一条　档案是指本公司过去和现在，在从事经营管理、科学技术、文化等活动中形成的对公司有保存价值的各种文字、图表、声像等历史记录。

第二条　遵循公司档案分类方法，采取年度问题分类法。有行政管理、经营管理、计划财务、人事劳资、法律工作、广告策划六大类。

第三条　案卷质量按国家标准执行。

（1）案卷必须遵循文件形成规律和特点，保持文件之间的联系，区分保管价值。

（2）卷内文件材料按照批复在前、请示在后，正件在前、附件在后，印件在前、定稿在后，重要法规性文件的历次稿件排列在定稿之后，非诉讼案件的结论、决定、判决性文件在前、依据材料在后的顺序排列。

（3）跨年度的请示与批复，有批复的放在批复年立卷，没有批复的放在请示年立卷；跨年度会议文件放在会议开幕年立卷；跨年度的规划放在第一年立卷；跨年度总结放在最后一年立卷；案件文件应放在结案年立卷。

（4）卷内文件材料按时间顺序排列。收文时公文处理用纸在前、收文在后；内部制发文件，发文正稿在前，依次为公文处理用纸、发文底稿。

（5）案卷封面题名应能准确地反映出卷内文件材料的内容。

（6）案卷卷首为"卷内文件目录"。卷内文件没有题名的，由档案人员根据内容拟写标题；会议记录应填写主要内容。

（7）卷内文件禁止使用铅笔、圆珠笔、复写纸，破损的文件要进行裱糊。

（8）案卷备考表应写明立卷人、审核人姓名、时间，以示负责。

第四条　每年的 3 月末前，行政管理部根据公司制定的归档范围将上一年度的文件归档，任何人不得将资料据为己有。

第五条　严格执行档案借阅制度。借阅档案者不准翻阅或抄写与查档无关的档案内容；不准对档案内容涂抹拆散；注意保守秘密；借阅档案必须及时归还。

第六条　失去保存价值的档案经由公司档案鉴定小组批准后方可销毁。销毁由两名以上档案管理人员共同进行。

第七条　按照规定使用集团内部单据，不得违规对单据进行涂改，填写单据不得字迹潦草或出现填写错误。部门设立专人对本部门单据进行管理，保证存放整齐有序、齐全完整，并按照有关规定进行归档。

▲档案管理准则

档案管理准则

第一条　档案管理员每天都要对预存档的资料进行清理归档，以免资料堆积。要熟悉自己管理的档案，了解各部门的归档制度。

第二条　档案每年清理一次。档案管理员要准确地做好文件索引，以便于查找。

第三条　归档要注意整洁。归档前要先把资料进行分类，再把材料按类别分组装入一个待办卷宗，以便归档时所有材料都能随手而得，避免盲目地查找。

第四条　立卷按永久、长期、短期分别组卷。卷内文件要把正文和底稿、文件和附件、请示和批复放在一起，卷内页号一律在右上角，案卷目录打印 4 份，卷内目录打印 5 份。

第五条　案卷厚度一般在 1.5 厘米至 2 厘米为宜。装订前要拆除金属物，做好文件材料的检查，如有破损或褪色的材料，应当进行修补和复制，装订部位过窄或有字迹的材料，要用纸加以衬边。纸面过大的书写材料，要按卷宗大小折叠整齐，对字迹难以辨认的材料，应当附上抄件，案卷标题要标明作者、问题或名称，文字要简练、确切，用毛笔或钢笔书写，字迹端正。

第六条　根据卷内文件之间的联系，还要进行系统排列、编组号、拟写案卷标题、填写案卷封面、确定保管期限、装订案卷排列、编制案卷目录等，档案目录主要由封面、卷宗说明、案卷目录、卷内目录组合而成。

第七条　案卷按年代、机构排列，永久与长、短期案卷分开保管，要编上顺序号及注明存放案卷年号与卷号。

第八条　注意做好保密工作，档案室的房门窗要坚固，并采取防盗、防火、防水、防潮、防尘、防鼠、防高温、防强光等措施。

第九条　每年对档案材料的数量、保管等情况进行一次检查，发现问题及时采取补救措施，确保档案的安全。

第十条　对于已失去作用的档案要进行销毁或用碎纸机进行处理。销毁档案材料要经过认真鉴定，确定销毁的档案材料必须列册登记，送领导审批后销毁。

第十一条　销毁档案材料时，必须指派专人监销，防止失密。

▲员工工作业绩档案管理制度

员工工作业绩档案管理制度

第一条　要建立工作业绩档案，对各段时期的工作要有评价和考核，对其主要表现记入档案。考核标准是依据岗位责任制中的职责范围等内容，考核工作可分配到各部门进行，最后由人事部汇总。

第二条　建立员工工作业绩档案的目的是便于对员工正确全面地评价，对工作突出，成绩和贡献较大者要给予表扬、奖励、晋级等。对工作不踏实、消极怠工，屡屡出现差错者要进行批评、处罚、降级或撤职。

第三条　员工工作业绩档案的内容，主要有以下几个部分：

（1）文件材料。主要文件包括员工人事调动表、劳动合同书、员工身份证、专业文凭、证书、待业证明等文件的复印件等。

（2）考评记录。主要是《员工工作表现评估表》。公司实行制度化的评估工作，对员工工作表现定期定时进行考评。考评记录可比较全面地反映员工的工作概况，且有重要的查考作用。

（3）出勤记录。员工每月的考勤统计按年度汇总归纳，以专设的统计表格形式存入员工工作档案。员工出勤情况的记录是员工工作态度的反映，体现了员工对企业的忠诚和对工作的责任感。

（4）奖惩记录。员工在日常工作中表现突出或违反纪律而受到各种奖励或处罚的记录是对其工作能力、可信赖程度、工作责任心及工作态度的一种检验尺度，也是考察员工表现，使用与提拔员工的重要依据。

（5）职级变更。员工在工作中，由于工作表现及服务年限因素，其职务、级别与工资待遇等内容会有变动，这种变动也体现出了员工工作能力、工作表现、贡献大小。因此，员工工作档案中对员工职级的变动记录是查考员工工作表现的客观依据。

第四条　在员工工作档案中，还要搜集员工工伤情况记录、客人表扬或投诉员工的信件（复印件）等资料。这对于全面、有效地考查员工表现都有重要作用。

▲员工人事档案管理规定

员工人事档案管理规定

1. 人事档案的内容

员工人事档案是关于员工个人及有关方面历史情况的材料。其内容主要包括：

（1）记载和叙述员工本人经历、基本情况、成长历史及思想发展变化进程的履历、自传材料。

（2）员工以往工作或学习单位对员工本人优缺点进行的鉴别和评价，对其学历、专长、业务及有关能力的评定和考核材料。

（3）对员工的有关历史问题进行审查、甄别与复查的人事材料。

（4）记录关于员工在所工作或学习单位内加入党派组织的材料。

（5）记载员工违反组织纪律或触犯国家法律而受到处分及受到各级各类表彰、奖励的人事材料。

2. 人事档案保密规定

公司人事部对接收员工原单位转递而来的人事档案材料内容，一概不得加以删除或销毁，并且必须严格保密，不得擅自向外扩散。

3. 员工个人情况变更规定

（1）员工进入公司后，由员工本人填写《员工登记表》，其内容包括员工姓名、性别、出生年月、民族、籍贯、政治面目、文化程度、婚姻状况、家庭住址、联系电话、家庭情况、个人兴趣爱好、学历、工作经历、特长及专业技能、奖惩记录等项目。

（2）项目内容如有变化，员工应以书面方式及时准确地向人事部报告，以便使员工个人档案内有关记录得以相应更正，确保人事部掌握正确无误的资料。

4. 员工人事档案的使用

员工人事档案为公司管理的决策部门提供各种人事方面的基本数据，并为人事统计分析提供资料。公司人事决策人员可以通过对有效数据的分析，了解公司人员结构的变动情况，为制定公司人力资源发展规划提供依据。公司要认真做好员工档案材料的收集、鉴别、整理、保管和利用，充分发挥员工档案材料的作用，为公司人力资源的规范化管理奠定扎实的基础。

▲员工培训档案管理办法

员工培训档案管理办法

1. 员工培训档案的内容

（1）员工培训档案是对员工自进入公司工作开始所参与过的各种培训活动的详细记录。

（2）员工的培训记录内容包括：

①在职前训练中，该员工接受各种专业培训课程的课程名称、内容、时间、出勤记录，参加有关考试的试卷，培训员对该员工的培训评估以及员工参加职前训练后的心得体会或总结报告等。

②在岗位培训中，员工参与的专业或外语的训练课程考勤记录、课程情况、考试成绩、评估表格、总结报告等。

③在工作期间，员工自费参加社会上举办的各类业余进修课程的成绩报告单与结业证书复印件等有关材料。

2. 员工培训档案的使用

（1）员工培训档案将与其工作档案一起被公司人事部作为对员工晋升、提级、加薪时的参考依据。

（2）员工的培训档案也是公司人事培训部发掘与调配人才的原始依据。

▲档案借阅管理制度

档案借阅管理制度

第一条　借阅档案（包括文件、资料）必须在档案借阅登记簿登记，秘密级以上的档案文件须经经理级领导批准后方能借阅。

第二条　案卷只供在档案室查阅，未归档的文件及资料可借出。

第三条　借阅期限不得超过两星期，到期必须归还，如需再借应办理续借手续。

第四条　借阅档案的人员必须爱护档案，不得擅自涂改、勾画、剪裁、抽取、拆散、摘抄、翻印、复印、摄影，不得转借或损坏。否则，按违反《保密法》追究当事人责任。

第五条　借阅的档案交还时，必须当面点交清楚，如发现遗失或损坏，应立即报告领导。

第六条　外单位借阅档案，应持单位介绍信，并经总经理批准后方能借阅，但不能将档案带离档案室。

第七条　外单位摘抄卷内档案，应经总经理同意，对摘抄的材料要进行审查、签章。

▲服务中心文件档案管理制度

服务中心文件档案管理制度

第一条　服务中心办公室人员专职负责服务中心所有文件（通知、命令、公函、总结、报告、通报、会议纪要等）及资料（技术图纸、说明书、手册、个人简历、员工档案、市府法规、车辆档案、住户档案等）存档、收集和保管。

第二条　任何人员借阅上述文件资料，须登记日期、用途、经手人及归还日期。

第三条　属秘密文件的要妥善保管，不准散播其内容，未经领导批准不得给外部人员翻阅，不准复印，不准带离办公室。

第四条　职员个人档案材料属秘密材料，他人无权翻阅，保管人员也不准将这些资料擅自给他人过目。

第五条　文件资料等要进行合理归档，归档要注意整齐，归档前要先把资料分类，无论是按字母顺序、按内容或按时间等形式分类，其目的都是为了查找迅速方便，因此都必须在档案夹里清楚地标明。

第六条　要经常进行清理归档，以免资料堆积混乱，对过期的文件资料，要及时清理，无保存必要的资料，经服务中心领导批准可做销毁处理。

第二节　现代物业档案资料管理表格

▲档案存放地备查用表

档案存放地备查用表

档架(柜)	栏格	楼：　　　　层：　　　　房间：				
		全宗号	全宗名称	案卷目录号	案卷目录名称	目录中案卷起止号数

▲归档案卷目录

归档案卷目录

卷宗号: 目录号: 部门:

案卷顺序号	立卷类目号	案卷标题	起止日期	卷内张数	保管期限	备注

▲档案目录卡

档案目录卡

档号: _____ 卷名: _____

本案文件目录					
件数	收文员	来文员	发文号	页 数	备 注
1					
2					
3					
4					
5					
6					
7					
8					
9					

▲档案明细表

档案明细表

保险库号		柜位号				拟存至日期				
公司	部门	文件名称内容类别		入库日期			出库日期			收件人签收
				年	月	日	年	月	日	

▲档案内容登记簿

档案内容登记簿

类号_____

案　号	内　　容	备　注

▲档案调阅单

档案调阅单

档案名称或收发文号					
核　批		调阅人	借出日期	年　月　　日	
档号及件数	共　宗(件)	还卷日期	年　月　日（经收人签章）		

注：本单一式两联，第一联于案卷退还后由档案室退还调卷人，第二联
　　留存档案室备查。

▲档案存放位置表

档案存放位置表

卷宗名称：			卷宗号：			
案卷目录号	案卷目录名称	目录中案卷起止号	存放位置			
			楼层	房间	档架（柜）	栏格

第十章　现代物业接管验收与委托管理制度与表格

第一节　现代物业接管验收与委托管理制度

▲小区（大厦）接管验收准备制度

小区（大厦）接管验收准备制度

第一条　提前派出部分工程技术人员进驻现场，与地盘的人员一起，参与楼宇竣工收尾的监理工作，主要是参与机电设备的安装调试，了解整个楼宇内所装配的设备设施，熟悉各类设备的构造、性能、产地；熟悉水、电、气管道线路的铺设位置及走向，为入住后的管理、维修养护打下基础。

第二条　主动与开发商的地盘和承建联系，协商楼宇交接问题，如商定交接注意事项确定交接日期等。

第三条　与地盘、施工单位双方制定验收方案，统一验收标准。

▲物业接管验收规定

物业接管验收规定

1. 新建房屋的接管验收
（1）主体结构的质量检验。
（2）屋面与楼地面的质量检验。
（3）装修质量检验。
（4）电气质量与使用功能的检验。
（5）水、卫、消防、采暖设备、设施的质量与使用功能。
（6）附属工程及其他配套工程和服务设施质量与使用功能的检验。

2. 原有房屋的接管验收

（1）以 CJB（危险房屋鉴定标准）和国家有关规定做检验依据；

（2）从外观检查建筑物整体的变异状态；

（3）检查房屋结构、装修和设备的完好与损坏程度；

（4）检查房屋使用情况（包括建筑年代、用途变迁、拆改添建、装修和设备情况）。评估房屋现有价值、建立资料档案。

▲物业验收与接管流程

物业验收与接管流程

第一条　通过与物业开发公司工程监理部联系，组织即将作为管理处管理成员等有关人员，在物业竣工前一个月进入施工地盘，跟踪物业设施、设备的调试。

第二条　组织若干人员分别参加各专项的竣工验收，记录好工程质量上的问题和需整改的项目内容，并提有利于物业管理工作的合理化建议。

第三条　根据国家相关标准，着手组织接管。

（1）接收全套竣工资料及各类设备的操作维护说明书。

（2）会同地盘监理部门、施工队，进行质量验收，重点为房屋本体设施与公用配套设施。认真如实填报质量验收单，向施工单位出具验收整改通知，整改期限、规定复检日期与罚则。

（3）对楼宇以不定数目单元为单位模拟居住，测定综合居住指标，发现隐患及时整改。

（4）抄水、电、气表底数，输入电脑备索。

（5）确保保修项目、期限、标准、责任、方式的落实；重大保修项目细则与图纸校验到位。

（6）填报书面移交手续、签署物业管理正式接收文件，接管、进入。

▲新建商业楼宇的接管与验收规定

新建商业楼宇的接管与验收规定

新建楼宇的接管验收重点在于楼宇的隐蔽工程的验收和设施设备的验收。验收规定如下。

第一条　楼宇竣工后，由建设单位或业主书面提请物业接管单位先就产权资料、工程技术资料以及楼宇竣工验收时有关工程设计、施工和设备质量等方面的评价报告进行审核，对条件具备的，在规定的时间内签发验收通知，并约定验收时间。

第二条　验收的具体内容如下。

（1）主体结构地基沉降不得超过国家规定的可允许变形值范围，不得引起墙体和上部结构开裂或其他结构的损坏。

（2）内外墙和楼层面外墙无论是采用贴面，还是使用玻璃面黏合，或是使用其他材料做成的墙面或墙体，不得有空鼓、裂缝和脱落。地面应平整，没有裂缝、起砂脱皮等现象。

（3）设施与设备的验收亦为重点。供电系统的设计负荷载量，设备的运转情况，安全因素，设备如空调、电梯的线路和照明线路、弱电设备线路等应分开，并有明显的标识。

（4）给排水的管道，中央空调的管道的实际走向与设计图纸是否相符。

（5）管道排水应流畅，接口不渗漏，空调管接口处无滴水。

（6）消防设施须符合国家有关标准，并有消防部门的检验合格证。

（7）空调、电梯等各种设备应运转正常等。

（8）其他工程的验收楼宇如造有喷水池等，亦应检验其性能是否正常，有绿地的应检查绿化的程度及其施工质量。

▲旧有商业楼宇的接管验收规定

旧有商业楼宇的接管验收规定

旧有商业楼宇的验收较新建楼宇的验收更为复杂，验收时侧重点有所不同，主要因素是：

（1）楼宇经过或长或短的时间使用，其完损程度不一。

（2）经过不同程度的修缮。

（3）内部都经过承租商户和业主的装修。

（4）设施、设备老化，有的尚需更新，或部分设备陈旧，跟不上商业楼宇用户的需要。

（5）工程技术资料不一定保存完整，给接管后维修工作带来很大问题等。

因此旧有楼宇验收的主要步骤及内容如下。

（1）成立专家评估小组，对楼宇的完损，设施、设备的损耗等多方面进行综合评估，作为物业管理公司在物业接管验收之前和之中的重要参考或依据。

（2）提供尽可能全的楼宇设计、建造、竣工验收、楼宇修缮等有关资料，以求对楼宇竣工时的状态和现状有全面了解。

（3）测算出将来的楼宇维修基金，设施设备更新资金，商业环境的改造资金，管理中的可能收支情况及可能的利润额。

（4）验收内容应重点包括：地基的沉降值是否在允许的范围内，主体结构是否变形；墙体及楼层面是否有裂缝，程度如何；设施和设备的完损程度，是否在使用期限内；商户的装修是否损及楼宇的结构等。

▲物业委托管理制度

物业委托管理制度

第一条　物业委托管理必须根据国家有关法律及省市法规的有关规定，委托方与受托方本着平等互利、积极配合的原则，经过友好协商，订立合同方式进行。

第二条　物业委托管理必须将房屋位置、层数（套数）、产权性质、建筑面积、建筑结构等写清楚。

第三条　委托方应于产业移交给受托方管理时分次缴纳相应的费用。

第四条　各产权单位或产权人应付的管理费用，由受托方与各产权人另定。

第五条　委托方与受托方在签订委托管理合同时应明确双方的责任。

第六条　从委托合同签订之日起一定期限内支付一定比例的物业管理费等金额，作为受托方准备工作费用。工程竣工验收后一定期限内，委托方应付清余款。

第七条　委托管理后不能违约。

▲商品房委托管理制度

商品房委托管理制度

第一条　委托方与受托方可以根据房屋出售单位《房屋买卖契约》的若干规定，在共同遵守的基础上，订立委托管理合同条款。

第二条　委托方可以将自己拥有的房屋委托受托方实行统一专业管理。

第三条　受托方接受委托方的委托并在委托合同生效后，受托方依法负责上述房屋的楼宇管理、设备管理、环境管理、清洁管理、绿化管理，建立房屋基础资料和产业资料，同时承担为产权人和居住者提供优质服务。

第四条　委托方要自觉爱护房屋，室内原始结构不得破坏，公共辅助部位和楼栋安全通道不得堆物，阳台不得任意搭建，房屋用途不得任意改变。

第五条　委托方享有出租权和出售权，但出租、出售前需通知受托方，便于受托方更改基础资料和产业资料。

第六条　为确保委托方居住安全，延长房屋使用年限，房屋自第一户领取钥匙之日起的两年内，因施工质量造成的房屋和设备质量问题，由受托方负责保修，所需费用由受托方自行向房屋出售单位结算（人为损坏除外）。

第七条　保修期后的房屋公共设备正常维修保养和整个公共设施的维修、保养，以及全幢房屋结构性损坏，公用部位及公共设施的自然损坏的维修费用，由相关房屋产权人共同承担，费用在维修基金中列支。对于委托方户室内的损坏报修，由受托方提供有偿服务，费用按实向委托方结算。

第八条　为确保公共部位和设施的维修、保养、更新，委托方按《房屋买卖契约》中购房价的1%支付房屋维修基金。由受托方包干负责维修、保养。本金不足时，受托方再向委托方收取。

第九条　为确保管理工作的正常进行，委托方应按时缴纳管理费。

第十条　凡有关政府规定缴纳的税金和地区街道收取的费用，均由委托方自理。

▲物业委托代管规定

物业委托代管规定

第一条　委托方投资、建设的广场委托受托方管理，产权属于各业主。

第二条　委托方可以将自己拥有的建筑及相应的街坊道路、绿化、泵房等委托受托方管理。

第三条　受托方接受委托方的委托，并对受托的房屋负责验收，对于验收后发现的质量问题，由受托方及时通知，督促施工队伍修复，直至验收合格。委托方支付验收费。

第四条　受托方应严格按照《房屋买卖契约》及有关文件所规定的各项权利条款实施管理和维修任务。

第五条　受托方接受委托方委托，代办物业出售后两年的包修，遵照××市政府有关文件规定，经双方商定，两年保修期内维修和采用一次包定的方法按建筑面积计算维修包干费。

第六条　委托方考虑到业主先后进户，在未移交业主前，由受托方负责空房看管，委托方向受托方按套（间）支付空房看管费。

第七条　为保售后服务的正常运转，明确受托方与业主的权利、义务，在业主领取钥匙时，由受托方同业主共同签订《商品房委托管理合同》，受托方应按照与业主签订的合同为业主提供优质的服务。

第八条　本规定所涉及的费用，委托方应在协议生效后的 15 天内付给受托方，受托方出具收款凭据。

第九条　委托方、受托方都应严格执行本协议的各项条款，任何一方不得无故终止履行本规定。

第十条　如受托方由于管理不善造成与业主矛盾上升，委托方有权提出终止履行委托协议。

▲私房委托管理规定

私房委托管理规定

第一条　受托方受托管理委托方房产后负责开展相应的各项管理业务。（具体管理业务事项在委托方与受托方签订委托合同时另订。）

第二条　委托方在委托管理房产期内，应履行相应的义务和权利。（具体应履行的义务和权利在委托方与受托方签订委托合同时另订。）

第三条　委托管理经费的分担。（具体分担内容和方式在委托方与受托方签订委托合时另订。）

第四条　委托方在签约时，应一次付清相应款项。（具体应付款项于合同中规定。）

第五条　费用结算办法。（具体在委托方与受托方签订委托合同时规定。）

第六条　在委托管理期内，委托方因另行装潢或其他原因必须改动房屋结构、外观形态的工程项目，应事先向受托方书面申请，经认可取得许可证后方可施工，并按章交纳有关费用。

第七条　私房委托管理期自＿＿＿年＿＿＿月＿＿＿日起至＿＿＿年＿＿＿月＿＿＿日止，合同期满，甲乙双方不提出异议，合同自然延长。

▲委托管理维修制度

委托管理维修制度

第一条　根据××市《出售商品住宅管理办法》与实施细则等有关规定，为做好商品住宅的管理维修工作，可将自己拥有的物业委托给受托单位修理养护，保修期为两年，保修费由委托单位一次付给受托单位。

第二条　受托单位负责两年房屋保修期内的各项修理项目。

第三条　受托单位接受委托单位委托，负责办理××路商品住宅的房屋维修养护工作。两年的包修时间从＿＿＿＿年＿＿＿＿月＿＿＿＿日到＿＿＿＿年＿＿＿＿月＿＿＿＿日止。

第四条　经甲、乙双方协商，两年的维修养护费按建筑面积计算，每平方米修理费为＿＿＿＿元，委托单位委托受托单位两年修理养护建筑面积为×××平方米，合计修理养护费为＿＿＿＿元。协议生效后一次付清。

第二节　现代物业接管验收与委托管理表格

▲房屋接管验收表

××物业管理公司房屋接管验收表

栋号：＿＿＿＿　　　　接管验收时间：　　年　　月　　日

编号	存在问题简述					备注
	土建设施	照明	给排水	门窗	其他	

验收人：　　　　　　移交人：

▲房屋接管验收遗留问题登记表

××物业管理公司房屋接管验收遗留问题登记表

统计人：　　　　　　　　　　　　日期：

房　号	遗留问题简述	备　注

验收人：　　　　　　　　移交人：

▲小区公共配套设施接管验收表

××物业管理公司公共设施接管验收表

设施名称	现状或存在问题	接收时间

验收人：　　　　　　　　移交人：

▲写字楼收楼验收表

写字楼收楼验收表

_____层_____单元

客户名称			合同编号		面积		
法人代表			联系人		联系电话		
项　目			办公室	茶水间	卫生间	走廊	其他
土建	天花						
	墙面及间隔						
	地面						
	玻璃幕墙						
	门及门锁						
电器	照明灯具						
	空调（出风口、回风口）						
	开关、插座						
	电话线接口						
	温感器						
消防系统	烟感器						
	喷淋头						
	…						
给排水	用水栓						
	地漏						
	茶几柜						
抄表数据			电表底数		水表底数		
物业管理员意见					签字（盖章）		
客户验收意见					签字（盖章）		
物业部经理意见					签字（盖章）		

▲住房验收交接表

住房验收交接表

_____栋_____号 　　　　　　　　　　年 　 月 　 日

验收项目		验收时详细情况								
		客厅	餐厅	卧1	卧2	卧3	卧4	厨房	卫生间	备注
建筑工程	顶棚									
	墙面									
	地面									
	门									
	窗									
电器	电视插座									
	照明灯									
	开关									
	插座									

给排水煤气	地漏	厨房		卫生间		洗手盆	洗衣机	前阳台		后阳台
	给水管道				排水管道					
	洗脸盆				厕所水箱					
	厕所坐便				煤气管道					
	煤气阀门				煤气表					
	水表底数				电表底数					

住户签字：　　　　　　　　　　责任小区事务助理签字：

注：（1）本表由住户和责任小区事务助理在现场验收、签字交接。

　　（2）项目符合标准打"√"，否则打"×"。

▲装修验收表

××大厦装修验收表

年　月　日

装修地方		施工单位	
业主姓名		施工负责人	
施工时间		竣工时间	
装修项目			
验收意见	工程部签名： 年　月　日 管理员签名： 年　月　日		管理处经理签名： 年　月　日
退装修押金		收款人签名	
退出入证押金		收款人签名	
备注：			

▲楼宇验收报告单

楼宇验收报告单

房号：

中央空调		
煤气、热水		
安保系统	报警器	
	可视电话	
装饰	门	
	窗	
	洁具	
	墙面	
	地板	
	厨房	
卫星	天线	
	插座	
电话插座		
车 库		
清 洁		
上 水	堵 塞	
	漏 水	
	畅 通	
下 水	堵 塞	
	漏 水	
	畅 通	
其他（注明门窗、玻璃及附件情况）：		
整个情况：		
业主签收：	日期：	

经办人： 日期：

第十一章 现代物业公共设备管理制度与表格

第一节 现代物业公共设备管理制度

▲配电室操作管理制度

配电室操作管理制度

第一条 值班电工要树立高度的责任心，熟练掌握公司供电方式、状态、线路走向及所管辖设备的原理、技术性能和操作规程，并不断提高技术水平。

第二条 严格保持各开关状态和模拟盘相一致，不经领导批准，值班人员不得随意更改设备和结线的运行方式。

第三条 密切监视设备运行情况，定时巡视电器设备，并准确抄录各项数据，填好各类报表，确保电力系统正常运行。

第四条 值班人员对来人来电报修，要及时登记并即赴现场修理，工作结束后，做好工时和材料的统计工作，并要求使用方签字。

第五条 在气候突变的环境下，要加强对设备的特别巡逻，发生事故时，要保持冷静，按照操作规程及时排除故障，并按规则要求做好记录。

第六条 值班人员违反工作规则或因失职影响营业或损坏设备，要追究当事人责任。

第七条 任何闲杂人等不得进入配电室，更不得在配电室逗留；参观配电室或在配电室执行检修安装工作，须得到工程部负责人的批准，并要进行登记。

▲停电处理制度

停电处理制度

第一条 值班经理接到突然停电通知时，应立即赶赴现场，检查应急灯是否正常，查明停电原因。

第二条　通知工程部维修及通知大堂副经理与有关部门联络。

第三条　检查电梯是否正常运作，检查有关设备是否破损。

第四条　通知保安部做维持现场的保安工作。

▲空调操作管理制度

空调操作管理制度

第一条　上岗期间，全体空调工听从领班的调度和工作指令，在领班的指导下，完成任务。

第二条　了解设备的运行情况，根据外界天气变化及时进行调节，确保系统正常运行，并做好运行记录。

第三条　坚持巡检制度，每班都要定时对外界及各空调区域的温度、相对湿度进行监测。

第四条　巡查中发现异常现象及故障要及时排除，如一时处理不了的，要在做好补救措施的同时上报主管。

第五条　每班都要监视水温、水压、气压以及有无溢漏情况，如遇下雨或消防排水，要注意排水系统，以免水浸设备。

第六条　按中央空调及其设备运行周期，定期做好计划大修、中修或小修；每年中央空调使用期过后，要进行必要的检修；接到报修任务后，要立即赴现场进行处理，必要时连夜抢修。

第七条　值班人员必须掌握设备的技术状况，发现问题妥善处理，搞好中央空调系统和通风系统设备的日常保养和检修，并做好工作日记。

第八条　中央空调运行人员要勤巡查、勤调节，保持中央空调温度的稳定，并做好节能工作。

▲制冷、供暖系统操作、保养和维修规定

制冷、供暖系统操作、保养和维修规定

1. 空调系统工作制度

（1）空调工对当班空调系统运行负有全部责任。领班必须组织好空调工按照巡回检查制度，定时对外界及各空调区域的温度、相对湿度进行监视，根据外界天气变

化及时进行空调工况调节，努力使空调区域的温度、相对湿度的数值都符合要求。

（2）严格执行各种设备的安全操作规程和巡回检查制度。

（3）严于职守，任何时间都不得无人值班或擅自离岗，值班时间不做与工作无关的事。

（4）负责空调设备的日常保养和一般故障检修。

（5）值班人员必须掌握设备运行的技术状况，发现问题立即上报，并及时处理，且在工作日记上做好详细记录。

（6）值班人员违反制度或失职造成设备损坏，将追究其责任。

（7）认真学习专业知识，熟悉设备结构、性能及系统情况，做到故障判断准确，处理迅速及时。

2. 空调冷水机组操作规程

（1）准备工作。

①检查冷水机组的蒸发器进、出水阀是不是全部开启。

②检查冷水泵、冷却泵进出水阀是不是全部开启。

③检查分水管上的阀，根据楼层的空调需要，决定是不是开启或关闭。

④检查回水总管两端的阀有没有开启。

⑤检查系统里的水压，以在规定范围内为准。

⑥检查加热器，油温必须大于50℃，并检查油位是不是已经到液位，电源电压、阀门位置是否正常。

⑦启动手动油泵，运行时间不得少于一分钟，并密切注意蒸发器压力和油泵压力。

（2）机组启动。

①观看控制屏，要显示"机组准备启动"字样。

②启用冷却塔、冷冻水泵，并要保持进出冷冻机的冷却水压差，进出冷冻机的冷冻压差。

③如果没有问题，按键启动机组（注意电流变化状态），此时控制中心即置机组于运行状态，注意显示器上显示信息，观看机组有没有故障显示。

（3）机组运行。

①检查油泵指示灯有没有亮着。

②检查油泵显示情况。

③注意机组运转电流是不是正常，风叶是否打开，把风叶开到自动控制挡。

④做好机组运行记录（每小时将冷水机组状态记录下来）。

（4）关机程序。

①先停冷冻机组。

②再停冷冻水泵、冷却水泵。

③切断总电源。

3．锅炉系统工作制度

（1）负责锅炉系统的安全运行操作及运行记录，根据各系统的设计和运行要求，对有关设备进行相应的调节。

（2）负责锅炉及其所属设备的维修保养和故障检修。

（3）严格执行各种设备的安全操作规程和巡回检查制度。

（4）严于职守，任何时间都不得无人值班或私自离岗，值班时间内不做与本岗位无关的事。

（5）每班至少冲水位计及排污一次，并认真做好水质处理和水质分析工作。

（6）勤检查，勤调节，保持锅炉燃烧情况的稳定，做好节能工作。

（7）认真学习技术，精益求精，不断提高运行管理水平。

4．锅炉操作规程

（1）启动前检查。

①检查所有的设备是不是完好，如油泵、软管泵、给水泵、离子交换器、阀门等。

②电源电压是否正常。

③汽水系统、供油系统所有阀门是不是处于应处工作位置。

④锅炉本体仪表是否正常，水位计水位是否正常（水位计水位应在 $1/3 \sim 1/2$ 处）。

⑤泄漏门手动是不是完好。

⑥日用油箱是不是有油。

⑦除氧器水位、压力及温度，软水箱水位。

⑧查看交接班记录。

（2）启动及运行。

①锅炉及其设备送电。

②打开烟道风门，并确认完全打开。

③吹扫 $3 \sim 5$ 分钟后点火，点火时负荷调节开关处于一级火位置。

④当压力升至 $\times \times$ MPa 时，应首先向除氧器供气加热，并同时冲洗水位表。当压力升至所需的压力后，方可向负载供汽。

⑤供汽时首先排放分汽包凝结水，再缓缓打开主蒸汽阀，当分汽包压力与钢压平衡后才可缓缓打开供汽阀。

⑥并炉时，并炉炉压应小于运行炉压 $\times \times$ MPa。

⑦点火时应密切注意点火状态，如经两次点火仍点不起，应重新经吹扫后方可进行第三次点火，再点不起应停止进行点火，检查原因并排除故障。

⑧运行时应密切注意炉膛火焰，水位计水位，锅炉压力表，除氧器压力、温度、水位，软水箱水位，日用油箱油位及其他运行设备的工作情况。

⑨在油泵工作期间应密切注意日用油箱间，以防溢油管溢油。

⑩运行时不允许对带有压力高温的设备进行维修，必须维修时应事先做好安全

措施，并有旁人监护。

（3）停炉。

①关闭供汽阀、主蒸汽阀。

②负荷调节开关调至一级火位置。

③关闭燃烧控制开关，处于停止位置上。

④水位表水位应处于 1/2 位置。

⑤长时间停炉（5 小时以上）应关闭供水阀、进油阀、回油阀、回油网，但禁止关闭快门阀。

⑥切断锅炉电源。

⑦锅炉全部停止运行后，应切断油泵电源、软水泵电源、锅炉电源。

⑧锅炉全部停止运行后，禁止向除水器进水。

（4）维修保养。

①每日清扫、擦洗所有设备及工作场所，否则接班人员有权拒绝接班。

②每班冲洗水位计一次。

③每班定期排水一次。

④每日定期手动安全阀一次。

⑤每班做炉水、软水及离子交换器化验一次。

⑥凝结水排放管应每天日班排放一次并检查水质清洁度，化验水指标。

⑦每周检查给水滤网、油过滤器、滤网一次。

⑧对所有跑、冒、漏的阀及时修复。

⑨对所有泵阀（软水、污水）、软水箱等附属设备进行年大修及清洗。

（5）注意事项。

①由于供油系统不完善，因此运行人员应时时注意日用油箱的液位控制器工作状况及送排风机工作状况。

②禁止无关人员进入锅炉房。

③严禁在工作场所动用明火和吸烟。

④排水沟内如有柴油流入，应用水冲洗干净，并由排污泵排净。

⑤工作现场保持整洁，不得有油渍等。

⑥一旦发生火情，应立即通知保安，并采取相应的消防措施。

▲电器设备的养护管理规定

电器设备的养护管理规定

安全用电是电气设备养护管理的重要环节之一，电器设备除变配电设备外，还有照明、电梯、中央空调、消防系统等部分。

第一条　用电量的分配、线路的线径大小、空气断路器的选择、嵌入式熔断器保险丝的安放等，必须经过严密的计算。这些方面如果出现故障会影响到使用过程中电器故障的形成和系统的损坏。

第二条　电器维修属特种作业，无论照明、空调、电梯等的维修人员，都必须持有专业上岗证书。

第三条　维修人员巡视检查范围较广，包括变配电房、泵房、配电箱、监控室、电梯机房、卫视机房、每户进户电箱等。巡检的内容很多，如：变配电房、电梯及卫视机房的温度，各种电机运行的声响、仪表显示的表值、监控图像质量、电梯升降是否正常、安全出口灯的好坏、公共地方照明灯的完好，等等。具体要求如下：

（1）所有巡检都应有翔实的记录。

（2）公共地方的照明灯应定期更换。

（3）公共地方的电源插座、接线盒箱等应无脱落和缺盖。

（4）电梯应坚持旬保、月保、季保、年保制度。

（5）消防及喷淋电机须三个月进行一次试运行。烟雾器也应半年进行一次人为试验，保证报警系统完好。

第四条　经常检查各用户进户电表箱、配电箱，了解用户用电是否符合规范，有无超负荷。检查方法是各户进线是否发烫；接线排螺丝是否松动；线头是否焦黄。发现问题须及时解决。

第五条　避雷装置的检查要观其避雷针与引线连接是否可靠，有无损伤及锈蚀。每两年要用兆欧表对避雷器接地电阻进行检测，其接地电阻一般应为5兆欧姆。

▲设备安全检查制度

设备安全检查制度

第一条　配合楼层对客房电器设备进行全面检查，包括床头箱及接线盒、门铃、灯具、衣柜灯及其开关、房间插座、插头等。

第二条　每半年检查吊花灯和组合等花灯、灯具和水晶玻璃物品等是否牢固可靠。

第三条　餐厅厨房和职工厨房电器设备，除分工包干责任制中规定由责任人每月进行维护保养外，每年由维修班安排两次安全检查，包括开关、插座、设备的接线是否坚固，接零保护线是否可靠，线路是否完整。

▲给排水系统的养护管理规定

给排水系统的养护管理规定

给排水系统是指房屋的冷、热水管道、阀门、水箱（蓄水池）、生活及消防水泵、污水排放管道设施等。

第一条　加强巡视检查，检查范围包括室内外外露管道、阀门、屋顶水箱、水箱浮球阀、泵房等。

（1）物业管理公司水工工作职责之一就是巡视检查，一般每天不少于一次。一旦发现问题，及时维修解决。

（2）水箱清洗消毒。水箱会由于异物进入，水泵锈蚀等造成水质污染，一般可采用以下两种方法加以防止。

①水箱定期清洗消毒。水箱清洗一般每半年进行一次，每一年消毒一次。水箱清洗消毒作业，特别要注意操作人员有健康证明书。每次清洗后，水质要取样送卫生防疫站作鉴定，并保存水质鉴定书。

②泵房也是水质两次污染的主要关节点。一般泵房生活水泵均有两台以上，水泵应该定期轮换使用，轮换周期不超过半个月。

第二条　若遇水箱清洁或管道阀门维修停水时，应事先给业主发出停水通知，说明停水原因、停水时间，让业主能早作准备。

第三条　定期对泵房内水泵、管道、电机等进行维修保养。

第四条　要定期清洁屋面天沟，使之疏通。

第五条　室外管道、水表、阀门、消防栓等需定期刷油漆，减少锈蚀。在冬天来临之前，为防止管道冻裂，还须做好保温防冻工作。

第六条　定期检查消防栓、消防泵、喷淋泵、水龙带、消防接口、水枪、灭火器等设备。消防泵、喷淋泵每两年试运行一次。水龙带、消防接口、按钮应定期试验检查，防止老化、霉变、失效并应及时更换。

▲设备操作、保养和维修规定

设备操作、保养和维修规定

1. 水泵房管理规定

水泵房是提供业主或使用人生活用水、消防用水的关键部位。为管理好水泵房，需要制定管理规定。

（1）由机电人员负责监控、定期保养、维修、清洁，水泵房及地下水池、消防系统的全部机电设备定时进行巡回检查，了解设备的运转情况，及时发现故障和消防隐患，并做好记录，解决不了的问题书面报告上级主管部门，争取早日解决。

（2）由机电人员管理水泵房内机电设备，无关人员不得进入水泵房。

（3）消防泵、生活泵、恒压泵、污水泵的选择开关位置与自动位置，操作标志都应简单明确。

（4）保证生活供水泵的正常运转，定期检查泵的运转情况，定期检查擦洗主接处。

（5）消防泵每月运转一次（10 分钟），以保持正常运转，每半年进行一次"自动、手动"操作检查，每年进行一次全面检查。

（6）每周打扫一次水泵房卫生，泵及管道每半月清洁一次。

（7）操作人员在 2 米以上检修设备（包括开关、阀门等），必须戴好安全帽，扶梯要有防滑措施，要有人扶挡。

2. 水箱清洗操作规程

根据环保和卫生防疫部门的要求，为确保水箱水质，每年 5 月、10 月应分别对水箱清洗一次，操作要求如下：

（1）准备工作。

①操作人员必须持有卫生防疫部门核发的体检合格证。

②通知监控室开始清洗水箱，以免发生误报警。

③关闭双联水箱进水阀门，安排临时排风设施、临时水源、橡皮管，打开水箱进口盖。

（2）清洗操作。

①当双联水箱内水位降低到一半或三分之一时，将待洗水箱出水阀关闭，打开底部排污阀，打开另一联进水阀以确保正常供水。不允许一只水箱排空清洗，另一只满水水箱工作，这样会因负荷不均，造成水箱壁受压变形产生裂纹。

②清洗人员从进口处沿梯子下至水箱底部，用百洁布将水箱四壁和底部擦洗干净，用清水反复冲洗干净。

③水箱顶上要有一名监护人员，负责向水箱内送新风，防止清扫人员余氯中毒，并控制另一联水箱的水位。

（3）结束工作。

①清洗结束，关闭清洗水箱的排污阀，打开水箱进水阀开始蓄水。

②当两个水箱水位接近时，打开清洗水箱的出水阀门，收好清洗工具，将水箱进口盖盖上并落锁。

③通知监控室清洗结束，做好相关记录。

▲配电房管理规定

配电房管理规定

配电房是供电的中心，为加强这方面的管理，需要制定管理规定。

第一条　配电房的全部机电设备，由机电技术人员负责管理和值班。送、停电由值班人员负责完成，无关人员严禁入内。

第二条　建立运行记录，每班巡查一次，每月细查一次，半年大检修一次。查出问题及时处理，并做好记录。不能解决的问题及时上报主管部门。每班巡视内容：记录电压、电流、温度、电表数；检查屏上指示灯、电器运行声音是否正常；房内有否异味。

第三条　室内照明、通风良好，室温控制在40℃以下。

第四条　供电回路操作开关的标志要显著，停电拉闸、检修停电要挂标示牌，非有关人员绝不能动。

第五条　应严格保持各开关状态与模拟盘相一致，不能随意更改设备和结线的运行方式及各种开关的整定值。

第六条　严格遵守交接班制度和安全、防火、清洁卫生制度。

第七条　严格执行岗位责任制，遵守电业系统有关变配电的各项规程。

第八条　严格执行各种设备的安全操作规程。

第九条　在恶劣的气候环境下，要加强对设备的巡视，当发生事故时，应保持冷静，按照操作规程及时排除故障，并按时做好记录。

第十条　操作及检修时必须按规定使用电工绝缘工具、绝缘鞋、绝缘手套等。

▲维修电工操作规程

维修电工操作规程

第一条　电工工作时，必须按照供电局高低压规定，进行安装和操作。

第二条　在地下室、厨房等潮湿场地工作，或在上、下夹层工作时，都要先切断电源，不能停电时，至少应有两人在场一起工作。

第三条　停电维修时，应先通知有关部门及时悬挂标示牌，以免发生危险。

第四条　上梯工作时，应放稳靠妥；高空作业时，应系好安全带。

第五条　清扫配电箱时，所使用漆刷的金属部分必须用胶布包裹好。

第六条　到柴油机房和锅炉房工作时，应停电，并与该处的工作人员一起，切实做好安全措施。

第七条　打墙孔时，必须戴防护眼镜。

第八条　拆线路时，应包扎好线头。

第九条　开闭开关时，尽量把配电箱门锁好，利用箱外手柄操作，手柄在箱内时，人体不应正对开关。

第十条　大厦采用接零保护，任何机器设备都必须有良好的接零保护，绝对不得疏忽，以确保安全。

▲供电系统的养护管理规定

供电系统的养护管理规定

第一条　变配电室首先要符合"四防一通风"要求。凡变配电室内有两台以上变压器的，须配备专人值班管理，且值班人员应持有劳动局颁发的高压安全操作证。只有一台变压器的变配电房，则须有专人巡视。

第二条　检查变配电房各种仪表是否正常，变压器温度是否在规定范围内，刀闸、线头有无异常，闻是否有焦味。发现问题要及时查明原因，立即予以解决。

第三条　定期打扫变配电房，始终保持其室内洁净。因为大量尘埃积聚会导致高压放电、造成短路。

第四条　变配电房应每年进行一次预防性电气试验，试验报告（包括变压器油绝缘试验报告）均应妥善保管存档。

第五条　变配电房停送电应严格遵照"低规"规定按倒闸操作顺序进行，停送电均须两人操作，即"一人操作，一人唱票监护"。停电前须事先发出通知，对高层住宅，通知中要提醒用户把水龙头关好，以免送电后，水箱来水了，造成家里漫水。

第六条　变配电房如无备用电线路及设施的，还须配备柴油发电机。发电机也须有专人管理，并定期对发电机进行试运行检查。

▲避雷针安装规定

避雷针安装规定

避雷针在现代高层建筑中的重要性不容忽视，避雷针、带、网的技术标准要求有以下一些：

　　第一条　避雷针顶端封闭为尖状，除锈挂锡 200 毫米长，其针体截面不得小于 100 平方毫米，其规格按设计要求选用，安装针体的倾斜度不大于 5°。

　　第二条　避雷带扁钢截面不得小于 12×4 毫米，圆钢直径不得小于 8 毫米，安装时距离屋面应保持 100~150 毫米，每隔 1~1.5 米用支持架固定。

　　第三条　避雷网应用直径不小于 3 毫米的钢筋焊接而成，或用建筑物主体钢筋代替暗装网，按设计要求装置。

　　第四条　引下线用圆钢时，直径不得小于 8 毫米，用扁钢时截面为 12×4 毫米，距墙面应保持 15 毫米的间距，每隔 1.5~2 米加支架固定。

　　第五条　防雷装置的各接点应牢固可靠，必须焊接好，圆钢搭接长度为直径的 6 倍，扁钢为宽度的 2 倍。

　　第六条　焊接不应有夹渣、咬肉、气泡或未爆透现象，各铁件均应采用镀锌件，如用其他材质，必须刷防锈剂。

　　第七条　引下线在地面以上为 1.4 米的线段，需用开口钢管、角钢加以保护，在 1.5 米处应设断接卡子。

　　第八条　安装必须牢固，不得松动、脱落，引下线不应贴墙，应垂直无弯曲，其电阻必须符合规程。

　　第九条　烟囱避雷针引下线，圆钢直径为 10 毫米，扁钢为 30×4 毫米，接地电阻不得大于 30 欧姆。

　　第十条　计点单位：一只为一点；检查数量：全部。

▲设备润滑管理制度

设备润滑管理制度

　1. 润滑工作的方式

　根据设备管理及运行特点，采用由操作工及维修工共同负责制。

　2. 润滑剂的选用

　由专业主管根据所管设备的运行特点和出厂使用说明书来选择润滑剂，报请经理批准后，交库房统一采购。当出厂使用说明书的油种规格不清楚时，要根据设备的各种工作条件（转数、轴径转速、载荷、形式和温度等）来确定恰当的润滑剂。

　从技术管理、资材管理出发，应尽可能用同一润滑剂。

　3. 润滑剂的管理

　润滑剂的管理包括采购、运输、储存几部分。

　润滑剂在储存中，对各种油（脂）的存放，必须分品种、牌号储存，严禁混杂，更要保证清洁，防止尘沙、铁屑、水分等异物混入。润滑剂的使用部门要把润滑剂的消耗量做好记录，并取得月消耗量的数据，根据记录和每月的工作计划做润滑消耗预算表，并报库房由采购部门采购。

4. 设备润滑"五定"工作

（1）定点：现代机械设备中需要润滑的部位都设有润滑点，并配置油孔、油标、油池等供油装置。

每个操作工和维修工都必须熟悉这些供油部位。

（2）定质：为确保润滑剂在使用过程中的质量，必须按设备说明书上的品种、牌号使用。设备上的润滑装置要保持清洁。

（3）定量：在保证设备润滑良好基础上，执行定额用油。如发现超过限额时，要查明原因，及时改正。

（4）定期：定期添油和清洗换油，是搞好设备润滑的重要环节。因此在进行润滑操作中，必须严格按照说明书规定，分别按班、日、月给各润滑点加油（脂），按计划清洗换油（脂）。

（5）定人：设备上的各润滑部位，应由操作工和维修工分工负责。凡需要每班（每天或每周）加油一次的润滑点由操作者负责加油，凡需要拆卸后才能添油（脂）或换油（脂）的部位，由修理工定期清洗换油（脂）。所有电器部件由维修电工负责添油（脂）或换油（脂）。

▲程控交换机的操作规范

程控交换机的操作规范

用户程控交换机的操作一般可以分机务操作和话务操作两部分。为了确保程控交换机的正常运行，电话通信部门的机务员和话务员都必须严格按照操作程序进行规范操作。

1. 机务工作的操作程序

（1）每日主动检测交换机、各线路和其他硬件设备的工作情况，并认真翻阅交接记录。

（2）接到用户或话务员的故障报告，应带好所需的工具，及时前往抢修，力争故障在最短的时间内排除，并认真做好记录。

（3）如遇故障一时无法排除，应立即逐级汇报，并积极做好配合工作。

（4）如遇电话局电缆或交换机硬、软件发生重大故障，应立即通知有关单位前来抢修。同时，在记录本上做好详细记录（故障发生的时间、地点、原因、抢修时间、人员姓名等）。

（5）一切以集体利益为重，在工作中要做到相互配合，发挥各自特长，及时排除故障。

（6）定时完成业主或使用人的各项电信业务。

（7）每月对业主或使用人电话费进行一次打印结算，并随时接受电话费的查询工作。

2．话务工作的操作程序

（1）当班时应首先翻阅交接班记录，发现问题及时处理。

（2）话务台灯亮，话务员应在铃响三次之内，快速接听来电，并用标准普通话和规范英语接待来电者。

（3）听完来电者叙述后，话务员应快速、准确地帮助转接相应分机。

（4）当分机回跳话务台时，表明分机无人接听，话务员应为用户转接其他相关分机。

（5）若来电为长途，且需转接的分机占线时，话务员有责任强插该占线用户，通知其有长途电话，请挂机以接听长途。

（6）当来电咨询各种电信业务时，话务员应正确、及时地告知用户所需了解的信息。

（7）话务员对一些疑难问题一时解决不了，应在交接本上做好详细记录，并口述给接班人员。

3．电话总机的应急操作程序

（1）如遇突发性停电，应转用自备蓄电池供电，以确保通信畅通，并及时汇报工程设备部门进行抢修。

（2）如发现可疑电话，应迅速报安全保卫部门，并做好监听记录。

（3）如发生火灾，应采取自救，并同时报消防部门。

（4）如发生突发性机器故障，应及时进行抢修。

（5）如接到报警电话，应迅速按其性质转报各有关部门。

▲程控交换机机房的管理制度

程控交换机机房的管理制度

1．用户程控交换机机房的工作制度

（1）机房内应24小时有人值班，值班人员应认真做好当班记录，并做好交接班工作。

（2）严格遵守岗位职责和有关的各项规章制度。

（3）严禁与机房无关的人员进入机房，非本专业人员严禁操作、使用机房内的有关设备。

（4）严格遵循程控交换机房的各项操作规程，按时完成周期检测，做好日常维护工作，确保程控交换机的正常运行。

（5）未经同意，不得随意修改各类管理数据。

（6）注意安全，避免发生人为故障。不得随意拆卸机器、设备零件，如遇较大故障，应及时逐级汇报。

2．用户程控交换机机房的环境卫生制度

（1）机房环境应保持在最佳条件下，即温度在 20℃ ~ 25℃，绝对湿度在 6 ~ 18gH$_2$O/m^3，相对湿度在 20% ~ 70% 范围之内。

（2）严格控制机房内的权限条件，即温度在 10℃ ~ 40℃，绝对湿度在 2 ~ 25gH$_2$O/m^3，相对湿度在 20% ~ 80% 范围之内。

（3）机房内的独立分体空调机的送风量与其制冷量之比应该是 1：2 或 1：3，必须安装粗效或中效的过滤器。

（4）机房的防尘要求为每年积尘应限制在 < 10g/m^3 范围之内。

（5）进入机房要在过滤门廊内换鞋，以保证地面的整洁。

（6）防静电地板要每天吸尘，绝对不能用扫帚清除。

▲设备事故处理制度

设备事故处理制度

第一条　设备一旦发生事故，影响到客人的正常生活和活动时，必须马上启用备用应急设备，采取应急措施挽回损失和影响，并保护现场，及时上报。

第二条　有关领导及有关人员要立即赴现场检查、分析、记录，及时作出处理。

第三条　事故发生后，有关人员要将设备事故报告单送交有关领导批示后，由工程部和有关部门领导解决。

第四条　对于事故责任者，公司要查明原因，根据规定，视情节轻重给予必要的经济处罚和行政处分；如果已触犯法律，则按国家法律程序处理。

第五条　事故的事后处理要做到四不放过。

（1）事故原因不查清不放过。

（2）缺乏切实有效的防范措施不放过。

（3）缺乏常备不懈的应急弥补措施不放过。

（4）事故责任人和员工未受到教育不放过。

▲新增设备管理制度

新增设备管理制度

第一条　公司各部门需增置的设备经批准购买后，报工程部设备管理部门备案。

第二条　经工程部进行可行性方面的技术咨询后，才可确定装修项目或增置电器及机械设备。

第三条　各部门应设一名兼职设备管理员，协助工程部人员对设备进行管理，指导本部门设备使用者正确操作。

第四条　设备项目确定或设备购进后，工程部负责组织施工安装，并负责施工安装的质量。

第五条　施工安装由工程部及使用部门负责人验收合格后填写《设备验收登记单》方可使用。

▲电气机械设备操作制度

电气机械设备操作制度

第一条　电气机械设备使用前，设备管理人员要与人事部配合，组织使用人员接受操作培训，工程部负责安排技术人员传授专业知识。

第二条　使用人员要学会操作、掌握日常保养知识和安全操作知识，熟悉设备性能后，经工程部签发设备操作证上岗操作。

第三条　使用人员要严格按操作规程工作，认真遵守交接班制度，准确填写规定的各项运行记录。

第四条　工程部要指派人员与各部门负责人，经常检查设备情况，并列入员工工作考核内容。

第五条　使用各种电气机械设备一定要注意安全第一。

▲改装、移装设备操作制度

改装、移装设备操作制度

第一条 设备的跨部门移装、改装前要报工程部审批。

第二条 工程部进行技术可行性咨询,派员改装、移装。

第三条 将设备改装、移装的情况记入档案。

第四条 公司各部门未经呈报工程部经理、主管审批同意,任何人不得改、移装设备。

▲转让和报废设备管理制度

转让和报废设备管理制度

第一条 设备年久陈旧不适应工作需要或无再使用价值,使用部门申请报损、报废之前,工程部要进行技术鉴定和咨询。

第二条 工程部指派专人对设备损坏情况、影响工作情况、使用年限、残值情况、更换新设备的价值及货源情况等进行鉴定与评估,填意见书交使用部门。

第三条 使用部门将《报废、报损申请单》附工程部意见书一并上报,按程序审批。

第四条 申请批准后,交付采购部办理,新设备到位后,旧设备方可转让或报废。

第五条 报废报损旧设备由工程部负责按规定处理。

▲维修工交接班制度

维修工交接班制度

第一条 值班人员应按统一安排的班次值班,不得迟到、早退、无故缺勤,不能私自调班、顶班。因故不能值班者,必须提前征得领班同意,按规定办理请假手续,才能请假。

第二条 交接班双方人员必须做好交接班的准备工作,准时进行交班。交接班的准备工作包括:查看运行记录,介绍运行状况和方式以及设备检修、变更情况,清点仪表、工具，检查设备状况，等等。交班时，双方领班在值班日志上签字。

第三条　在下列情况下不得交接班。

（1）在事故处理未完或重大设备启动或停机时。

（2）交接班准备工作未完成时。

（3）接班人数未能达到规定人数的最低限度时。

（4）领班或由主管指定替代领班的人未到时。

（5）接班人员有酒醉现象或其他神志不清情况而未找到顶班人时。

▲维修报告制度

维修报告制度

1. 下列情况报告领班

（1）主要设备非正常操作的开停、调整及其他异常情况。

（2）设备出现故障或停机检修。

（3）零部件更换及修理。

（4）维修人员的工作去向，客户维修材料的领用。

（5）运行人员暂时离岗。

（6）对外班组及上级联系。

2. 下列情况必须报告技术主管（工程师）

（1）重点设备非正常操作的启停、调整及其他异常情况。

（2）采用新的运行方式。

（3）重点设备发生故障或停机抢修，系统故障及检修。

（4）重要零部件更换、修理加工及改造。

（5）工具、备件、公共维修材料领用。

（6）员工加班、调班、补休、请假。

3. 下列情况必须报告部门经理

（1）重点设备发生故障或停机修理。

（2）影响大厦运行的设备故障或施工。

（3）系统运行方式的重大改变。

（4）重点设备主要零部件更换、修理外委加工。

（5）系统及主要设备的技术改造。

（6）系统或设备的增改工程及外委施工。

（7）技术骨干、领班以上人员岗位调整及班组组织结构调整。

（8）员工一天以上的请假，领班以上员工的补休、换班。

▲设备日常巡检制度

设备日常巡检制度

第一条 当值人员与各系统技术人员根据系统的运转情况制定巡检内容、要求及巡检路线，并落实到具体人员。

第二条 巡检人员严格按时间和巡检内容进行巡检，发现问题及时解决或上报处理。

第三条 保证各系统的正常运行和重点设备正常运转。

第四条 月终将填写的巡检记录表整理汇集报工程部经理，由档案管理人员收存，以备查证。

▲设备日常维修制度

设备日常维修制度

第一条 公司使用部门的设备发生故障，须填写《维修通知单》经部门主管签字交工程部。

第二条 工程部主管或当值人员接到维修通知，应随即在《日常维修工作记录簿》上登记接单时间，根据事故的轻重缓急及时安排有关人员处理，并在记录簿中登记派工时间。

第三条 维修工作完毕，主修人应在《维修通知单》中填写有关内容，经使用部门主管人员验收签字，并将通知单交回工程部。

第四条 工程部在记录簿中登记维修完工时间，并及时将维修内容登记在维修卡片上，审核维修中记载的用料数量，计算出用料金额填入维修通知单内。

第五条 将处理好的维修通知单依次贴在登记簿的扉页上。

第六条 紧急的设备维修由使用部门的主管用电话通知工程部，由当值人员先派人员维修，同时使用部门补交《维修通知单》，当值人员补填各项记录，其他程序均同。

第七条 工程部在接单后两日内不能修复的，由当值主管负责在登记簿上注明原因，若影响营业，应采取特别措施尽快修理。

▲工具领用保管制度

工具领用保管制度

第一条　工具分个人领用工具及班组领用公共工具两种。

第二条　个人领用工具品种根据工种配备表配备，由员工申请，主管批准后到仓库办理领用手续，领用后个人负责使用、保管。

第三条　班组领用公共工具品种根据工种配备表配备，由各领班申请，部门经理批准后到仓库领用，领用后由领班保管，班组交接班时，按交班制度交接公用工具。

第四条　各种工具由仓库列表登记。班组公用工具配备表一式两份，一份仓库存底，一份班组自存。

第五条　工具发生丢失、毁损，由保管者写明原因，向部门经理报告。不属人为不可抗拒的丢失、毁损，由责任人按当时工具价值赔偿。

第六条　工具因使用时间过长而发生磨损或损坏，经部门经理批准可以办理报废，保管人重新办理领用手续。

▲电梯维修制度

电梯维修制度

1. 巡检制

工作人员在接班后按规定时间和路线对电梯进行一次检查，内容包括机房、外呼、楼层指示灯、电梯乘搭舒适感、厅门、轿厢门、轿厢照明、轿厢装修、风扇以及巡视记录表中的所有项目。

2. 包干责任制

为了更有效地对电梯进行日常的维护保养，实行电梯的维护保养包干责任制，即将人员分成若干组，每组负责若干部电梯的日常维护保养，内容包括该电梯所属设施：整流器、控制屏、主机、轿厢及轿厢顶、导轨、厅门及门轨、井道及井道设施、井底等。

3. 季度和年度安全检查制

除了日常对电梯进行巡检和实行包干责任制以外，还应进行季度和年度安全检查，按升降机试验记录逐项进行检查和试验，并做好试验的详细记录。

▲办理设备维修手续管理制度

办理设备维修手续管理制度

第一条　需要维修的设备，使用部门要填写报修单。

第二条　报修单一式三联，报修部门、工程部、维修班组各一份。

第三条　维修班组接到维修单后，根据报修内容和重要程度，填写开工日期和估计工时，并分派维修工人检修。

第四条　班组在收到维修工人送回的报修单后，要核实耗用的材料和实用工时，并将报修单汇总后交工程部。

第五条　工程部在接到各班组交回的第三联报修单后，应和第二联核销，存入员工完工档案，作为每月评奖的依据。

第六条　维修工人在维修完工后，须经报修部门签字认可。

第七条　核销报修单时，如发现缺漏时，应追查原因。

第八条　一时完不成的项目，应通知使用部门预计完成的具体时间。

▲锅炉操作管理制度

锅炉操作管理制度

第一条　司炉长和全体司炉工都要对动力设备领班负责，在领班的指导下，完成任务。

第二条　严格执行《蒸汽锅炉安全监察规程》的有关规定和《锅炉房安全管理规则》的各项要求，确保锅炉安全运行。

第三条　每班都要坚持巡回检查制度，了解设备的运行情况，在准时抄表填写运行记录的同时，监视水位、气压、油压、火焰、排烟温度、蒸汽管道等，根据各系统的设计和运行要求，对有关设备进行调节，并详细做好记录。

第四条　按锅炉及其所属设备运行周期，做好年计划大、中、小修；每年锅炉年检后，要立即前往处理，必要时组织人力连夜抢修，不得延误。

第五条　每班至少冲洗水位计及排污一次，并严格控制除氧器水温，发现水温不符要求时要立即采取措施，检查维修。

第六条　司炉人员要勤检查、勤调节，保持锅炉燃烧情况的稳定、煤渣含碳量不超过规定标准，并做好节能工作。

第七条　巡查中发现不正常现象及故障先兆、隐患，要及时处理，如当时处理不了的，要在做好补救措施后，向主管汇报并做好记录。

▲商业楼宇电梯维护保养、管理制度

商业楼宇电梯维护保养、管理制度

第一条　电梯维修工必须持证上岗。电梯故障修理必须由有关劳动部门审查认可的单位和人员承担。

第二条　电梯机房任何设备非电梯维修人员禁止操作。

第三条　电梯在运行中突然出现故障停机时，值班人员、保安人员尽可能先救出乘客，并通知维修人员。保安人员不能救援乘客时应安慰乘客不要惊慌，并尽快通知维修人员救援乘客。

第四条　因维修、保养停电等原因停梯，应在一楼挂牌告示。

第五条　未经管理部书面批准，电梯任何设备功能不准改变。

第六条　电梯维修工应认真执行电梯旬保、月保、季保、年保的维修保养规则，认真填写维修保养记录及故障处理记录，并送有关部门审存。

第七条　旬保检查内容。

（1）电梯运行情况检查。

（2）轿厢照明检查，灯板清洁。

第八条　月保检查内容。

（1）轿顶按钮，闸刀电器检查。

（2）电梯底坑限位开关，闸刀检查，底坑积水情况检查，底坑清洁。

（3）电梯机房电气箱检查。

第九条　季保检查内容。

（1）轿厢轨道油杯注油。

（2）配重铁轨道油杯检查、注油。

（3）补偿链调整。

第十条　年保检查内容。

（1）电梯曳引机运行检查，制动闸情况检查。

（2）曳引轮槽磨损情况检查。

（3）钢丝绳磨损情况检查。

（4）电气控制屏动作检查。

▲别墅小区电信及闭路电视使用管理规定

别墅小区电信及闭路电视使用管理规定

1. 电话

（1）别墅小区内电话通信线路由物业管理公司负责日常养护维修。未经管理处同意，业主或租户不准私拆电信线路，如违章施工造成通信中断，由肇事者承担由此引起的经济和法律责任。

（2）业主或租户如因加装电话分机需改变线路走向，必须向管理处提出书面申请，批准后方可申请施工，以保线路畅通。

（3）电话使用、安装、拆移、更名、过户等都要按电话局规定办理，电信线路有故障时，请及时向管理处或电话局报修，不要自行拆检，以避免发生大范围通信障碍。

（4）按时缴纳电话费，逾期者将按电话局规定加收滞纳金。

2. 闭路电视

（1）闭路电视接收和放送设备及线路设施由物业管理公司负责养护维修。电视节目内容的播放均按政府有关部门规定实施，物业管理公司有权安排和改变所播放电视节目内容。

（2）未经管理处批准，业主或租户不得擅自更改闭路电视线路和户内的接收装置。如确需改动必须向管理处申请，由管理处派专业人员进行改建，以保证电视信号接收效果。

（3）当收视效果不好，或者电视信号接收发生故障，请及时通知管理处派专业人员进行维修。

（4）随着接收电视频道的增加，按照电视播放公司规定，加密频道每户电视接收终端都必须缴付加密费，不支付加密费或加密设备费的业主或租户不能收看加密频道电视节目，物业管理公司亦有权对不付费的终端停止输送电视接收信号。

第二节 现代物业公共设备管理表格

▲公共设施保养计划表

公共设施保养计划表

单位				保养日期	年 月 日
设施设备名称	保养项目	保养费用	前次保养日期	保养责任人	备注

▲设备保养计划表

设备保养计划表

部门：　　　　　　　　　　　年　月　日

序号	设备名称	保养内容	保养周期	保养时间	保养人	完成情况	备 注

计划编制人：	审核人：	批准人：
日　期：	日　期：	日　期：

▲电梯半年保养项目及记录

电梯半年保养项目及记录

项目	序号	保养项目	清理	检查	调整	记录	不良部分情况记录及处理结果	备注
机房								
机身及井道								
	备注：							
说明：此表为参考表，也可以使用电梯分包单位的表格								

保养人：　　　　　　　　　　验证：

▲空调半年保养记录

空调半年保养记录

大厦名称：　　　　　　　　　　年　月　日

项目	保养项目	保养情况及记录	备注
水系统			
冷却塔			

保养人：　　　　　　日期：　　　　　　检查人：

▲消防设施月保养记录

消防设施月保养记录

大厦名称：

设备名称	保养内容	保养情况及处理
火灾报警控制系统		
防火卷帘门系统		
广　播		
风　机		

备注：

保养人：　　　　　　日期：　　　　　　检查人：

▲对讲报警系统半年保养记录表

对讲报警系统半年保养记录表

小区（大厦）名称：　　　　　　　　　　　年　月　日

系统位置	
系统 主要 设备	
保 养 内 容	
对讲及报 警功能不 符合要求 的单元登记 （含详情）	
不合要求 设备的处 理措施	

保养人：　　　　　　　　　　　审核人：

▲防盗监视系统月保养记录

防盗监视系统月保养记录

小区（大厦）名称： 　　　　　　　年　月　日

保养项目	保养情况及处理结果

保养人： 　　　　审核人：

▲设施设备清单

设施设备清单

小区（大厦）名称： 　　　　　　　年　月　日

设备编号	设备名称	规格型号	主要参数	安装位置

▲公共设施维修、保养记录

公共设施维修、保养记录

单位：　　　　　　　　　　　　　　　　　年　月　日

项目		地点		保养周期	
费用		保养量		完成日期	
保养内容	维修、保养人：　　年　月　日				
保养结果	班组长或房管员：　　年　月　日				
备注					

▲公用设施一览表

公用设施一览表

设备名称	型号/规格	单位	数量	所在位置	备　注

▲小区清洁设备、设施清单

小区清洁设备、设施清单

单位名称：

设备、设施名称	单位	数量	所在位置	备注

第十二章 现代物业社区文化管理制度与表格

第一节 现代物业社区文化管理制度

▲住宅小区文娱场所管理规定

住宅小区文娱场所管理规定

第一条 为保持小区的安静,不得在娱乐场所大声喧哗。

第二条 小区文娱场所由物业管理公司指派人员管理,使用人员必须服从管理,文娱场所定时开放。

第三条 小区内儿童在儿童娱乐设施上玩耍要有大人监护,否则发生的一切事故由家长负责。

第四条 儿童娱乐设施仅供儿童使用,成年人不得攀爬、践踏。

第五条 棋牌室内要开展文明健康的娱乐活动,不得发生赌博等不健康的活动。

第六条 阅览室内收集有适合成人和儿童阅读的健康读物,不得传播封建迷信、黄色凶杀等低级趣味的图片、读物等。

第七条 不得在文娱场所内吸烟。

第八条 文娱场所里的儿童娱乐设施,棋牌室、阅览室由住宅小区物业管理公司免费提供业主(住户)娱乐使用,任何人不得据为私有,损毁由使用者负责赔偿。

▲社区文化管理制度

社区文化管理制度

一、办公及活动场地

从管理处的管理用房中专门规划出社区文化办公场所。充分利用住宅区内的各种娱乐设施和场地开展各类文化与体育活动。

二、社区文化的主要内容

（1）宣传政府、上级主管部门及管委会的各项法规、决议和各项管理措施。

（2）宣传贯彻市府颁布的《市民行为道德规范》。

（3）住户入住时，栽种"爱心树"，挂牌由住户自己培育。

（4）向全区居民征集村徽、村歌、村花。

（5）组织"我对小区知多少？我是小区人"智力竞赛活动。

（6）举办小区英模、劳模演讲会、报告会，开展"向英模学习"活动。

（7）开展创建文明楼、文明家庭活动。

（8）组织居民开展各项文艺体育竞赛活动。如书法、绘画、摄影、球类、棋类、游泳、赛跑等，促进相互了解，增进友谊。

（9）建立书画院、棋院、读书会、桥牌协会、花卉盆景协会、钓鱼协会、体育协会等形式多样的群众团体组织。

（10）成立"住宅区退管办"，把本区的退休人员组织起来，除以上内容外，专门成立气功、太极类、合唱队、集体舞队、门球队等一系列活动，成立"老年人生理、心理咨询机构"如"老年人心声站"，倾听心声，排忧解难；组织老年人成立"管理纠察队"，让其发挥余热，投身小区管理。

（11）开展员工与居民之间的歌舞联欢、体育竞赛等各类活动，举办"家家乐"游艺晚会，每周末举办"周末露天舞会"，增进员工与居民的了解和感情沟通。

（12）创办小区报，动员居民踊跃投稿，开展"小区小记者研讨会"活动。

（13）利用寒暑假期，举办适合青少年参加的活动，如开设美术、音乐、舞蹈、棋类、游泳等各类技能培训班，丰富小区青少年假期生活。

（14）每逢年节，举办节日庆典、纪念活动。

（15）围绕扩大小区知名度，增进与外界的沟通。采取请进来的方法，组织本小区业余文艺演出队和业余体育运动代表队，与其他住宅区、企业、团体交流联欢比赛，激发和培养居民的荣誉感和作为小区主人的自豪感。

▲社区文化工作制度

社区文化工作制度

第一条　总则。通过多种多样的社区文化活动，丰富社区居民文化生活，激发爱小区热情，促进小区管理，增强凝聚力，树立文明高尚小区的崭新形象。

第二条　指导思想。以科学性为坐标，以艺术性为色彩，以实用性为杠杆，重视群众艺术，突出特色，打出品牌，严格规划，夯实基础，抓好设施和队伍建设，形成有张力、有弹性的社区文化网络，使之走向成熟、走向繁荣。

第三条　效果追求。充分认识住宅小区物业管理是集管理、服务、教育、保障于一体的综合性多元化的系统，社区文化是必不可少的组成部分，随着人民素质的日益提高，社区居住成员的精神境界、文化水准也将日益提高，居民文化需求日益强烈，组织社区内各种形式的文化、娱乐活动势在必行。

（1）从提高社区居民的文化素质、道德水准的角度切入，引导、优化、提高居民文化素质，从而提高全民族文化素质。

（2）大型活动与日常活动相结合，丰富居民业余文化生活，激发居民的主人翁意识和热爱小区的责任感，增强社区凝聚力。

（3）促进小区精神文明建设，活跃小区文化氛围，营造安定、和谐、温馨的社区环境，为精神文明建设贡献力量。

（4）通过丰富、有效的文化活动，加强与住户的交流，密切服务中心与住户的感情，争取住户的参与与支持，促进物业管理工作。

（5）大量、长期性的文化活动，必然收到居民整体素质提高的实效，反过来保障了社区的安定、祥和，减少违章、违法行为在社区内出现的比例，以共同繁荣的前景，确保长治久安。

（6）开展重大、富有创意的专题活动，激发居民荣誉感、自豪感、归属感，在深层次上提高物业管理水平。

▲社区文化活动管理规定

社区文化活动管理规定

第一条　社区文化活动以丰富和方便居民的文化生活，促进两个文明建设为宗旨，以营造良好的睦邻关系及健康向上、团结互助的风气为内容。

第二条　要爱护娱乐场所的各种设施，按照设施的功能、操作规程使用，因使用不当造成损失的要照价赔偿。

第三条　使用娱乐场所的居民，应遵从管理人员的安排，并按规定的时间外借。

第四条　在娱乐场所内，每个人都应和气相处，互相尊重，互谅互让，不得争先恐后，不得推撞，不得高声喧哗。

第五条　按规定允许外借的书刊、器具，须经管理人员同意并登记，交纳押金后使用，损毁应予赔偿。

第六条　文化娱乐场所只能进行健康、合法的文化娱乐活动，严禁赌博或变相赌博及其他违法活动。

第七条　文化娱乐场所的设施分有偿使用和无偿使用两种，使用有偿场所及设备时，应按规定交费。

第八条　要讲究卫生，不得乱吐乱扔、乱涂乱画，违者除负责清理和恢复原貌外，并处惩罚。

▲花园小区社区文化管理规程

花园小区社区文化管理规程

一、目的

创建社区文化、加强花园小区精神文明建设，丰富业主（住户）文化生活。

二、职责

（1）公司经理（或主管副经理）负责审批《年度社区文化活动计划表》并协调计划的施行。

（2）管理处主任负责拟定《年度社区文化活动计划表》并安排施行该计划表。

（3）物业管理员负责征集业主对小区文化生活的意见和实施年度社区文化活动计划。

（4）财务内勤人员负责收取社区文化活动费用。

三、程序

（1）物业管理员根据每年的访问客户记录将业主（住户）对社区文化建设的意见和建议汇总，于年底提交管理处主任。

（2）管理处主任拟定《年度社区文化活动计划表》，征求业主管委员意见并报公司经理审批。

（3）公司经理批准的《年度社区文化活动计划表》，由管理处主任安排物业管理员施行，并就有关事宜提请经理协调。

（4）财务内勤人员对社区文化活动费用按《年度社区文化活动计划表》的规定，并按《收费运作程序》收取。

（5）社区文化活动可包括但不限于下列项目：

①歌舞比赛。

②体育比赛。

③书画展览或比赛。

④评选"贤夫良母"、"五好家庭"。

四、记录

（1）经批准的《年度社区文化活动计划表》由管理处主任保存。

（2）完成的《年度社区文化活动计划表》由财务内勤人员保存5年。

▲文化俱乐部规章

文化俱乐部规章

第一条　总则。俱乐部成员为本公司员工，名称为××文化俱乐部。

第二条　目的。本俱乐部以提高员工的修养，强化员工之间的相互了解和亲善为目的。

第三条　组织。

（1）机构设置。本俱乐部下设"文化部"、"运动部"、"娱乐部"三个部。

①文化部设以下分部（会）：教育部、摄影部、音乐部、读书会。

②运动部设以下分部：乒乓球部、篮球部、足球部、排球部。

③娱乐部设以下分部（会）：围棋部、象棋部、舞蹈部、登山会、娱乐部。

（2）管理人员编制。本俱乐部设以下管理人员。

会长一人，副会长一人，部（会）长三人，委员六人，部（会）会计三人。

（3）管理人员选任。

①委员由各部各推选两人（其中一人为会计）。

②部（会）长由各部（会）委员推荐，会计由部（会）长指名，会长和副会长由各部（会）长推荐决定。

（4）管理人员任期。

①主管人员每届任期为1年，可以连任，但是连任期不得超过3届。

②主管人员任期为每月4月1日至第二年3月底，改选期为每年4月中旬。

第四条　会议。本俱乐部的会议有委员会议、部（会）长会议和全体会议；会议决议须三分之二以上人员出席、半数以上人员赞成才能通过。赞成与否定人数相等时，由会长裁决。委员会议每月至少召开一次，其他会议必要时召开。

第五条　经费。本会的经费来自于会费、补助、捐赠和其他收入。会员会费每月为××元，每月直接从工资中扣除。

第六条　会务。本俱乐部设干事会负责处理日常事务，干事会由俱乐部委员组成。干事会于每月×日和×日向全体会员提出会计报告。

第七条　制定与修改。本规章的制定与修改，须由管理人员会议作决议，交全体会员讨论决定。

▲读书研究会规章

读书研究会规章

第一条　目的。为扩大本公司全体员工的视野，提高其文化知识修养，特在本公司设立读书研究会。

第二条　入会与退会。凡本公司员工有读书爱好，且努力提高自身文化知识修养者均可申请入会；退会须经会长批准。

第三条　组织。本会在公司各部门设下属组织，或设分会。有关活动以下属组织或分会为主。

第四条　委员。各下属单位由会员推选委员一人。委员的任期为一年，但可以连任。

第五条　委员的职责。委员主要负责处理下列事项。

（1）图书室图书的保管与整理。

（2）会费的收支和保管。

（3）有关读书活动的企划。

第六条　会费。会费的标准规定如下。

（1）月收入为×××元以上的员工，交××元。

（2）其他员工均交纳××元。

第七条　补贴。公司为保证读书会的顺利运作，每年都会给读书会会员人均支付×××元。

第八条　图书购入。图书原则上由各分会决定购入种类，并在购入预算范围内自行购入。

第九条　图书保管。各分会购入的图书，由图书室负责保管与管理。

第十条　图书借出。图书室的图书借阅对象只限于本会会员。

第十一条　赔偿。图书丢失或出现严重损坏时，当事人必须以原价赔偿。

第十二条　研讨会。分会必须每年召开一次以上的研讨会，评价读书会运作情况，分析存在的问题，提出合理化建议。研讨会的企划与组织由各委员负责。

第十三条　图书所有权。购入的图书所有权归各所属分会。

第十四条　解散。当某一分会解散时，其图书应移交给其他分会。读书会全部解散时，全部图书捐献给公司。

第十五条　修改。本规章在半数以上委员同意时，方可重新修订。

第二节　现代物业社区文化管理表格

▲社区活动设备、设施清单

社区活动设备、设施清单

单位：　　　　　　　　　　　　　　　　　　　　　　　　年　月　日

项目名称	单　位	数　量	所在位置	备　注

▲社区活动计划申报表

社区活动计划申报表

活动名称		开展时间		举办地点	
活动计划					申报人：
主任审批意见					主任签字：
公司审批意见					

▲社区活动登记表

社区活动登记表

序号	活动名称	举办地点	参加人数	备注

说明：（1）由社区活动负责人指定负责宣传的工作人员填写，并附每次
　　　　　 活动的照片。
　　　　（2）由管理处保存三年。

▲社区活动工作人员岗位安排表

社区活动工作人员岗位安排表

管理处　　　　班　　　　　　　　　　　年　月　日

填表人：　　　　　　　　　　　主任签字：
说明：由社区活动负责人安排定岗，报主任审批。

▲文娱活动中心有偿服务登记表

文娱活动中心有偿服务登记表

单位：　　　　　　　　　　　　　　　　　　年　月　日

娱乐名称	入场时间	器材件数	实收金额	经手人

说明：此表由当班工作人员如实填写，不得涂改，由管理处保存一年。

第十三章　现代物业保险与福利管理制度与表格

第一节　现代物业保险与福利管理制度

▲劳动保护制度

劳动保护制度

第一章　总　则

第一条　劳动保险旨在保证职工因伤、残、病等后的生活以及职工家属的部分待遇。

第二条　劳动保险牵扯每个职工的利益，有关问题由劳动部门与工会共同协商。

第二章　医疗保险

第三条　享受对象为本企业全体职工及直系亲属。

第四条　必须在本企业办有职工及家属劳动保险证。

第五条　凡属本企业职工医药费均全部由企业负担，职工的直系亲属企业只负担医药费的××%。

第三章　职工退休

第六条　对象：本企业在册正式职工。

第七条　凡符合下列条件者均应由个人提出申请，视提出者的理由由企业命令退休。

（1）年龄：男年满××岁，女年满××岁。

（2）因伤病致残丧失劳动能力者。

（3）患有不可治愈的疾病，丧失正常思维者。

第八条 退休金发放标准：在职职工退休金的发放按下表所列。

工　龄	××年以下	××年~××年	××年~××年	…	××年以上
按工资计退休金	××%	××%	××%	…	100%

第九条 退休手续：凡退休人员需填写退休申请表交人事部门，命令退休人员由人事部门填报并记入人事档案，办理各种手续。

第十条 退休金的领取可由职工本人或委托人按月到企业财务部门领取，或由企业转交社会服务机构按月发至本人。

第四章　职工退职

第十一条 适用范围：本企业全体在册正式职工。

第十二条 退职金的计算按退职人员最后×个月的工资额为计算基数。

第十三条 退职金额按照工资基数乘以工作年限系数得之（见附表）。

附表一

工作年限	1~2年	3~5年	5~10年	10~15年	…
工龄系数	2	3	6	10	…

附表二

工作年限	1~4年	5年	6年	7年	…
工龄系数	0	1	1.4	1.8	…

第十四条 退职金支付条件。

（1）属于下列情况者按附表一计算退职金。

①非因公病伤不能工作，自动申请退职者。

②因公病伤不能工作，自动申请退职者，但享受比上条高一档。

③死亡。

④因智能丧失，身残体病不能工作由企业解雇者。

（2）属于下列情况者按附表二计算退职金：

①在本企业工作×年以上自动辞职者。

②在本企业工作连续×年以上自动辞职者。

（3）因违法乱纪被企业开除者不给予退职金。

第十五条　支付时间及形式。退职人员办妥退职手续后，即付给一次性退职金，如果退职金金额太大无法一次付清者可以分期付清。

第五章　工伤保险

第十六条　适用范围：凡是企业在册正式职工因工作造成伤残者。

第十七条　属于下列情况者视为因公受伤。

（1）在企业工作地工作因外部原因受伤者。

（2）在上班途中因外部原因受伤者。

第十八条　因公受伤者享受下列保险。

（1）养伤期间除奖金外一切报酬照发。

（2）治疗、养伤期间所花费的医疗费用由企业负担。

（3）养伤期间工龄照常连续计算。

第六章　劳保基金的管理

第十九条　基金的管理使用由劳动部门掌握，具体支付由劳动部门与工会共同协商。

第二十条　凡享受劳保待遇者，病、伤、残要有医生诊断书，退、离职要有劳动部门调动凭证。

第七章　附　则（略）

▲工伤处理的有关规定

工伤处理的有关规定

第一条　确定工伤范围：员工由于下列情况之一，负伤、致残、死亡，应当确认为工伤。

（1）员工从事日常生产工作时发生的工伤事故。

（2）在生产工作环境中，接触职业性有害元素或患职业病的。

（3）在生产工作区域内由于不安全因素，造成的意外伤害或者由于工作紧张突发急病，造成死亡或经抢救治疗后丧失劳动能力的。

（4）因履行职责遭致人身伤害的。

（5）在发生灾害或险情时，员工从事抢险救灾、救人等维护国家、社会和公众利益的。

（6）因公外出，由于工作原因遭受其他意外，造成伤害、失踪、突发急病等。

（7）在上下班的规定时间和必经路线上发生非本人责任，或非本人主要责任的道路交通机动车事故。

（8）劳动法律和法规规定的其他情形。

第二条　员工因下列情形之一造成负伤、致残、死亡的不应定为工伤。

（1）违法或犯罪。

（2）自杀或自残。

（3）斗殴。

（4）酗酒。

（5）蓄意违章。

（6）劳动法律法规规定的其他情形。

第三条　员工在工作中因工伤身体受到的损伤必须在 24 小时内向人事部汇报。

（1）轻伤者由部门组织调查，查清事故原因并确定事故责任，提出处理意见，经人事部确认，安全领导小组批准后方可按工伤处理。

（2）重伤事故由安全领导小组组织有关人员调查确认后，由人事部向当地劳动局安全部门送交工伤报告。

第四条　员工工伤就医，必须在医务室就诊，由医务室医生负责转院，或到指定合同医院就诊。工伤待遇按规定处理，医疗费用、药费、住院费、膳食费、就医经费均由单位负担。

第五条　工伤期间工资待遇按国家规定办理。

▲员工医疗费报销办法的规定

员工医疗费报销办法的规定

第一条　员工看病先到医务室就诊。需要到合同医院或其他医院就诊的，须经医务室同意并开具转诊单，未经医务室同意去非合同医院就诊，医药费不予报销。

第二条　签报医疗费，必须备齐转诊单、合同医院医疗手册、处方、底方及报销单据。

第三条　因急病未在合同医院就诊，必须凭急诊证明，医疗手册及处方用药与急诊病情必须相符，否则不予报销。

第四条　职工医药费报销办法实行随工龄增加，报销比例递增和医疗费累计数额超标报销比例递减的原则。

▲计划生育规定

计划生育规定

第一条　女年满 23 周岁，男年满 25 周岁初婚者为晚婚，已婚妇女年满 24 周岁初孕者为晚育。

第二条　符合晚婚条件的除按国家规定享受 3 天婚假外，另享受 7 天奖励假。符合晚婚条件的还可享受婚前检查假 1 天。

第三条　晚育女职工除享受国家规定的产假 90 天外，还可获奖励假 30 天，也可由男女双方各享受 15 天晚育假。

第四条　哺乳假：符合晚育年龄，并自产假休息后上班之日起至小孩一周岁止，每天可以享受 1 小时喂奶时间。

第五条　凡符合晚育年龄第一次人工流产，上环、绝育假按国家规定的假期休息，不影响本人工资。

第六条　凡符合晚婚晚育年龄的，婚前检查、产假检查一律按公假处理。

第七条　不符合晚育条件的第一次人流和符合晚育的第二次人流按病假处理。

▲退休基金统筹管理及个人养老基金缴纳办法规定

退休基金统筹管理及个人养老基金缴纳办法规定

第一条　凡单位工作的职工，均属统筹范围，单位和个人都要按规定缴纳基本养老保险基金。

第二条　新调入员工必须从原单位将本人的《职工养老保险手册》《职工养老保险台账》《职工工龄审定表》及时转入，没有手册不予办理缴费手续。

第三条　新参加工作，由社会办理招工手续或从大专院校分配的毕业生、复转军人及从事业单位调入的员工，根据正式办理招录转入手续时间，为其办理养老手册等。

第四条　职工个人缴纳基本养老保险费以前的工龄，按国家有关规定计算，并按国家有关政策执行。

第五条　职工调离按国家有关规定给予办理《职工养老保险台账》和《职工养老保险手册》等转移手续。

第六条　员工退休按国家有关政策，将职工个人缴费年限缴费金额作为退休费的依据，并按国家规定将个人返还金记入个人账户。

第七条　每月末将参加统筹员工的单位缴纳金额及个人缴纳金额一次转入劳动部门。企业缴纳部分将从企业统筹基金中列支，个人缴纳部分从个人工资中扣除。

▲休闲旅行实施办法

休闲旅行实施办法

第一条　目的。为保持员工的身心健康，提高员工的福利待遇，增强员工的凝聚力，促进员工之间的相互协作、沟通，公司定期组织员工休闲旅行。

第二条　参加对象。本公司员工及家属（限于配偶、父母和子女）。

第三条　时间。每年7月15日至8月25日。

第四条　实施细则。

（1）组织休闲旅行不得影响公司业务的顺利进行。

（2）实行分期分批活动。每批指定一负责人，负责组织与联络工作。

（3）旅行时间为两天一夜，应当尽量利用公休日。

（4）各批旅行队，应在出行前三日以内，将参加人数、姓名、年龄、旅行地、住宿地等事项报总务部门，并领取住宿费和交通费。

（5）各队的旅行可自由组员，集体确定旅行事项等。

第五条　经费。

（1）公司员工的交通费、住宿费和餐费由公司全额负担。

（2）员工家属的费用由个人负担，公司可补助每人××元。

（3）住宿过程中的杂费由公司统一支付。

第六条　报告与核算。旅行结束后，组织者应向总务部门提出经费支出报告，由总务部门进行核算。

第七条　支付凭证。组织者在提出经费支出报告时，必须附上各种支出凭证。

第八条　旅行须知。

（1）住宿房间安排应由住宿地管理者负责。

（2）注意个人行为，维护公司形象。

（3）注意个人安全。

（4）注意保管好个人物品。

▲休养所管理规定

休养所管理规定

第一条　为了规范本公司休养所的管理，特制定本规定。

第二条　休养所的运营管理由总务部门负责。

第三条　休养所的使用范围。

（1）休闲旅行、周末或假日休假的休息住所。

（2）夏季避暑。

（3）员工集体活动。

（4）员工休养与疗养。

（5）分部、驻外机构出差住宿。

（6）接待客户。

第四条　休养所的使用对象。

（1）员工及家属。

（2）各部门招待的客户。

（3）总务部经理批准的其他人员。

第五条　休养所住宿定员为××人。

第六条　按使用人身份、住宿时间长短和房间标准，使用者需支付住宿费。收费标准另行规定。

第七条　休养所的住宿时间为当日下午5时至次日上午10时。

当日往返休息的使用时间为上午8时至下午8时。

第八条　至休养所的往返旅费由本人负担。

▲员工购买住房贷款办法

员工购买住房贷款办法

第一条　为协助员工购买住房，使其安居乐业，并推动国家住房制度改革，特制定本办法。

第二条　资助对象及条件。

（1）限于本公司（含下属企业）员工，已婚夫妇双方均未分得住房而以本人或配偶名义购置者。

（2）年满 35 岁，在本公司工作满 8 年以上者。

（3）所购房屋限于自用。

第三条　贷款数额上限：贷款数最高不得高于 10 万元。

第四条　年度核发贷款总额由福利委员会以年度预算编列，以申请先后顺序发完为止。意外突发事故造成特殊困难者，福利委员会讨论通过后可予提前安排。当年度未申请到贷款者，下年度优先。

第五条　贷款金额由福利基金支出。还款自贷款日起，分 60 个月，每月从工资中平均扣除。贷款还清前离职者，应在离职前一次偿清剩余贷款。

第六条　员工住宅贷款未还清前即将住宅出售或出租时，应立即还清剩余贷款。因工作需要而调到远离住所不能通勤的地方时，不在此限。

第七条　员工每月还款总金额（含家电贷款）不超过本人每月薪金的二分之一。

▲员工购车管理规定

员工购车管理规定

第一条　目的。本规定确定的是员工因公司业务活动的需要而购买、使用私车的条件，以使员工私车的购买与使用更趋合理。

第二条　原则。依本规定可以购买私车者，须经常在公司外从事营业活动，遵守交通规则。

第三条　资格条件。依本规定购入私车的资格条件为以下几点。

（1）公司正式员工，从事市场营销工作 6 个月以上，并经部门主管推荐。

（2）在公司的职务为部门经理以上，并经上级主管推荐认定。

（3）其他被认定为特殊需要者。

第四条　车种。所购车辆应为排气量 1600CC 以下。

第五条　审查。购车审查手续如下。

（1）在"购车贷款申请表"上填写必要事项，由所属部门主管交总务部门主管。

员工购车贷款申请表
（正　面）

申请部门		姓名		职务		提款日期	
车辆类别	牌号规格	款式	总　价	申请贷款金额	保证事项（偿还办法）		
批示		上次购车资料	购车日期	牌号规格	款式	价款	使用里程	管理部门签章
董事长		总经理		福利会主任委员		部门主管	

说明：购车无息贷款由福利基金开支。自取贷日起分 36 个月平均从薪金中扣还。

（背　面）

贷款金额：　　　　　　　　贷放日期：

扣还日期	扣还金额	余额	扣还日期	扣还金额	余额	扣还日期	扣还金额	余额

（2）总务部门主管审查资格条件后，交公司总经理裁决。

（3）裁决通知经总务部门主管，交所属部门主管。

第六条　购入条件。

根据个人支付能力，公司可为其垫付限额在×万元的款项。

购买旧车时，申请表中必须填写汽车行走里程数。

第七条　公司补助。对第五条的审查通过者，公司给予下列补助。

（1）对购入××万元以上的购车者，予以×万元补助。

（2）对购入××万元以下的购车者，给予相当于购车款的×％补助。

（3）公司每月支付车辆维修费××元。

（4）公司支付××万元人身伤害保险费、××万元车辆损坏保险费和搭乘者保险费。

（5）公司提供业务活动所必要的汽油。

第八条　购车者义务。

（1）车辆应优先用于营销等公司业务。

（2）支付机动车税和强制赔偿保险费。

（3）支付超过第七条第4项所列的保险费。

（4）归还公司车款后，才能卖掉车辆。

第九条　取消资格。出现下列情况时，应取消其资格。

（1）不符合第三条所规定的资格条件。

（2）具备资格，尚未还清车款。

第十条　取消资格的措施。对取消资格者，应立即取消第七条所列的公司补助。从购车日起，一年内被取消资格者，必须归还二分之一的补助。

第十一条　停车。原则上私车不得使用公司的停止场所及相应设施。

第十二条　配件供应。私用维修用配件，公司以购入价格加价5%供应，但必须填写申请表，并经上级主管批准。

▲员工抚恤办法

员工抚恤办法

第一条　为切实照顾死伤（尤其是因公死伤）员工本人及其家属的利益，制定本办法。

第二条　本公司正式员工均平等享有本办法所规定的权利。

第三条　抚恤分为如下五类。

（1）公务抚恤。因执行公务而致伤、一时不能工作者，一年内除由本公司或劳保局负担医药费外，治疗期间按月给予全数本薪。

（2）死亡抚恤。因执行公务而致死亡，凡工作未满5年者，按最后月份标准工资一次性发给××个月的抚恤金。5年以上者，每年增发一个月。但最低不得少于×××元，最高不得超过×万元。

（3）特别抚恤。因下列原因之一而致伤或死亡者，除照上述规定执行外，经福利委员会和总经理审批可给予特别抚恤，抚恤金仍可照前述正常标准。

①临危不惧奋勇救护员工或公物者。

②忠于职守、勇斗抢劫者，在危险环境下工作者。

（4）在职死亡抚恤。在职死亡指非因执行公务的死亡。凡工作未满一年者，按照其最后月份标准工资一次发给6个月的抚恤金，一年以上者，每年增加一个月。抚恤金最高不得高于×万元。

（5）停薪留职期间死亡抚恤。员工于停薪留职期内死亡，其停薪留职原因为休工伤亡者，按"因公死亡抚恤"条件办理，此外按"在职死亡抚恤"条件办理。

第四条　员工死亡除上述抚恤外，另发丧葬费每人800元，因公死亡者每人1500元。

第五条　死者遗属持有效身份证明，按以下顺序领受抚恤金、丧葬费（遗嘱另有指定者除外）。

（1）配偶。

（2）子女。

（3）父母。

（4）孙（外孙）子女。

（5）同胞兄弟姊妹。

第六条　领受抚恤金、丧葬费的遗属，同一顺序内有数人者，应平均承领，如有放弃权利者，应出具书面说明。

第七条　申请抚恤金应于员工死亡一年内由权利人填具抚恤金申请表和申请抚恤保证书，并持死亡证明书向本公司提出申请。遇有不可抗拒原因时，上述期限可予以延长。

公司人事、会计部门负责审核各项凭证，并呈总经理核批。

第八条　死亡员工如无遗属，由其所属部门代领抚恤金、丧葬费并派员代为殡葬。

如果死亡员工遗属居住甚远不能亲临殡葬，征得其同意后，可比照前项规定代为殡葬。其应领抚恤金等应待其合法领受人到达后，按照规定手续办理，并扣除殡葬费用。

第九条　合同工、临时工等，因执行职务而致伤一时不能工作者，除由本公司或劳保局负担医药费外，治疗期间按月给予全数薪金，但以一年为限。因执行职务而致死亡者，可按最后月份标准薪金一次性发给18个月的抚恤金。

第十条　本办法所称因执行公务而致伤害或死亡的认定均以国家相关规定为依据。

第十一条　本办法由公司福利委员会负责草拟，职工代表大会讨论通过后实施，修改程序亦同。

▲员工伤害补偿规定

员工伤害补偿规定

第一章　总　则

第一条　目的。本规定旨在明确员工在执行业务过程中受到伤害时，公司予以补偿的具体办法。

第二条　补偿范围。补偿的对象限于在执行业务过程中因故受到伤害的员工及其家属。

受伤害员工因同一原因接受其他伤害补偿时，公司仅向其支付相当于余额的补偿。

第三条　例外。因本人故意或重大过失造成伤害时，由有关部门认定后，不给予伤害补偿，或给予部分补偿。

第二章　补　偿

第四条　补偿种类。
（1）疗养补偿。
（2）休养补偿及休养薪金。
（3）长期伤病补偿及长期伤病薪金。
（4）伤残补偿及伤残薪金。
（5）家属补偿及家庭补助。
（6）殡葬费。
（7）退职薪金。

第五条　疗养补偿。指因工受伤或患病时，公司向其支付的必要的疗养费。

疗养费直接付给员工医疗的定点医院。

在治疗过程中，所需的转院交通费由公司负担。如需家属陪同时，由公司支付一定的补偿。

第六条　休养补偿及休养薪金为辅助治疗，需休养时，公司除给予休养补偿外，附加休养薪金。其中，休养薪金仅限于休养期，其数量为平均额的40%。

第七条　长期伤病补偿及长期伤病薪金。如受伤害者经疗养三年后尚未治愈，除给予长期伤病补偿外，附加长期伤病薪金。长期伤病工资为平均工资的40%。

第八条　后处理薪金。受伤害者经治疗后，如需要医疗后处理（如外科手术后处理、安装假肢、义眼等），应向其支付后处理薪金。后处理薪金为平均额的60%。

第九条　伤残补偿及伤残薪金。因伤害造成身体残疾时，除给予伤残补偿外，附加伤残薪金（伤残薪金按伤残程度分级支付）。

第十条　家属补偿及家庭补助。员工因伤害死亡时，除对其家属予以家属补偿外，给予家庭生活补助。

以上两项补偿规定，应一次性支付。

第十一条　殡葬费。员工因伤害死亡时，公司按有关规定负担殡葬费。

第十二条　退职薪金。受伤害员工如退职时，公司向其支付退职薪金。

第三章　申请手续及支付方法

第十三条　申请手续。受伤害后，员工应迅速将医师证明材料和申请表报请上级主管，提交总务部门。

第十四条　支付方法。非薪金性补偿，直接支付给本人或其家属。

薪金性补偿分月随薪金支付，必要时也可临时支付。但伤残薪金、家庭补助和退职薪金可在申请后立即支付。

第四章　附　则

第十五条　对临时工的伤害补偿也按本规定办理。

▲休息、休假规定

休息、休假规定

一、年假

（1）凡在本公司工作满1年以上者可享受有薪年假5天（试用期、见习期、学徒期内除外）。

（2）连续工龄每满3年增给年假1天，以此类推，但增给假期最多不超过10天，领班以上人员年假按以下天数增加。

①领班增加1天。

②主管增加2天。

③部门正、副经理增加3天。

④正、副总监增加4天。

⑤副总经理、总会计师、总工程师增加 5 天。

⑥总经理增加 6 天。

（3）凡当年有下列情形之一者，不享受年假：

①病休或其他各种假期全年累计 45 天以上。

②受到记大过处分，或发生重大责任事故造成政治、经济损失的。

（4）凡上半年度 6 月 30 日之前调入的新员工，可在第二年享受年假，下半年度 7 月 1 日—9 月 30 日调入的，可在第二年下半年享受年假。9 月 30 日以后调入者第二年不享受年假。

二、事假

（1）员工请事假，须提前一天向部门领导提出申请，经批准后方可休假。特殊情况来不及事前请假时，应用电话请假，事后补办请假手续。

（2）学习期、学徒期、试用期内一般不予准假，因故必须请假的，且事假时间较长，将顺延学习期、学徒期、试用期。

三、病假

（1）员工因病请假，应凭医务室病假条经主管批准后方可病休。

（2）员工到医院就医，须经医务室同意，每次就医时间最多不超过 4 小时，超过部分按事假处理。就医时间按月累计，少于 4 天不计缺勤，超过 4 天部分按病假处理。

（3）员工在合同医院或其他医院急诊就医开具的病假证明，须经医务室同意，换取本医务室的病休证明。

四、调休

（1）员工加班应按规定发给加班工资。本人要求调休，经本部门经理同意，一般当月调休，特殊情况可在一季度之内使用。

（2）员工调休须填写调休假条，调休时间以半天为最小单位。调休在 4 小时以下者，以 4 小时算。

（3）员工调休，须提前一天征得部门领导同意，未经批准者，不得擅离工作岗位。

五、产假、计划生育假

（1）女工工作满 1 年方可领取计划生育指标。未按规定生育者，不享受计划生育的各种待遇。

（2）女工分娩时，须呈交医院或医务室签发的证明。符合计划生育规定者可给予产假 90 天（含节假日），其中产前休假 15 天；难产增加产假 15 天；多胞胎生育的，每多生育 1 个婴儿增加产假 15 天。

（3）女职工怀孕不满 4 个月流产者，给予 15—30 天产假；满 4 个月给产假 42 天。

（4）员工施行计划生育手术（放环、人流、绝育），按医院证明给予休息时间。

（5）当年休过产假的，或休产假两个月及两个月以上的，不再享受年假。

（6）有关规定详见《关于计划生育的有关规定》。

六、探亲假

符合国务院《关于职工探亲待遇的规定》第二条"与配偶不住在一起，又不能在公休假日团聚的"和"与父亲、母亲都不住在一起又不能在公休假日团聚的"规定条件的职工可给予探亲假。

员工探亲假期按下列方法批给：

（1）员工探望配偶，每年给予一方探亲假一次，为期 30 天。

（2）未婚员工探望父母的，工作满 1 年以上者，每年给假一次，为期 20 天。如因工作需要，单位当年不能给予假期的或者员工自愿两年探亲假合并使用的，假期为 45 天。

（3）已婚职工探望父母的，每 4 年给假一次，假期为 20 天。

（4）凡休探亲假的员工只享受工资及补贴，不享受当月浮动工资（跨月份休假的只扣 1 个月的浮动工资）。

（5）往返路费报销按国家有关规定及有关合同条款执行。

（6）休探亲假的员工，试用期满一年后方可享受。

七、婚假

员工在学徒期、试用期、见习期满后，符合法定结婚条件者，经人事部批准可享受 3 天的新婚假，工作满 1 年且符合国家晚婚规定的晚婚者，可另增新婚假 7 天。

结婚者配偶如在外地工作，可按路途远近，增给往返路程假。

八、丧假

员工直系亲属（父母、配偶、子女、岳父母、公婆）死亡时，经领导批准可给予 3 天假期。如员工料理直系亲属丧事需去外地，可按路途远近，另给往返路程假。

九、公假

职工因下列事项并持有证明，经部门领导批准，可按公假处理，公假期间工资照发。

（1）参加学生家长会。

（2）因国家征用土地搬迁。

公假时间由领导视实际情况决定，最多不超过 2 天。

十、义务献血假

义务献血者除给予一定的补助外，还可享受 14 天有薪假。

十一、请假及审批权限

（1）请假：各种假期不论时间长短（病假除外）一律事先填写"请假申请表"，按规定的批准权限报批后生效。

（2）请假天数审批权限如下。

①病假：医务室有权批准休假 2 天。

②事假：部门经理有权批假 2 天。2 天以上报人事部经理批准。

③部门经理以上管理人员请假须提前一天填写请假申请表，经分管副总经理审批后方可休假。工作时间临时非因公外出，半小时以上须向分管副总经理报告。

十二、附则

职工凡有下列情况之一者，按旷工处理，旷工期间停发工资和奖金或除名：

（1）用不正当手段骗取、涂改、伪造休假证明者。

（2）未请假或请假未批准擅自不上班者。

（3）不服从工作安排，经教育执意不上岗工作或不接受分配任务者。

（4）打架斗殴致伤造成病休者。

第二节　现代物业保险与福利管理表格

▲职员互助金申请单

职员互助金申请单

编号：

参加人姓名	职务	参加日期	参加金额	累计投入	申请金额	所属部门	申请人签字
籍贯	性别	出生	身份证统一编号		户籍地址		

事由	时间		后果	确定日期	
	经过			类别	
	地点			细节	

所属部门核定	部门名称　　　部门公章 主管　　　经办 年　　月　　日	公司人事部门核定	主管办： 公章： 年　　月　　日

▲职员互助金收据

职员互助金收据

今领到×××公司职员互助金

共计　　　　元

事由　　　　　　领款人签章

年　　月　　日

▲职员工伤医药费申请单

职员工伤医药费申请单

姓名：　　　部门：　　　职位：　　　申请日期：　年　月　日

伤害名称		人事部门审核
本次申请金额(元)		
已补助(报销)累计数(元)		
本次批准金额(元)		
受伤日期		
依据文号		

财务主管：_____　　部门主管：_____　　申请人：_____

▲职员进修申请表

职员进修申请表

　　　　　　　　　　　　　　　　　　　　　　　年　　月　　日

申请人	服务部门	姓名	职务	年龄	标准工资	来公司时间	原学历及专业	进修理由及打算
拟进修专业	学　校		进修起止日期		每周上课时间	学杂费总数		申请补助数
部门主管意见				经办人				
部门主管委员核定				福利委员会审核				

▲职员进修补助申请表

职员进修补助申请表

年　　月　　日

姓名	职务	就读学校	专业	相当程度	平均分数	申请金额（元）	批准金额（元）
合计							

主管：＿＿＿＿　　　福利委员会主任：＿＿＿＿　　　经办人：＿＿＿＿

▲职员子女教育奖助金申请单

职员子女教育奖助金申请单

年　　月　　日

职员姓名	性别	职务	所在部门	来公司时间

子女姓名	申请金额(元)	就读学校、年级	学业平均分数	表现及受奖情况	证明文件
合计					

实领：　　　　　　申请人签章：

主管：＿＿＿＿＿　　　经办：＿＿＿＿＿

▲职员家属生活补助申请表

职员家属生活补助申请表

职员姓名	家属姓名	关系	职业	年龄	拟补助金额(元)	备注(理由)

主管：_____　　审核：_____　　经办人：_____

第十四章　现代物业员工宿舍食堂管理制度与表格

第一节　现代物业员工宿舍食堂管理制度

▲员工宿舍管理制度

员工宿舍管理制度

第一条　为使员工宿舍保持一个良好、清洁、整齐的环境,以保证员工在工作之余得到充分的休息,维护生产安全和提高工作效率,特制定本制度。

第二条　住宿条件。

(1)在市区内无适当住所或交通不便的员工可申请住宿。

(2)凡有以下情形之一者,不得住宿。

①患有传染病者。

②有吸毒、赌博等不良嗜好者。

(3)不得携带家属住宿。

(4)保证遵守本制度。

第三条　员工离职(包括自动辞职、免职、解职、退休、深造等),应于离职日起3日内搬离宿舍,不得借故拖延或要求任何补偿费或搬家费。

第四条　宿舍设立管理员,其工作任务如下。

(1)监督管理一切内务。

(2)监督值班人员维护环境清洁及关闭门窗。

(3)保管住宿者如血型、紧急联络人等方面的资料,以备急需。

(4)有下列情形之一者,应通知主管及总务部门。

①违反宿舍管理规则,情节严重。

②留宿亲友。

③宿舍内有不法行为或外来人员。

④员工身体不适以致病重,应及时送医院并通知其亲友。

第五条　员工对所居住的宿舍,不得随意改造或变更。

第六条　员工不得将宿舍转租或出借给他人使用,一经发现,即停止其居住权利。

第七条　公司主管和总务部门主管应经常视察宿舍,住宿员工不得拒绝。

第八条　宿舍所有器具设备(如电视、玻璃镜、卫浴设备、门窗、床铺等),住宿员工有责任维护其完好。如有疏于管理或恶意破坏者,由其负担修理费或赔偿,并视情节轻重给予纪律处分。

第九条　住宿员工应遵守下列规定。

(1)服从管理员管理、派遣与监督。

(2)室内禁止烧煮、烹饪或私自接配电线及装接电器。

(3)室内不得使用或存放危险及违禁物品。

(4)起床后棉被叠放整齐。

(5)烟灰、烟蒂不得丢弃地上,室内不得存放易燃物品。

(6)换洗衣物不得堆积在室内,暂不用的衣、鞋必须放入柜内。

(7)洗完衣物在指定位置晾晒。

(8)使用电视、收音机不得妨碍他人休息。

(9)就寝后不得影响他人睡眠。

(10)宿舍不得留宿亲友,外人拜访应登记姓名、与员工关系及进出时间。

(11)夜间最迟应于23时前返回宿舍,否则应向管理员报告。

(12)贵重物品应避免携入,违反规定放入室内而致丢失者责任自负。

(13)不得在墙壁、橱柜、门窗上随意张贴字画或钉挂物品。

(14)废物、垃圾等应集中倾倒在指定场所。

(15)房间清洁由住宿人轮流负责。

(16)节约用水,节约用电,人去灯灭。

(17)不得在床上抽烟。

(18)不得在宿舍内聚餐、喝酒、赌博、打麻将或从事其他不健康活动。

第十条　住宿人员轮流值班,负责公共地区的清洁,公共设施的修缮,水、电、门窗等的安全巡视,发现问题及时报告并立即采取措施。

第十一条　住宿员工发生下列行为之一者,即应取消其住宿资格,并呈报其所属部门和总务部门处理。

(1)不服从管理员监督、指挥。

(2)在宿舍赌博、打麻将、斗殴、酗酒。

(3)蓄意毁坏公司物品或设施。

(4)擅自在宿舍内接待异性或留宿外人。

(5)经常妨碍宿舍安宁,屡教不改。

（6）严重违反宿舍安全规定。

（7）无正当理由经常外宿。

（8）有偷窃行为。

第十二条　住宿者迁出应将床位、物品、抽屉等清理干净,带出物品应先交管理员或主管人员检查。

第十三条　管理人员应按规定及时到公安户籍管理部门为住宿者办理临时户口登记。

第十四条　本制度报呈总经理核准后公布实施,修改时亦同。

▲职工宿舍文明守则

职工宿舍文明守则

第一条　为加强公司宿舍区的文明建设,使职工有一个清洁、宁静、安全、文明的生活环境,特制定职工宿舍文明守则。

第二条　保持生活环境的整洁卫生,不随地吐痰,乱丢果皮、纸屑、烟头等。一切车辆(含自行车)要按指定的位置摆放整齐。

第三条　宿舍区内的走廊、通道及公共场所,禁止堆放杂物、养鸟和其他宠物。

第四条　讲文明礼貌,不随地大、小便,不从楼上抛丢垃圾、杂物和倒水。不准弄脏和画花墙壁。

第五条　养成良好的卫生习惯,垃圾、杂物要倒在垃圾池(桶)内。

第六条　注意安全,不许私自安装电器和拉接电源线,不准使用明火炉具(用电炉具)及超负荷用电。

第七条　预防火灾,严禁在宿舍区燃放烟火和鞭炮。

第八条　自觉维护宿舍区的安静,在中午、晚上休息时间不使用高音器材,大声吵闹,不进行有噪声的活动,以免影响他人休息。

第九条　美化环境,爱护花草树木和一切公共设施。

第十条　各住户生活区的卫生要经常打扫,保持整洁。

第十一条　遵纪守法,严格遵守治安管理的有关规定,自觉维护宿舍区的秩序。

以上规定希望广大职工自觉遵守,违者按公司住房管理规定的条款给予处理。

▲单身宿舍管理规定

单身宿舍管理规定

第一条　为加强单身宿舍的规范化管理,建设一个良好的集体生活环境,特制定本制度。

第二条　在单身宿舍设管理员一人,管理员由公司任命。管理员编制在公司总务部,负责单身宿舍的运营管理。管理员的具体责任为以下几点。

(1)填制入住者名册、管理日志、用品台账,并于每月月底提交给总务科长或人事科长。

(2)建筑物及附属设施的检查、保养与维修,落实防火防害对策。

(3)监督入住者遵守规章制度。

(4)对单身宿舍进行卫生保健管理。

(5)负责入住者与公司的沟通联系。

(6)给予入住者必要的生活援助。

第三条　入住者必须是公司的单身职工,或因特殊原因不能与家属同住的职工,小时工和临时工除外。希望入住者,必须提交入住申请表,并由公司决定是否批准入住和各居室定员。被批准入住者,需在×日内搬入,否则视为无意入住,而取消其入住资格。采取弄虚作假手续获准入住或已经入住者,取消其入住资格。

第四条　入住者必须严格遵守本规定,自觉地维持单身宿舍的生活秩序和公众道德。入住者的作息时间为:起床×时×分,就寝×时×分。

第五条　入住者必须严格遵守下列事项。

(1)小心使用各种设施。

(2)保持居室的清洁卫生。

(3)注意节约水电、煤气。

(4)注意用火安全。

(5)遵守公共道德,注意维持纪律秩序。

第六条　入住者不得进行下列行为。

(1)转让居室使用权,或转借居室。

(2)改变居室或附设设施的原有形态。

(3)在宿舍内进行商业活动或类似的活动。

(4)在宿舍内存放或使用危险物品。

(5)将物品随便带出宿舍。

(6)在指定场所以外用火或吸烟。

（7）自己生火做饭。

（8）在居室内大声喧哗、吵闹、高音量放音乐等。

（9）在宿舍内散发或张贴广告。

（10）在宿舍内饲养各类小动物。

第七条　入住者在发生下列情况时，应当向管理员通报。如果管理员不在，应当直接向公司通报。

（1）建筑或附属设施损坏时。

（2）火灾、水灾或失盗时。

（3）宿舍内出现传染病患者时。

（4）出现其他需通报事项时。

第八条　入住者必须按另行制定的房费标准向公司支付房费。

房费核算期间为上月×日至本月×日。房费从其每月工资中直接扣除。当月未交单身宿舍的保险费由公司负担。

第九条　入住者在下列情况下，必须在×日内退房。

（1）不具备公司职工身份。

（2）不再是单身者。

（3）违反本规定，被公司认为不适宜再住单身宿舍者。

（4）无正当理由，×个月以上不交房费者。

（5）公司出于某种考虑，命令退房时。

第十条　单身宿舍修缮费用原则上由公司负担。因入住者过失或故意造成的损失，由其本人全额负担修缮费用。居室或附设设施需要修缮时，由入住者直接向管理员提出申请。入住者不得对居室和附设设施进行改装。

第十一条　入住者应注意公共卫生，努力保持厨房、浴池、食堂、厕所的清洁卫生。

入住者应积极参加或配合定期大扫除，努力保持居室内部清洁。

入住者应养成良好的个人生活习惯，注意个人健康，定期接受公司举行的健康检查，积极配合统一的防疫消毒活动。

入住者不得在走廊、楼梯、出入口和紧急出口处堆放杂物。应熟练掌握消防器材和安全装置的使用方法。

▲管理人员住宅规定

管理人员住宅规定

第一章　通　则

第一条　本规定的制定旨在规范公司管理人员使用公司住宅的计划与管理事项。

第二条　除其他有关规定外,公司住宅管理依本规定实施。

第三条　本规定中主要用语的含义有以下几点。

(1)公司住宅。指为保证工作调动和公司业务的顺利展开,公司所有管理人员的住宅及相应设施。

(2)计划。指以公司的事业计划为基础制订的公司住宅建设、购买、租赁、改扩建、修理等计划。

(3)管理。指与公司住宅运营相关的事务处理。

(4)公司住宅主管。即公司总部的总务主任和分公司及事业部的总务主任,由其统管公司住宅事务。

(5)资产管理主管。即公司总部的财务主任和分公司的总务主任。

第四条　入住者必须严格遵守本规定,要爱护房屋,注意安全卫生,注意维护个人形象。

第二章　住宅管理

第五条　公司住宅主管负责编制管理台账。

第六条　公司住宅的安全管理由住宅主管全权负责。

第七条　住宅主管在公司住宅结构出现危险或有事故隐患时,应与资产管理主管协商,采取必要的防范措施。

第八条　主管在出现下列情况时,应组织消毒防疫。

(1)入住者患传染病。

(2)原住房传染病患者居住过。

第九条　当公司住宅发生火灾或其他灾害时,主管须及时向总务主任报告,并与相关管理人员协调,做好善后处理和防范措施。报告内容包括。

(1)受损物品名称。

(2)灾害发生时间及原因。

（3）受损金额及修复预算。

（4）灾害保险金额。

（5）应急措施。

第十条　入住者具有对居住房屋实行管理的义务。

第十一条　入住者发生下列事项时，禁止其居住。

（1）未经许可，与非入住许可者同居或长期居住。

（2）未经许可，擅自改装住宅或交换住房。

（3）将公司住宅部分或全部出租，或在住宅内进行营利性活动。

（4）将公司住宅用于其他目的。

第十二条　居住者如出现上条第二项行为时，必须自行恢复原状。

第十三条　因居住者管理不善，造成房屋或附属设施损害时，必须照价赔偿。

第三章　租借与退还

第十四条　租借公司住宅应由本人提出申请，并在审查下列事项后，作出决定。

（1）职位。

（2）业务状况。

（3）通勤状况。

（4）通勤年数及对公司的贡献。

（5）本人居住状况及家庭成员构成。

第十五条　租借或更换公司住宅时，须向总务部门提交公司住宅租借申请和同居人申请。

第十六条　申请批准后，由总务主任向本人下发租借通知书和同居许可通知书。

第十七条　在接到公司租借通知后，租借人必须在两周内入住。否则，应向总务主任提出暂缓入住申请，且延期不得超出两周。

第十八条　入住时应填写入住保证书，退居时应提交退居申请。

第十九条　当公司住宅须拆除、维修、出让时，或住宅在构造上存在危险时，公司有权要求居住者转住。

第二十条　居住者按公司指定期限转住时，由公司支付转住费用。

第二十一条　居住者出现下列事项时，须在指定时间内退还住房。

（1）居住者工作调动，应在接到调令后两周内退房。

（2）辞职时，应在三个月内退房，被公司辞退的员工，应在一个月内退房。

（3）本人死亡时，其家属应在三个月内退房。

第四章　维修与改建

第二十二条　居住者维修或改建住房时,须向公司提出正式申请。

第二十三条　主管接受维修申请后,应与资产管理主管协调,并进行实地调查,然后确定维修或改建方案。

第二十四条　住宅主管确定维修或改建的承包商。

第二十五条　住房维修的范围包括墙壁、地面、门窗和其他附属设施。

第二十六条　费用负担。

(1)公司认可的维修费用由公司全额承担。

(2)对因不可抗拒原因造成损坏的修复费用由公司全部承担。

(3)房间中易损坏部分,如地面等,达到公司确定的维修周期后,由公司负担70%的费用。

(4)日常的简单维修费用由个人承担。

(5)因居住者个人造成损坏的维修费用由个人承担。

第五章　房　租

第二十七条　房租以月核算。中间入、退居时,以实际居住时间核算房费。具体缴纳标准另行制定。

第二十八条　员工未按指定时间转住或退还住房时,应在房费外加收两倍于房费的惩罚性房费。

第二十九条　水费、电费、煤气费由居住者自行支付。

▲食堂管理规定

食堂管理规定

第一条　本公司食堂工作人员须严格遵守公司的一切规章制度,按时上下班,坚守工作岗位,服从组织安排,未经同意不得擅自离开工作岗位。

第二条　树立全心全意为他人服务的思想,讲究职业道德,文明服务,态度和蔼,主动热情,礼貌待人,认真负责,做到饭熟菜香,味美可口,饭菜定量,食品量足,平等待人。

第三条　遵守财经纪律。收款一律打卡,禁止收取现金。任何人在食堂就餐须按规定标准收费。不得擅自向外出售已进库的物品。

第四条　坚持实物验收制度,搞好成本核算,做到日清月结、账物相符。每月盘点一次,每月上旬定期公布账目,接受监督。

第五条　爱护公物。食堂的一切设备、餐具都有登记,有账目,对放置在公共场所内的任何物件(公家或个人),不得随便搬动或挪作他用。无故损坏各类设备、餐具,要照价赔偿。

第六条　炊事人员要注意个人卫生,做到勤洗手、剪指甲,勤换、勤洗工作服,工作时要穿戴工作衣帽。炊事人员每年进行一次健康检查,无健康合格证者,不准在食堂工作。

第七条　计划采购。严禁采购腐烂变质食物,防止食物中毒。

第八条　安排好就餐,减少排队时间,按时开饭。每天制定一次食谱,早、中、晚餐品种要多样。提高烹调技术,改善伙食。因工作需要不能按时就餐或临时加客餐,要事前通知或预约。

第九条　做好安全工作。使用炊事械具或用具要严格遵守操作规程,防止事故发生;严禁带无关人员进入厨房和保管室;易燃、易爆物品要严格按规定放置,杜绝意外事故的发生;食堂工作人员下班前,要关好门窗,检查各类电源开关、设备等。管理员要经常督促、检查,做好防盗工作。

第十条　加强管理,团结协作,严格执行各类规章制度,圆满完成各项工作任务。

▲服务中心员工食堂就餐暂行规定

服务中心员工食堂就餐暂行规定

为确保员工就餐,保障本服务中心工作顺利开展和员工身体健康的营养需要,搞好本处食堂管理,特订立本规定。

第一条　每天开餐时间:早餐 7:20,午餐 11:30,晚餐 5:30。

第二条　食堂应保证饭菜质量、数量,每周一公布本周菜谱,每月征求员工意见一次。对合理意见应采纳并改进。

第三条　管理人员如因工作外出或串休等原因不能在食堂就餐,无须预先通知食堂,其他人员必须每天三餐在食堂就餐。如因故不能在食堂就餐者,应提前 2 小时到食堂登记,由食堂在就餐表上做记号。

第四条　每月 30 日前员工将自己的餐票本交食堂结算,食堂于翌日前将结算结果公布并交服务中心财务部一份,服务中心在发放工资时扣下伙食费一次性付给食堂。

本暂行规定自公布之日起执行。

▲食堂厨房卫生管理制度

食堂厨房卫生管理制度

第一条　食堂厨房应与厕所及其他不洁处所有效隔离,厨房内不应有厕所,且厨房的门与窗均不得面对厕所。

第二条　厨房应有良好的供水系统与排水系统,尤以排水系统最重要,洗涤用过的污水,必须迅速排除。

第三条　地面、天花板、墙壁、门窗应坚固美观,所有孔洞缝隙应予填实密封,并保持整洁,以免蟑螂、老鼠隐身躲藏或出入。

第四条　应装置抽油烟机。抽油烟机之油垢应定时清理,所排出之污油亦应适当处理,切勿直接喷泄干扰邻居。

第五条　工作厨台及橱柜以铝质或不锈钢材质为佳。

第六条　工作厨台及橱柜下内侧及厨房死角,应特别注意清扫,以免遗留物腐烂。

第七条　食物应在工作台上料理操作,并将生、熟食物分开处理。刀和砧板及抹布等,必须保持整洁。

第八条　食物应保持新鲜、清洁、卫生,并于洗净后分类以塑胶袋包紧,或装在有盖容器内,分别储放在冰箱或冷冻室内。鱼肉类取用处理要迅速,以免反复解冻而影响鲜度。勿将食物暴露在生活常温中太久。

第九条　凡易腐败之饮食物品,应储藏在摄氏零度以下冷藏容器内,熟的与生的食物分开贮放,以防串味。

第十条　调味品应以适当容器装盛,使用后随即加盖,所有的器皿及菜肴,均不得与地面或污秽接触。

第十一条　应备置有密盖的污物桶、厨余桶。厨余最好当夜倒除,不在厨房内隔夜。万一需要隔夜清除,应用桶盖隔离,且厨余桶四周应经常保持干净。

第十二条　员工工作时,应穿戴整洁工作衣帽。工作时避免让手接触或沾染食物与食器,应尽量利用夹子、勺子等工具取用。

第十三条　在厨房工作时,不得在食物或食器的附近抽烟、咳嗽、吐痰、打喷嚏,万一打喷嚏时,要背向食物用手帕或卫生纸罩住口鼻,并随即洗手。

第十四条　厨房工作人员工作前或便后,均应彻底洗手,保持清洁。

第十五条　厨房清洁扫除工作,每日数次,至少要做一次;清洁完毕,清扫用具应集中处置。杀菌剂和洗涤剂不得与杀虫剂等放在一起,有毒的物质要标明和放在固定场所,并指定专人管理。

第十六条　不得在厨房内躺卧或住宿,亦不许随便悬挂衣服及放置鞋物,或乱放杂物等。

第十七条　有病时,应留在家中休息。感冒、皮肤有外伤及患传染病症时,都应留在家休养治疗,以免影响就餐者的健康。

▲员工食堂管理制度

员工食堂管理制度

第一条　食堂工作人员要认真学习《食品卫生管理法规》,深入了解食品的卫生制度及营养知识,为员工提供卫生且营养的膳食。

第二条　食堂工作人员必须严格执行领导的工作指示,服从安排,按时上下班,不迟到早退,不无故旷工,各司其职,紧密配合,把员工膳食工作做好,并保证厨房及饭堂的卫生整洁有序。

第三条　当班工作人员应保持仪表整洁,注重个人卫生,穿工作服、戴工作帽,并做到四勤(勤换衣、勤洗头、勤理发、勤剪指甲)。

第四条　在售卖过程中,做到公平合理,一视同仁,不能多打少收或少打多收,杜绝打饭菜不打饭卡的现象。任何人不得私自拿走厨房的用具和食物,一经发现有此行为者要严肃处理。

第五条　食堂一般不对外来人员开放,公司员工如有亲友来访需要就餐者,必须到宿舍管理处买饭票就餐,违者由后勤处予以处理。

▲员工餐厅就餐管理制度

员工餐厅就餐管理制度

第一条　职工食堂每日供应三餐,根据公司实际情况,制定用餐时间。

第二条　公司员工进入食堂就餐一律要挂工号牌,凭餐卡打饭菜。

第三条　就餐人员进入食堂后,必须排队打饭,不许插队,不许替他人打饭。

第四条　就餐人员必须按自己吃饭的食量盛饭打汤,不得故意浪费。

第五条　员工用餐后的餐具放在食堂指定地点。

第六条　食堂内不准抽烟,不准随地吐痰,不准大声起哄、吵闹,做到文明用餐。

第七条　在食堂用餐人员一律服从食堂管理和监督,爱护公物、餐具,讲究道德。

第八条　就餐人员不准把餐具拿出食堂或带回办公室占为己有。

第九条 如有违反以上规定者,事务部有权报人事部给予罚款处理,罚款从当月浮动工资中扣除。情节严重或屡教不改者,给予行政处分直至除名。

▲炊事员卫生制度

炊事员卫生制度

第一条 炊事员每年进行健康检查,防止肠道传染病和食物中毒事故的发生。

第二条 炊事员工作时要穿上清洁的工作服,不留长指甲,保持良好的个人卫生。

第三条 凡患有痢疾、伤寒、病毒性肝炎等传染病,活动性肺结核、渗出性皮肤病以及其他有碍食品卫生疾病的,不得参加接触直接入口食品的工作,必须经治愈后,复查合格,方可恢复工作。

▲工作餐供应管理规定

工作餐供应管理规定

第一条 食堂为公司所有员工免费提供早、中、晚工作餐,并在规定的开饭时间内保证供应。

第二条 食堂拟定每周食谱,尽量使一个星期的饭菜不重样。饭菜要讲究色、味、形,严格操作规程。

第三条 热情、礼貌地接待员工就餐,负责人在入口处对员工餐卡加盖就餐戳记。

第四条 食堂负责为每位员工提供餐具,用餐完毕由员工本人送到指定地点,由食堂人员进行刷洗、消毒。

第五条 为体现公司对员工的关心,食堂负责为带病坚持工作的员工做病号饭,由医务人员根据病情及营养搭配开具食谱,食堂人员负责制作。

第六条 严格各项卫生制度,保证不进、不用、不制作、不出售腐烂变质原料及食品。炊事人员每次就餐后进行一次大清理,使桌、椅、餐具整洁有序。

▲加班餐管理规定

加班餐管理规定

第一条 为了确保本公司职工晚间加班时,餐食的供应能规范及时到位,特制定本规定。

第二条　加班餐的供应对象为晚间加班(晚上 8 时以后)的职工。

第三条　加班餐的管理者为总务科科长。供应办法为向职工配发餐券,以餐券领取加班餐。

第四条　各主管科长在认定需要加班时,应于当日下午 2 时前向总务科提出供餐申请。事前无法预料的加班,应直接与食堂联系。

第五条　总务科受理申请后,计算出需要加班餐的份数,并与食堂联系。总务科受理申请时,向各科配发相应的餐券,作为领取餐食的凭证。

第六条　加班职工应在指定时间凭餐券到食堂取加班餐。餐券均当日有效。餐券丢失、污损等不再补发。

第七条　食堂供餐时间为晚上×时至×时,特殊情况下,主管科长应事先与食堂联系,协商供餐时间。

第二节　现代物业员工宿舍食堂管理表格

▲住宿登记表

住宿登记表

宿舍号码	住宿人员姓名及住宿时间

▲宿舍物品借用卡

宿舍物品借用卡

使用日期：　　年　　月　　日　　　　　借用人：

物品名称	借用数量	归还数量	物品名称	借用数量	归还数量
棉被					
蚊帐					
衣橱锁匙					
枕头					
拖鞋					
脸盆					
衣架					
桌椅					
储物柜					
台灯					
其他					

▲宿舍检查日报表

宿舍检查日报表

检查者＿＿＿＿＿＿＿　　　　　　　　　　＿＿＿年＿＿＿月＿＿＿日

室号	室长	检查结果(项目)						备注